Grundriß
des
Österreichischen Rechts
in systematischer Bearbeitung.

Unter Mitwirkung von

Dr. J. Freiherr von Anders, Professor in Graz, Dr. P. Ritter Beck von Mannagetta, Sektionschef und Vorstand des Patentamtes in Wien, Dr. E. Demelius, Professor in Innsbruck, Dr. A. Finger, Professor in Prag, Dr. O. Frankl, Professor in Prag, Dr. O. Friedmann, Professor in Wien, Dr. C. S. Grünhut, Hofrat und Professor in Wien, Dr. G. Hanausek, Professor in Graz, Dr. J. Hanel, Hofrat und Professor in Prag, Dr. F. Hauke, Professor in Czernowitz, Dr. M. Ritter von Hussarek, Ministerialrat und Professor in Wien, Dr. H. Lammasch, Professor in Wien, Dr. V. Mataja, Ministerialrat und Professor in Wien, Dr. H. M. Schuster, Professor in Prag, Dr. M. Schuster von Bonnott, Hofrat in Wien, Dr. A. Skedl, Professor in Czernowitz, Dr. L. Spiegel, Finanzprokuratursadjunkt und Privatdocent in Prag, Dr. L. Szalay, Sektionsrat im Reichsfinanzministerium in Wien, Dr. J. Ulbrich, Hofrat und Professor in Prag, Dr. D. Ullmann, Hofrat und Professor in Prag, Dr. F. Freiherr von Wieser, Professor in Prag, Dr. R. Zuckerkandl, Professor in Prag

herausgegeben von

Dr. A. Finger, Dr. O. Frankl, Dr. D. Ullmann,
Professoren an der Deutschen Universität in Prag.

In drei Bänden.

Zweiter Band, vierte Abteilung.

Leipzig,
Verlag von Duncker & Humblot.
1899.

Grundriß des Strafrechts.

Von

Dr. Heinrich Lammasch,
Professor der Rechte in Wien.

Leipzig,
Verlag von Duncker & Humblot.
1899.

Alle Rechte vorbehalten.

Pierer'sche Hofbuchdruckerei Stephan Geibel & Co. in Altenburg.

Inhalt.

Erstes Buch. Allgemeiner Teil.

	Seite
§ 1. **Strafzwecke**	1— 3

Allgemeiner Begriff des Verbrechens und der Strafe. — Strafe und Schadensersatz. — Absolute und variable Strafzwecke. — Zwecke der Strafdrohung und des Strafvollzuges. — Generalprävention und Specialprävention.

§ 2. **Quellen des Strafrechts** . . . . 4— 6

Das Strafgesetzbuch von 1803 und die Revision von 1852. — Entwürfe eines neuen österreichischen Strafgesetzbuches. — Authentischer Text des Gesetzes. — Interpretation des Gesetzes. — Analogie. — Nullum crimen sine lege. — Nulla poena sine lege. — Bedeutung der Entscheidungen des Kassationshofes. — Litteraturübersicht. — Sammlungen oberstgerichtlicher Entscheidungen.

§ 3. **Einteilung der strafbaren Handlungen** . . . . 6— 8

Verbrechen, Vergehen und Übertretungen. — Verbrechen im weiteren und im technischen Sinne des Wortes. — Deliktsarten und Strafarten. — Verletzungsdelikte, Gefährdungsdelikte, Ungehorsamsdelikte. — Kommissivdelikte und Ommissivdelikte. — Gemeine und politische Delikte. — Militärstrafrecht, Finanzstrafrecht, Polizeistrafrecht. — Zahl der wegen Verbrechen, Vergehen und Übertretungen Verurteilten.

§ 4. **Entstehung und Geltendmachung des Strafanspruches** . . 8— 9

Strafpflicht des Staates. — Legalitätsprincip der strafrechtlichen Verfolgung. — Objektive Bedingungen der Strafbarkeit mancher Delikte. — Antragsdelikte, Ermächtigungsdelikte, Delikte der Privatanklage.

§ 5. **Erlöschung des Strafanspruches und Aufhören der Strafpflicht.** 9—12

Der Tod des Schuldigen. — Dessen Einfluß auf ein anhängiges Strafverfahren. — Vollstreckbarkeit von Geldstrafen und der Strafe des Verfalles von Gegenständen auch nach dem Tode des Verurteilten. — Non bis in idem. — Tilgung des Strafanspruches durch Strafverbüßung. — Fälle einer Wiederaufnahme des Strafverfahrens wegen derselben That. — Exceptio rei judicatae. — Einrechnung der bereits erlittenen Strafe. — Verjährung der Strafverfolgung. — Bedingungen und Wirkung derselben. — Dauer der Verjährungszeit. — Verjährung fortwirkender und fortdauernder Verbrechen. — Verjährung der Bigamie. — Hemmung der Verjährung. — Unterbrechung der Verjährung. — Thätige Reue. — Denunciation der Mitschuldigen. — Verzeihung des Verletzten. — Begnadigung. — Abolition. — Restitution.

§ 6. **Zeitliche und örtliche Anwendung des Strafgesetzes** . . . 12—14

Nullum crimen sine lege praevia. — Nulla poena sine lege praevia. — Ausschließung der Rückwirkung des strengeren Rechtes. — Beginn der Wirksamkeit von Strafgesetzen. — Territorialprincip, aktives und passives Nationalitäts- (Personalitäts-) princip, Weltstrafrechtspflege, Princip der realen Norm. — Verbrechen der Ausländer im Inlande. — Verbrechen der Inländer im Auslande, der Ausländer im Auslande. — Auslieferungsverträge. — Begriff des Inlandes. — Nichtauslieferung der Inländer. — Begehung im Inlande. — Schutz ausländischer Rechtsgüter. — Angriffe gegen fremde Staaten. — Angriffe gegen ungarische Institutionen, gegen Institutionen in Bosnien und in der Herzegowina.

                                                                                              Seite
§ 7. **Subjekt der strafbaren Handlung (Schuld- und Strafausschließungsgründe)** ... 14—16
   Delikte von Personengesamtheiten. — Zurechnungsfähigkeit, Willensfreiheit. —
   1. Schuldausschließungsgründe (Ursachen der Unzurechnungsfähigkeit): Kindheit. —
   Taubstummheit. — Geisteskrankheit. — Bewußtlosigkeit. — Moral insanity. —
   Sinnesverwirrung. — Trunkenheit. — Actio libera in causa. — Verminderte Zurechnungsfähigkeit. — 2. Strafausschließungsgründe. — Exemtion des Souveräns
   vom Strafgesetz. — Parlamentarische Immunität. — 3. Selbstverletzungen.
§ 8. **Dolus und Culpa** . . . . 16—20
   Dolus. — Vorsatz, Absicht, Zweck. — Willenstheorie und Vorstellungstheorie. —
   Dolus und Culpa. — Bewußte und unbewußte Culpa. — Dolus eventualis und
   bewußte Culpa. — Dolus superveniens (succedens). — Dolus indirectus. —
   Verbrechen, bei denen indirekter böser Vorsatz ausreicht. — Das Wesen der Culpa. —
   Strafbarkeit wegen bloßen Ungehorsams. — Irrtum über Thatsachen. — Subfum-
   tionsirrtum (Rechtsirrtum). — Dolus juris und dolus facti. — Unkenntnis des
   Strafgesetzes. — Rechtswahn. — Wahnverbrechen (Putativdelikt).
§ 9. **Handlung und Erfolg** . . . . 21—25
   Kausalzusammenhang. — Ursache im philosophischen Sinne des Wortes. — Ursache
   und Bedingung. — Der Kausalitätsbegriff v. Buris. — Ursache im Sinne der
   Rechtswissenschaft. — Heraushebung einer einzelnen Bedingung als Ursache κατ'
   ἐξοχήν. — Unterbrechung des Kausalzusammenhangs. — Die Kausalitätstheorie des
   § 134 St.G.B. — Webers Dolus generalis. — Bewirken durch Unterlassen. — Uneigentliche Unterlassungsdelikte. — Der Begriff der Gefahr.
§ 10. **Versuch und Vollendung** . . . . 25—28
   Vollendung im Sinne des Gesetzes. — Erfolgsdelikte und Angriffsdelikte. — Materielle
   Konsummation des Verbrechens. — Aberratio. — Versuch und Vorbereitungshandlungen. — Subjektive und objektive Versuchstheorie. — Der Versuch am untauglichen
   Objekt und mit untauglichen Mitteln. — Abstehen von der Vollendung und Rücktritt
   vom Versuche. — Deren Verhältnis zur thätigen Reue. — Strafbarkeit des Versuches.
§ 11. **Mitschuld und Begünstigung** . . . . 29—31
   Thäterschaft. — „Notwendige Teilnahme". — Mitthäterschaft. — Mittelbare
   Thäterschaft. — Anstiftung. — Versuchte Verleitung. — Agent provocateur. —
   Anstiftung des „alias facturus". — Beihilfe. — Versuch der Beihilfe, unbenützte
   Beihilfe. — Teilnahme. — Boshafte Unterlassung der Verhinderung eines Verbrechens. —
   Anzeigepflicht. — Begünstigung. — Teilnehmung. — Vorschubleistung. — Komplott. —
   Bande. — Einfluß persönlicher Verhältnisse des Thäters auf die Beurteilung der
   Mitschuldigen.
§ 12. **Rechtfertigungs- und Entschuldigungsgründe** . . . . 31—33
   Ausnahmen von der Strafdrohung. — Amtspflichten. — Züchtigungsrecht. —
   Notwehr. — Notwehrexceß. — Putativnotwehr. — Notstand (unwiderstehlicher Zwang). —
   Chirurgische Operationen. — Selbsthilfe. — Zustimmung des Verletzten. — Et volenti fit injuria und Ausnahmen von diesem Satze.
§ 13. **Strafmittel** . . . . 33—38
   Todesstrafe. — Arten der Freiheitsstrafe. — Einzelhaft. — Geldstrafe. — Umwandlung uneinbringlicher Geldstrafen. — (Geldbuße). — „Ehrenfolgen". — Landesverweisung und Abschaffung. — Polizeiaufsicht. — Zwangsarbeitsanstalt und Besserungsanstalt. — (Vergehen und Übertretungen der Unmündigen.) — Veröffentlichung
   des Strafurteils. — Verweis. — Statistische Daten.
§ 14. **Strafzumessung** . . . . 38—40
   Absolute und relative Strafdrohungen. — Latitüde. — Strafzumessungsgründe. —
   (Objektiv verbrecherische Handlungen Unmündiger.) — Jugendliches Alter. — Außer-
   ordentliches Milderungsrecht. — Strafumwandlungsrecht. — Konkurrenz von Strafthaten. — Real- und Idealkonkurrenz. — Homogene und allogene Konkurrenz. —
   Gesetzeskonkurrenz. — Individualisierung der Strafthaten. — Strafzumessung im
   Fall der Konkurrenz. — Strafzumessung im Fall späteren Aufkommens eines vor
   der früheren Verurteilung begangenen Deliktes. — Kumulation der Geldstrafe und
   Verfallsstrafe mit Todes- und Freiheitsstrafe. — Absorption der Freiheitsstrafe durch
   die Todesstrafe. — Zusammenrechnung der Beträge bei Diebstählen. — Fortdauerndes Verbrechen. — Fortgesetztes Verbrechen.

Inhalt. VII

Zweites Buch. Besonderer Teil.

Erster Abschnitt: Strafbare Handlungen gegen Rechte und Interessen Einzelner.

Seite

§ 15. **Verbrechen gegen Leib und Leben. 1. Tötungen** . . . . 40—45
I. Mord und Totschlag. — II. Kindesmord. — III. Tötungen bei Schlägereien und im Raufhandel. — Besondere Bestimmungen hinsichtlich des Kausalzusammenhanges. — IV. Abtreibung der Leibesfrucht und Tötung derselben im Mutterleibe. — V. Kindesweglegung. Vernachlässigung der Aufsicht über Kinder an gefährlichen Orten. — VI. Vorsätzliche Gefährdung von Menschen. — Öffentliche Gewaltthätigkeit nach § 87 St.G.B. — Boshafte Beschädigung fremden Eigentums unter Gefährdung von Menschen: § 85, lit. b und c St.G.B. — VII. Zweikampf. Mensur. — VIII. „Amerikanisches Duell". — IX. Fahrlässige Tötung. — Gefährdung des Lebens, der Gesundheit oder körperlichen Sicherheit eines Anderen. — Vergehen und Übertretung nach § 335 St.G.B. — Übertretung nach § 431 St.G.B. — X. Ungehorsamsdelikte der §§ 338—399 und 422—430. — Selbstgefährdung nach § 338 St.G.B.

§ 16. **2. Gesundheits= und Körperverletzungen** . . . . 46—47
I. Übertretung der (leichten) körperlichen Beschädigung (§ 411 St.G.B). — Raufhandel. — Mißhandlung eines Ehegatten durch den anderen. — II. Verbrechen der schweren körperlichen Beschädigung. — Vergiftung. — Verletzungen bei Schlägereien und im Raufhandel. — III. Fahrlässige Körperverletzungen. — Kunstfehler der Ärzte. — Vernachlässigung eines Patienten durch den Arzt. — Kurpfuscherei.

§ 17. **Delikte gegen die Freiheit und gegen verwandte Interessen der Persönlichkeit** . . . 47—50
I. Behandlung eines Menschen als Sklaven und Sklaventransport zur See. — Menschenraub. — Unbefugte Einschränkung der persönlichen Freiheit (§ 93 St.G.B.). — II. Hausfriedensbruch. — III. Entführung und Frauenraub. — IV. Nötigung. — V. Gefährliche Drohung. — Verbreitung beunruhigender Gerüchte. — VI. Verletzung des Brief= und Schriftengeheimnisses. — Unterschlagung von Briefen und Schriftstücken. — Unbefugte Herausgabe einer Briefsammlung. — VII. Verleumdung.

§ 18. **Delikte gegen die Ehre** . . . . 50—53
I. Der Dolus bei Beleidigungen. — Objekt der Beleidigung. — Angriff auf den Ruf eines Verstorbenen. — Beleidigung im engeren Sinne und Schmähung. — II. Wahrheitsbeweis. — Beweis des in Thatsachen begründeten guten Glaubens. — Fälle der Ausschließung des Wahrheitsbeweises. — III. Öffentliche Verspottung. — Beschimpfung. — Realinjurien. — Vorwurf ausgestandener Strafe. — Aufdeckung der Geheimnisse der Patienten durch Medizinalpersonen. — Ehrenrührige Angriffe gegen einen Personaleinkommen=Steuerpflichtigen oder ein Mitglied einer Steuerkommission.

§ 19. **Diebstahl und Raub** . . . . 53—56
I. Diebstahl. — Jagdvergehen und „Wilddiebstahl". — Entwendung von Leichen und aus Gräbern. — II. Die Besitzentziehung. — III. Der Dolus beim Diebstahl. — Furtum usus und furtum possessionis. — IV. Teilnehmung am Diebstahl. — Hehlerei. — Verdächtiger Ankauf. — V. Thätige Reue. VI. Familiendiebstahl. — Übertretung gegen die Familienordnung (§ 525 St.G.B.). — VII. Raub. — Teilnehmung am Raub. — VIII. Seeraub.

§ 20. **Veruntreuung und andere Fälle der Unterschlagung** . . . . . . 57—59
I. Unterschlagung. — II. Veruntreuung. — III. Fundunterschlagung und Unterschlagung irrtümlich zugekommener Sachen. — Aneignung eines Schatzes. — IV. Verstrickungsbruch. — Siegelbruch.

§ 21. **Sachbeschädigung** . . . . 59—61
I. Sachbeschädigung und Vermögensbeschädigung. — II. Der Dolus der Sachbeschädigung. — Mutwillige Beschädigung. — III. Tierquälerei. — Fahrlässige Sachbeschädigung. — Beschädigung des Staatstelegraphen (und Staatstelephons). — Beschädigung unterseeischer Telegraphenkabel.

§ 22. **Gemeingefährliche Strafthaten** . . . . 61—62
I. Brandlegung. — Fahrlässige Verursachung eines Brandes. — Betrug durch Anzünden der eigenen Sache. — Verheimlichung eines Brandes. — II. Sprengstoffdelikte. — III. Gemeingefährliche Sachbeschädigung. — IV. Verbreitung von Menschenkrankheiten. — V. Verbreitung von Tierkrankheiten. — VI. Delikte in Bezug auf Waffen. — VII. Verbrechen und Vergehen nach dem Lebensmittelgesetze.

§ 23. **Betrug** . . . . 62—65
I. Formale oder vage Verbrechen. — Objekt des Betruges. — Kausalzusammenhang beim Betrug. — Concurrence déloyale. — Prozeßchicane. — II. Der Dolus

beim Betrug. — Erfolg des Betruges. — III. Schädigung an „anderen Rechten" außer den Vermögensrechten. — IV. Die „Arten" des Betruges nach § 199 und 201 St.G.B. — V. Delikte bei Verwaltung von Erwerbs= und Wirtschaftsgenossenschaften.

§ 24. **Urkundendelikte** . . . . 66—68
I. Begriff der Urkunde. — II. Nachmachung und Verfälschung von Urkunden. — Falschbeurkundung. — Urkundenerschleichung (intellektuelle Urkundenfälschung). — Blankettfälschung. — Dolus der Urkundenfälschung. — III. Vernichtung, Beschädigung, Unterdrückung fremder Urkunden. — Unbefugte Benützung fremder Urkunden. IV. Verrückung von Grenzzeichen. — Gebrauch von falschem Maß oder Gewicht.

§ 25. **Bankbruch und Vollstreckungsvereitelung** . . . . 68—70
I. Vertragsbruch. — „Betrügerische" und „fahrlässige" Krida. — Gratifikation von Gläubigern. — Bankrottunterstützung. — Strafdrohungen gegen bankbrüchige Kaufleute. — II. Exekutionsvereitelung.

§ 26. **Erpressung** . . . . 70—72
I. Erpressung und Nötigung. — II. Arbeiter= und Unternehmernötigung (Koa= litionsgesetz).

§ 27. **Wucher und andere Ausbeutungen** . . . . 72—73
I. Kreditwucher und Sachwucher. — II. Beamtenwucher und Kadettenwucher. — III. Hazardspiel und verbotene Spiele. — Spiel und Wette.

§ 28. **Eingriffe in das Marken=, Autor= und Patentrecht** . . . . 73—74
I. Eingriff in das Markenrecht. — Dessen Verhältnis zum Betrug. — II. Ein= griff in das Autorrecht. — Namensfälschung. — Unbefugte Veröffentlichung einer Briefsammlung. — III. Patenteingriff.

Zweiter Abschnitt: Strafthaten gegen die Interessen der Gesamtheit.

§ 29. **Religionsdelikte** . . . . 75—76
I. Verbreitung von Unglauben. — II. Gotteslästerung. — III. Andere Fälle der Religionsstörung. — IV. Herabwürdigung oder Verspottung religiöser Lehren, Ge= bräuche oder Einrichtungen. — V. Beleidigung eines Religionsdieners. — VI. Un= anständiges Betragen bei Religionsübungen. — VII. Proselytenmacherei. — VIII. Störung des Grabfriedens.

§ 30. **Sittlichkeitsdelikte** . . . . 76—79
I. Notzucht. — Überwältigung zum Zweck des Beischlafes. — Beischlaf mit Un= mündigen. — Unfreiwillige Schwächung Wehr= oder Bewußtloser. — II. Schändung. — III. Widernatürliche Unzucht. — Sodomie. — Bestialität. — IV. Blutschande. — Übertretung der Unzucht mit Verwandten. — V. Verführung zur Unzucht. — Ver= brechen der Verführung durch eine Autoritätsperson. — Entehrung unter Zusage der Ehe. — Übertretung der Verführung nach § 505. — VI. Entehrung einer minder= jährigen Tochter durch einen Hausgenossen (§ 504 St.G.B.). — Gewerbsmäßige Un= zucht. — VII. Kuppelei. — Verbrechen der Kuppelei nach § 132, IV. — Übertretung der Kuppelei. — Gelegenheitsmacherei der Wirte und ihrer Bediensteten. — Straf= barkeit derjenigen, die sich von Prostituierten erhalten lassen. — VIII. Unzüchtige Handlungen.

§ 31. **Delikte in Bezug auf das Institut der Ehe** . . . . 79—80
I. Zweifache Ehe. — II. Ehebruch. — III. Eheschließung mit Verschweigung eines Ehehindernisses. — IV. Unbefugte Schließung einer Judenehe. — V. Zwang zu nich= tiger Eheschließung. — VI. Öffentliche Herabwürdigung der Ehe und der Familie.

§ 32. **Delikte gegen die Staatsgewalt** . . . . 80—86
I. Hochverrat. — Staatsverrat. — Nichthinderung und Nichtanzeige eines hoch= verräterischen Unternehmens. — Vergehen der Nichtablieferung von Wertpapieren der revolutionären Propaganda. — II. Delikte gegen die Kriegsmacht und Wehrfähig= keit des Staates. — Auspähung in Kriegs= und Friedenszeiten. — Veröffentlichung von Mitteilungen über militärische Operationen in Druckschriften. — Unbefugte Werbung. — Begünstigung eines Deserteurs. — Anstiftung und Beihilfe zu Militär= delikten. — Selbstbeschädigung eines Wehrpflichtigen. — Stellungsflucht und Nicht= rückkehr des Stellungspflichtigen aus dem Auslande. — Listige Umtriebe, um sich der Wehrpflicht zu entziehen. — Nichtbefolgung eines militärischen Einberufungsbefehles. — III. Majestätsbeleidigung. — IV. Beleidigung von Mitgliedern des kaiserlichen Hauses. — V. Amtsehrenbeleidigung (Wachebeleidigung). — VI. Wahlfälschung und Stimmen= kauf bei öffentlichen Wahlen. — VII. Öffentliche Gewaltthätigkeit nach § 76 und 78 St.G.B. — VIII. Widersetzung gegen die Obrigkeit im allgemeinen. — IX. Ein= zelne Fälle derselben. — Einmengung in eine Amtshandlung. — Auflauf. — Nötigung der Obrigkeit. — Aufstand. — Aufruhr. — X. Verweigerung des Eintrittes obrig=

keitlicher Organe. — XI. Aufreizung zu Haß und Verachtung gegen den Staat, Staatseinrichtungen und Staatsorgane. — Aufwiegelung. — Störung der öffentlichen Ruhe. — XII. Siegelbruch. — Verstrickungsbruch. — Beschädigung von Kundmachungen. — Teilnehmen an geheimen Vereinen. — Anmaßung des Ansehens eines Beamten oder Militärs. — Gesetzwidrige Verlautbarungen. — Unterlassung vorgeschriebener Meldungen. — Falschmeldung und andere Irreführungen von Behörden. — XIII. Irreführung der Steuereinschätzungskommissionen und Steuerbehörden.

§ 33. **Friedensstörungen** 86
    I. Landfriedensbruch. — II. Landzwang. — III. Verbreitung beunruhigender Gerüchte. — IV. Aufreizung zu Feindseligkeiten. — V. Herabwürdigung der Ehe, der Familie, des Eigentums. — VI. Delikte in Bezug auf das Vereins- und Versammlungsrecht. — VII. Delikte in Bezug auf den Ausnahmszustand.

§ 34. **Amtsdelikte und Verleitung zu denselben** .... 86—88
    I. Begriff des Beamten. — II. Mißbrauch der Amtsgewalt. — III. Passive Bestechung, aktive Bestechung. — IV. Uneigentliche Amtsdelikte.

§ 35. **Verbrechen gegen die Rechtspflege** 89
    I. Falsche Aussage vor Gericht und falscher Eid. — II. Verbotene Mitteilungen aus Strafprozessen. — Sammlungen zur Deckung von Geldstrafen. — III. Befreiung von Gefangenen. — IV. Verhehlung von Verbrechern und Verbrechensindizien.

§ 36. **Delikte gegen die wirtschaftliche Ordnung** .... 89—91
    I. Münz- und Kreditpapierfälschung. — Eingriff in das Zettelmonopol der österr.-ungar. Bank. — Münzbetrug. — II. Arbeiter- und Unternehmernötigung. — III. Betteln. — IV. Landstreicherei. — V. Lebensmittelfälschung und verwandte Straftaten. — VI. Taxüberschreitungen. — VII. Verleitung zur Auswanderung. — VIII. Dardanariat. — IX. Kartellzwang. — X. Übertretung gewerbepolizeilicher und münzpolizeilicher Vorschriften.

Berichtigungen.

Seite 4 Zeile 4 von unten lies „1852" statt „1582".
  = 16 = 18 =   =   = „majore" statt „majori".
  = 22 = 21 =   =   = „entscheidendste" statt „entscheidenste".

Strafrecht.

Von

Professor Dr. **H. Lammasch**.

§ 1. Strafzwecke.

Verbrechen (Strafthaten) sind Handlungen oder Unterlassungen eines zurechnungsfähigen Menschen, welche wegen ihrer schädlichen Wirkungen auf die menschliche Gesellschaft vom Staate mit Strafe bedroht sind. Strafe ist ein Übel, welches der Staat dem Urheber eines Verbrechens androht, um durch dessen Androhung und Vollziehung die nachteiligen socialen Wirkungen des verübten Verbrechens und die Gefahr der Verübung künftiger Verbrechen zu vermindern.

Nur das in der Außenwelt sich bethätigende Verhalten eines Menschen (eine äußere Handlung oder eine nach außen wirksame Unterlassung) kann Strafe begründen. „Über Gedanken oder innerliches Vorhaben, wenn keine äußere böse Handlung unternommen oder nicht etwas, das die Gesetze vorschreiben, unterlassen worden, kann niemand zur Rede gestellt werden" (§ 11 St.G.B.). Inwiefern Unterlassungen den Handlungen gleichstehen vergl. unten § 9.

Mag auch die Strafe in einem höheren Verstande eine Wohlthat nicht bloß für die Gesellschaft, sondern sogar für den von ihr Betroffenen sein, so ist sie doch zunächst für diesen eine Verletzung, ein Übel, das er erleidet wegen einer Übelthat, die er selbst verübt hat; eine „laesio, quae punit et vindicat, quod quisque commisit" (St. Augustinus), ein „malum passionis, quod infligitur ob malum actionis" (Hugo Groot).

Vom Schadenersatz unterscheidet sich die Strafe dadurch, daß sie nicht wie jener zunächst bestimmt ist, die unmittelbaren nachteiligen Wirkungen eines rechtswidrigen Verhaltens für den von demselben betroffenen Einzelnen auszugleichen. Ihr Beruf besteht vielmehr darin, einerseits die ungünstigen psychischen Wirkungen, welche jedes begangene Verbrechen in der Gesellschaft im ganzen und insbesondere in einzelnen von demselben berührten Personen erzeugt, durch eine Gegenwirkung des Staates nach Möglichkeit zu beheben, andererseits durch unmittelbare Einwirkung auf die Persönlichkeit des zu Bestrafenden die Verübung der von ihm etwa zu besorgenden neuerlichen Verbrechen zu verhindern oder minder wahrscheinlich zu machen. Freilich wird auch die Pflicht zum Ersatz des Schadens von demjenigen, dem sie obliegt, als ein Übel empfunden. Ihr Zweck ist es aber nicht, dieses Übel zu erzeugen, dieser besteht vielmehr darin, ein anderes Übel, das der Verletzte erlitten hat, auszugleichen.

Die ungünstigen psychischen Wirkungen der Verbrechen sind sehr verschiedener Art. Einerseits wird ein gelungenes Verbrechen geeignet sein, in dem Thäter desselben die Neigung zur Verübung neuer Übelthaten zu steigern und die vom Verbrechen abhaltenden Motive in ihrer Wirksamkeit zu schwächen; andererseits wird es in dem vom Verbrechen Betroffenen oder auch nur Bedrohten ein Gefühl der Unsicherheit, Besorgnis und Demütigung erzeugen, welches ihn in seinen Entschließungen und seinem Verhalten unter Umständen auf das quälendste beeinflussen mag; schließlich wird es überhaupt in der ganzen Gesellschaft, so weit dieselbe von dem Verbrechen erfährt, ganz besonders bei den Zeugen desselben und bei den dem Angegriffenen nahestehenden Personen, das Vertrauen in die Rechtsordnung erschüttern und bei den Einzelnen je nach ihren sittlichen Dispositionen entweder gewisse Gefühle der Unlust (Furcht, Ärgernis, Zorn u. dgl.) erregen oder einen Anreiz zur Nachahmung des Verbrechens bilden.

Zwar wird auch der Zwang zur Entschädigung in manchen Fällen außer der von ihm bezweckten Wirkung, die er in Bezug auf den durch eine rechtswidrige Handlung unmittelbar Verletzten anstrebt, nebenbei auch noch den Erfolg haben, dem letzteren eine Genugthuung für die erlittene Kränkung zu gewähren und die Autorität der Rechtsordnung sowie diejenigen Vorstellungen und Empfindungen, welche von der Verübung rechtswidriger Handlungen abzuhalten geeignet sind, zu bestärken. Aber der Entschädigungszwang ist hinsichtlich vieler Missethaten entweder zufolge ihres Wesens oder zufolge zufälliger Umstände in der Person des Übelthäters nicht ausführbar, hinsichtlich vieler anderer nicht ausreichend.

Soll die Strafe die nachteiligen socialen Wirkungen des Verbrechens paralysieren und die Gefahr der Verübung zukünftiger Verbrechen vermindern, so muß sie auf Vorstellung und Empfindung aller derjenigen Personen einwirken, in deren Seele jene ungünstigen, die Gefahr künftiger Verbrechen drohenden Wirkungen eingetreten sind. Mitunter aber wird die Staatsgewalt sich mit der bisher angedeuteten psychischen Gegenwirkung gegen verbrecherische Tendenzen nicht begnügen können, sondern auch zu dem Mittel physischer Unschädlichmachung oder doch physischer Behinderung desjenigen greifen müssen, der durch Begehung und insbesondere durch Wiederholung von Verbrechen die Besorgnis der Verübung weiterer Übelthaten erregt. Solche Maßregeln werden unter Umständen rein prophylaktischer Natur sein und dann scheiden sie aus dem Begriffe der Strafe aus. In sehr wichtigen und häufig vorkommenden Formen aber behalten sie trotz ihrer Aufgabe physischer Vorbeugung gegen das Verbrechen infolge ihrer übrigen Zwecke und ihrer allgemeinen Beschaffenheit den Charakter des Strafmittels bei.

Analysieren wir die Zwecke der Strafe im allgemeinen, so finden wir, daß es gewisse Zwecke giebt, welche jede Form der Strafe, die wegen irgend eines Verbrechens in was immer für einem Falle verhängt wird, anstrebt (konstante oder absolute Strafzwecke) und solche, welche der Staat nur in gewissen Fällen, bei Bestrafung gewisser Verbrechen und bei Anwendung gewisser Strafmittel verfolgt (variable oder relative Strafzwecke). Aufgabe einer jeden Strafe von den leichtesten bis zu den schwersten Fällen ist es, einen Tadel des mit der Strafe bedrohten Verhaltens auszusprechen. Bedrohung einer That mit Strafe ist die solennste und entschiedenste Form einer Mißbilligung, eines Tadels, eines Verbotes dieser That. Ist die angedrohte Strafe eine schwere, so wird die Vollziehung derselben geeignet sein, das Verbotensein jener That dem Gedächtnisse der Bevölkerung einzuprägen, worauf insbesondere die Talion und die „spiegelnden Strafen" früherer Zeiten besonderes Gewicht legten. Ein weiterer konstanter Strafzweck ist darauf gerichtet, durch Androhung von Strafen (insbesondere von die Ehre, die sociale Geltung berührenden Strafen) gegen gewisse Thaten die anderweitigen Motive religiöser, ethischer, ästhetischer, gesellschaftlicher Art, welche von solchen Thaten abzuhalten geeignet sind, in ihrer Wirksamkeit zu verstärken. Zweifellos gelingt es der Strafandrohung in zahlreichen, freilich durch keine Statistik nachweisbaren Fällen, für das Bewußtsein einer großen Anzahl von Personen gewisse Thaten, z. B. den Diebstahl, aus dem Bereiche jener Mittel auszuscheiden, durch welche sie einem Bedürfnisse abhelfen oder eine Neigung befriedigen möchten. Gegenüber denjenigen aber, bei welchen trotzdem der Gedanke, durch eine strafbare Handlung ein Begehren zu befriedigen, die Schwelle ihres Bewußtseins überschreitet, gewinnt die Strafdrohung die fernere Aufgabe, durch die Vorstellung des an das Verbrechen geknüpften Strafübels den Reiz zu dessen Begehung zu überwinden. Um diesen Zweck zu erreichen, ist es notwendig, die Association der beiden Ideen: Verbrechen und Strafe, zu einer unlöslichen zu gestalten, so daß im Bewußtsein der Menschen der ersten Vorstellung die zweite sofort nachfolgt. Je regelmäßiger es gelingt, Verbrechen zu entdecken und ihrer Thäter habhaft zu werden und je ausnahmsloser an denselben die Strafe wirklich vollzogen wird, desto sicherer wird dieser Zweck erreicht werden. Die bisher charakterisierten Aufgaben sind solche, welche schon die Androhung der Strafe und nicht erst ihr Vollzug zu leisten berufen ist. Gleichzeitig sind es Aufgaben der Strafe gegenüber der Gesamtheit des Staatsvolkes. Man bezeichnet dieselben mit dem Schlagworte: Generalprävention. Im Gegensatz zu diesen bezeichnet man als Specialprävention die Aufgaben des Strafvollzuges in Bezug auf das konkrete, demselben unterworfene Individuum. Während die Aufgaben der Generalprävention in allen Fällen einer Bestrafung die gleichen sind, müssen jene des Strafvollzuges gegenüber dem von ihm betroffenen Individuum dem Charakter des letzteren angepaßt, müssen die Zwecke der Specialprävention durch möglichst individualisierende Behandlung angestrebt werden. Manchen straffälligen Personen gegenüber mag es ausreichend scheinen, wenn man ihnen jenes Strafübel, welches sie, solange es ihnen bloß durch die Vorstellung vermittelt war, nicht abzuhalten vermochte, zur eigenen Empfindung bringt, so daß also der Strafvollzug gerade so wie die Strafdrohung durch die — allerdings von der persönlichen Erfahrung vermittelte — Vorstellung des Strafübels von künftigen Übelthaten abhalten, abschrecken soll. Bei manchen anderen wird eine Strafe von solcher Beschaffenheit, wie sie auf Grund unserer heutigen Anschauungen und Empfindungen zum Zwecke der Abschreckung allein in Anwendung kommen könnte, eine Aussicht auf Wirksamkeit nicht eröffnen. Es wird dies namentlich der Fall sein bei Verbrechen, welche auf Liederlichkeit, Arbeitsscheu und Ungeübtheit in solcher Arbeit beruhen, die geeignet wäre, das betreffende Individuum zu ernähren. Gegenüber dem gewohnheitsmäßigen oder gewerbsmäßigen Verüber von auf solchen Motiven beruhenden Verbrechen wird der Strafvollzug daher insbesondere bestrebt sein müssen, ihn an Ordnung, an Regelmäßigkeit der Lebensführung und an Arbeitsamkeit zu gewöhnen, ihn von der Meinung, daß Ordnung und Arbeit die größten aller Übel seien, abzubringen und ihn zu einem Berufe auszubilden, von dem er sich seinen Lebensunterhalt versprechen kann. Eine solche Strafe hätte also nicht bloß, wie die abschreckende Strafe, negativ, sondern vielmehr positiv, gestaltend, gewöhnend, erziehend einzuwirken. In Bezug auf jugendliche Delinquenten wird eine solche Form des Strafvollzuges geradezu den Zweck der moralischen Besserung verfolgen können, während sie sich gegenüber Erwachsenen regelmäßig auf eine mehr äußerliche Gewöhnung an Ordnung und Arbeitsamkeit wird beschränken müssen, da es dem Staate mit seinen verhältnismäßig plumpen Mitteln nicht möglich sein wird, auf einen bereits ausgebildeten Charakter innerlich umgestaltend einzuwirken und da man seinen Organen auch kaum jene vollkommene Macht und diskretionäre Gewalt über Einzelne einräumen kann, welche zu jenem Zwecke notwendig wäre.

Gegenüber denjenigen, bei welchen, insbesondere auf Grund früher mit ihnen gemachter Erfahrungen, auch dieser Zweck der Gewöhnung, der „bürgerlichen" Besserung (im Gegensatz zur moralischen Besserung) nicht mehr erreichbar scheint, ergiebt sich, soferne es sich um die Thäter schwerer, die Gesellschaft ernstlich bedrohender Verbrechen handelt, als letzter der relativen Strafzwecke, die Unschädlichmachung. Diesem Zwecke diente früher hauptsächlich die Todesstrafe, heute dient ihr vorwiegend die lebenslängliche Freiheitsstrafe, in manchen Staaten auch gewisse Formen der Deportation. Aufgabe dieser Strafarten ist nicht bloß die Unschädlichmachung des gefährlichen Individuums, sondern auch die Verhinderung der Zeugung einer wahrscheinlich mit seinen Dispositionen behafteten Nachkommenschaft.

Außer diesen Zwecken in Bezug auf die Gesamtheit der Staatsbürger und auf das straffällige Individuum, verfolgt der Strafvollzug auch noch den der Genugthuung für die durch das Verbrechen erlittene Kränkung gegenüber dem von ihm Betroffenen. Soll es nicht zur „Lynchjustiz" kommen, so muß die öffentliche Strafe diesem einen Ersatz gewähren für den nach naturrechtlicher Auffassung ihm zustehenden Anspruch auf Vergeltung und Rache.

1*

§ 2. Quellen des Strafrechtes.

Einzige Quelle des Strafrechts ist das Gesetz, d. h. das St.G.B. vom 27. Mai 1852, und die seither zu demselben erlassenen „Novellen". Das St.G.B. von 1852 ist, wie das Kundmachungspatent selbst sagt, nur „eine neue Ausgabe" des St.G.B. vom 3. September 1803, „mit Einschaltung der durch spätere Gesetze verfügten Abänderungen und mit Aufnahme mehrerer neuer Bestimmungen". Das St.G.B. von 1803 wurde auf Grund eines für den ersten (von den „Verbrechen" im engeren Sinne handelnden) Teil von dem Oberstlandrichter Freiherrn von Haan, und für den zweiten (den „schweren Polizeiübertretungen" gewidmeten) Teil von dem Universitätsprofessor von Sonnenfels ausgearbeiteten Entwurfes nach sorgfältiger, schon unter Leopold II., der sich bereits als Kriminalgesetzgeber in Toscana verdienten Ruhm erworben hatte, begonnener Beratung ausgearbeitet. Für seine Zeit war es ein legislatives Meisterwerk, welches die wohlverdiente Anerkennung insbesondere auch des Auslandes fand, wie denn Feuerbach, der führende deutsche Kriminalist jener Zeit, von ihm sagt, daß es „auf das vollkommenste die Idee ausdrückt, die ich mit einem Strafgesetze verbinde". Eine vorläufige Redaktion des Gesetzes war schon früher (1796) in Westgalizien eingeführt worden. Die Revision des St.G.B. durch den Universitätsprofessor und Ministerialrat von Hye im Jahre 1852 beschränkte sich hinsichtlich des ersten, von den „Verbrechen" handelnden Teiles im wesentlichen auf die Aufnahme des Inhaltes jener Hofdekrete und Gesetze, welche seit 1803 zu dem St.G.B. hinzugekommen waren, sowie auf Präcisierung einzelner Thatbestände und die Milderung mancher Strafdrohungen. Daneben wurden auch einige durch moderne Erfindungen oder durch Änderung der staatsrechtlichen Verhältnisse notwendig gewordene Verbrechensthatbestände neu aufgenommen und die Strafen einzelner Delikte verschärft. In Bezug auf den zweiten Teil war schon früher durch Artikel 9 und 10 der Einführungsverordnung zur St.P.O. vom 17. Januar 1850 der Begriff der schweren Polizeiübertretungen in die beiden Gruppen der „Vergehen" und „Übertretungen" aufgelöst worden, welche Unterscheidung unter vielfachen Modifikationen in ihrer Durchführung durch die Revision von 1852 beibehalten wurde. Auch seit 1852 ist durch eine nicht unbedeutende Anzahl von „Novellen" der Inhalt des St.G.B. abgeändert und ergänzt worden.

Seit der a. h. Entschließung vom 16. Februar 1861, welche die Ausarbeitung eines neuen St.G.B. für die im damaligen engeren Reichsrate vertretenen Königreiche und Länder angeordnet hatte, sind wiederholte Anläufe zu einer in Anbetracht der seit 1803 bis in ihre Grundlagen geänderten politischen, socialen und wirtschaftlichen Verhältnisse dringend notwendigen Reform unseres Strafrechtes gemacht worden. Zuerst stand ein 1863—67 durch v. Hye unter Zugrundelegung des geltenden österreichischen Rechtes ausgearbeiteter Entwurf eines St.G.B. über Verbrechen und Vergehen in Beratung, der eine große Anzahl in inhaltlicher Beziehung sehr beachtenswerter Verbesserungsvorschläge in einer allerdings äußerst mangelhaften Formulierung enthielt, und in dem durch Lienbacher ausgearbeiteten Entwurfe eines St.G.B. über Polizeiübertretungen seine Ergänzung finden sollte. Später ließ Glaser durch die Professoren Wahlberg und Merkel, O.L.G.-Präsident Waser und Sektionschef Khoß das deutsche R.St.G.B. in einer den österreichischen Verhältnissen für anpassend gehaltenen Form umarbeiten und legte 1874 diesen Entwurf dem Reichsrate vor. Dieser Entwurf erfuhr insbesondere durch den Justizminister Grafen Schönborn und durch den „permanenten" Strafgesetzausschuß der XI. Session des Abgeordnetenhauses (1891—1895) sehr anerkennungswerte Verbesserungen in doppelter Richtung, indem einerseits manche berechtigte und bewährte Eigentümlichkeiten der partikulären österreichischen Rechtsentwicklung, welche Glaser um der im ganzen doch nicht zu erreichenden Rechtseinheit mit dem Deutschen Reiche willen aufgeben wollte, wiederhergestellt wurden und andererseits wenigstens in einiger Beziehung die dringendsten socialpolitischen Forderungen der Gegenwart Berücksichtigung fanden. Nachdem der Entwurf im Ausschusse vollständig, im Plenum des Abgeordnetenhauses zu ungefähr einem Drittel seines Inhaltes durchberaten worden, wurde er fallen gelassen. Gegenwärtig befindet sich ein neuer Entwurf auf neuen Grundlagen in Ausarbeitung.

Für den Fall, daß die amtliche Übersetzung des St.G.B. in eine der Landessprachen mit dem deutschen Texte nicht übereinstimmen sollte, ist zufolge der auf allerhöchster Entschließung vom 16. März 1852 beruhenden J.M.Vdg. vom 19. März 1582, R.G.Bl. 51, der deutsche Text als der allein authentische anzusehen (die ausdrücklich angeordnete rückwirkende Kraft dieser Bestimmung ist verkannt in E.H. 863, richtig E.H. 23. Juni 1887 bei Manz zu Art. I K.M.P.).

Besondere Interpretationsgrundsätze gelten auf dem Gebiete des Strafrechtes nicht. Auch eine extensive Interpretation des Gesetzes ist nicht ausgeschlossen, vielmehr gerade in Bezug auf die mehr nach Anschaulichkeit, Sinnfälligkeit und Einprägbarkeit, als nach logischer Präcision strebende Ausdrucksweise des St.G.B. oft unerläßlich (vgl. z. B. die Ausdrücke „Handanlegung" in § 81, „Waffe" in § 82, „bewaffnet" in § 83 [hingegen nicht in § 158], „wider Wissen und Willen" in § 147, „wider ihren Willen" § 96 = „wider Wissen oder Willen", bezw. „ohne ihren Willen", „versperrte Sachen" § 174, „unter Siegel gehaltene Schriften" G. zum Schutze des Brief= und Schriftengeheimnisses, vgl. C.H. 1756). Extensive Interpretation und nicht Analogieschluß ist es auch, wenn man die staatlichen Telephonanlagen den Staatstelegraphen subsumiert.

Hingegen ist der Analogieschluß durch Art. IV K.M.P. beschränkt, indem „nur das= jenige als Verbrechen, Vergehen oder Übertretung behandelt und bestraft werden darf, was (in diesem Gesetze) ausdrücklich als Verbrechen, Vergehen oder Übertretung erklärt wird". Nullum crimen sine lege. In allen anderen Beziehungen ist auch der Analogieschluß zulässig, so insbesondere hinsichtlich der Schuld= und Strafausschließungsgründe (nicht= gebildete Taubstumme nach Analogie der Kinder, Ausdehnung der durch § 28 P.G. a. E. den **durch die Presse** erfolgenden wahrheitsgetreuen Mitteilungen öffentlicher parlamen= tarischer Verhandlungen zugestandenen „sachlichen Immunität" auch auf **mündliche und schriftliche** Mitteilungen dieser Art), hinsichtlich der Strafzumessungsgründe (Erschwerungs= umstände beim Diebstahl auch bei der Veruntreuung bedeutsam, Unehelichkeit des Kindes als Milderungsgrund auch bei der Abtreibung), und selbst hinsichtlich der Ermittelung des Strafsatzes in jenen Fällen, in welchen das Gesetz bloß Strafe überhaupt androht, ohne Strafart und Strafmaß zu bestimmen (§§ 365, 434, 459, 525). Es gilt trotz § 32 St.G.B. also nicht unbedingt der Satz: Nulla poena sine lege.

Authentische Interpretationen von Bestimmungen des St.G.B. sind nicht erfolgt. Schlüsse, welche man aus Bestimmungen späterer Gesetze auf die Bedeutung früher pro= mulgierter Gesetze zieht, haben bloß die Kraft des wissenschaftlichen Argumentes. Auch Entscheidungen des Kassationshofes haben keine bindende Kraft für die Rechtsprechung der Gerichte erster Instanz in anderen Fällen. Nur wenn eine Prozeßsache vom Kassationshofe zu neuerlicher Verhandlung an ein anderes Gericht verwiesen wird, ist nach §§ 293, 351 St.P.O. in dieser konkreten Prozeßsache das Gericht an die Rechtsansicht, von welcher der Kassationshof bei seiner Entscheidung ausgegangen, gebunden, wodurch jedoch nicht aus= geschlossen ist, daß, wenn sich bei der neuen Verhandlung die Thatsachen des Falles anders darstellen, auch die rechtliche Beurteilung desselben von der auf Grund der im ersten Verfahren ermittelten Thatsachen aufgebauten Ansicht des Kassationshofes differieren kann. (Vgl. G. P. Cramer bei C.H. 380.) Obwohl an und für sich „jeder Richter den Rechtsquellen und dem einzelnen Falle genau so gegenübersteht, wie irgend einer, der vor ihm kam oder nach ihm kommen wird, und er wie dieser und wie jener verpflichtet ist, die Rechtsnorm, wie sie ihm erscheint, zur Anwendung zu bringen" (Glaser), so haben doch die Entscheidungen des höchsten Gerichtshofes eine Vermutung der Richtigkeit für sich, so daß sich der gewissenhafte Richter nicht ohne die volle Überzeugung von der rechtlichen Un= haltbarkeit der ihnen zu Grunde liegenden Auffassung mit derselben in Widerspruch setzen wird.

Aus der Litteratur des St.G.B. von 1803 sind hervorzuheben die kurze „Darstellung der durch das neue Kriminalgesetzbuch bewirkten Veränderungen" samt ihren Gründen nebst einer Ein= leitung über Zwecke und Principien des Kriminalgesetzbuches" durch von Zeiller, in dessen jähr= lichen Beiträgen zur Gesetzeskunde und Rechtswissenschaft I u. II 1806 und 1807 und das für seine Zeit treffliche Werk Jenulls (Professors in Graz, später in Wien) „Das österreichische Kriminalrecht nach seinen Gründen und in seinem Geiste dargestellt" 1809. Für das richtige Verständnis der Ver= gehen und Übertretungen ist noch immer von Bedeutung Kudlers „Erklärung des St.G.B. über schwere Polizeiübertretungen" 1850. Die Litteratur des revidierten Gesetzbuches von 1852 beginnt mit v. Hyes umfassendem, aber bloß bis § 75 St.G.B. reichendem Kommentar 1855. Großen Ein= fluß auf die Praxis erlangte das alle grundsätzlichen Erörterungen und jede wissenschaftliche Methodik absichtlich vermeidende Handbuch Herbsts. Neueren Anschauungen und Anforderungen entsprechen als Gesamtdarstellungen nur die Lehrbücher von Janka 1. Auflage 1884, (3. Auflage von Rulf) und von Finger I, 1894 II, 1895. Als Darstellung der allgemeinen Lehren verdienen Hervorhebung Geyers Erörterungen über den allgemeinen Thatbestand der Verbrechen 1862 und Tolomei,

Diritto penale, elementi e studi proposti ai suoi scolari als Grundriß zu den in Padua 1863 auf Grund des damals dort noch geltenden österreichischen Strafrechts gehaltenen Vorträgen, sowie ein in polnischer Sprache erschienenes Werk von Krzymuski. Reicher als an zusammenfassenden Werken ist die österreichische Strafrechtslitteratur an Monographien, insbesondere von Zeiller, Jenull, Kitka, Rizy, Graßl, Waser, Hye, Wessely, Rulf, Fierlinger, Harum, Würth, Wahlberg, J. N. Berger, Glaser, Geyer, Schütze, Prix, Senft, Janka, Chorinsky, Krall, Ullmann, Kaserer, Liszt, Lammasch, Finger, Jaques, Benedikt, Zucker, Hiller, Ruber, Zistler, Gernerth, Lentner, A. v. Berger, Friedmann, Rosenblatt, Groß, Storch, Leitmaier, Markovich, Giannelia, Gryziecki, Högel, Mitterbacher, Feldner, Spindler, Schoberlechner, Sander, Stooß, Gertscher, Schreiber, Fürstl, Ofner, Geller, Lenz, Löffler, Seiller, u. a. m. Zu tieferem Verständnis unentbehrlich bleibt auch für Österreich die deutsche Rechtslitteratur, aus welcher von Lehrbüchern besonders jene von Merkel, Hugo Meyer, Liszt, und (für den besondern Teil) von Binding hervorgehoben werden mögen. Insbesondere möge hinsichtlich der Litteraturangaben auf jene Lehrbücher verwiesen sein, unter welchen in dieser Richtung das von Hugo Meyer das instruktivste ist.

Die Entscheidungen des obersten Gerichts= und Kaffationshofes sind für die Zeit von 1850 bis 1871 zusammengestellt in der von Glaser, Adler, Krall und Walther herausgegebenen Sammlung (im folgenden citirt O.G.H.), von 1874 ab in der Sammlung der Gerichtszeitung (im folgenden citirt G. H.). Eine wertvolle Übersicht über den wesentlichsten Inhalt derselben geben in der Paragraphenfolge des Gesetzes die von dem Generalprokurator v. Cramer redigirten Anmerkungen zur „Manzschen" Ausgabe des St.G.B. 18. Auflage 1897.

§ 3. Einteilung der strafbaren Handlungen.

Die den Gerichten zur Untersuchung und Aburteilung zugewiesenen strafbaren Handlungen sind von sehr verschiedener Bedeutung. Strafbar ist auch, wer badet, wo zu baden nicht erlaubt ist, oder einen Hund ohne Maulkorb auf die Straße läßt. Um solche geringfügige Delikte schon dem Namen nach von schweren Missethaten unterscheiden zu können, teilt unser Gesetz nach Vorbild des französischen Rechtes die Gesamtheit der den Gerichten zur Aburteilung zugewiesenen strafbaren Handlungen in die drei Kategorien der Verbrechen im engeren Sinne, der Vergehen und der Übertretungen. Sofern das Gegenteil nicht aus dem Zusammenhange deutlich hervorgeht oder ausdrücklich der Zusatz „im engeren Sinne" beigefügt ist, wird jedoch in diesem Grundrisse, dem gemeinen Sprachgebrauche folgend, der Ausdruck „Verbrechen" im weiteren Sinne = Strafthat oder strafbare Handlung überhaupt gebraucht. Die Unterscheidung zwischen Verbrechen und Vergehen einerseits und Übertretungen anderseits ist besonders von prozessualer Bedeutung, indem über die letzteren Einzelrichter beim Bezirksgericht aburteilen, während zur Aburteilung über die ersteren beiden Gruppen stets richterliche Kollegien berufen sind. Die Unterscheidung der Verbrechen von den Vergehen und Übertretungen hingegen hat insofern materiell rechtliche Bedeutung, als 1. Verbrechen nur mit bösem Vorsatz begangen werden können, während es neben wesentlich dolosen Vergehen und Übertretungen auch solche giebt, zu denen nur culpa erfordert wird, oder bei welchen sogar der bloße Ungehorsam gegen das Gesetz für sich allein ausreicht (§ 238 St.G.B., s. unten § 8 a. E.), und als 2. die schwersten Strafarten (Tod und Kerker) einzig bei Verbrechen, die leichteren (Arrest und Geldstrafe) einzig bei Vergehen und Übertretungen zur Anwendung kommen (vgl. jedoch Pestpatent 21. Mai 1805). Im übrigen ist die Abgrenzung namentlich zwischen Verbrechen und Übertretungen nicht selten (insbes. bei den Vermögensdelikten) eine willkürliche und unpassende.

Wenn auch die Strafbarkeit aller Delikte ihren Grund in der socialen Schädlichkeit derselben hat, so ist doch der Zusammenhang der einzelnen Deliktsgattungen mit dieser Schädlichkeit für die Gesellschaft ein verschiedener; der Grund der Strafbarkeit liegt nämlich bald darin, daß die betreffenden Handlungen nach der Absicht ihres Urhebers bestimmt sind, eine Verletzung zu erzeugen (Verletzungs= und Angriffsdelikte, über deren Unterscheidung untereinander auf § 10 zu verweisen ist), oder darin, daß sie nach der Vorstellung oder nach der Absicht ihres Urhebers geeignet sind, im konkreten Falle die Gefahr einer Verletzung zu begründen (Gefährdungsdelikte, vgl. insbes. § 335 St.G.B.), endlich darin, daß sie nach der Meinung des Gesetzgebers im allgemeinen gefährlich sind, wenn sich auch der Thäter im konkreten Falle dieser ihrer Gefährlichkeit nicht bewußt sein sollte (Ungehorsamsdelikte, vgl. §§ 338 bis 399 und 422—430, sowie § 238 St.G.B. und unten § 8 a. E.). Der Name

"Ungehorsamsdelikte" für die letztgenannte Gruppe stammt daher, daß in diesen Fällen das Gesetz die Beobachtung einer bestimmten Vorschrift absolut gebietet und den Ungehorsam gegen dieselbe, ohne daß es des Nachweises eines besonderen Verschuldens durch dolus oder culpa oder der Entstehung einer Gefahr im konkreten Falle bedürfte, für strafbar erklärt.

In der Regel begnügt sich der Staat damit, von den ihm unterworfenen Personen die Unterlassung solcher aktiver Thätigkeiten zu fordern, welche gewisse schädliche Wirkungen haben oder haben könnten; in der Regel stellt er also bloß Verbote auf. In manchen Richtungen sieht sich der Staat jedoch genötigt, von den Unterthanen auch eine gewisse positive Förderung seiner Interessen zu verlangen; er stellt Gebote auf und bedroht die Nichtbefolgung dieser Gebote durch passives Verhalten der ihm Unterworfenen ebenso als strafbar, wie die Übertretung der Verbote durch aktive Thätigkeit. Je nachdem das strafbare Verhalten in der Übertretung eines Verbotes oder in der Nichtfolgeleistung gegenüber einem Gebote besteht, unterscheidet man Handlungs- (Begehungs-) und Unterlassungsdelikte, Kommissiv- und Ommissivdelikte. Im allgemeinen scheut und meidet die Gesetzgebung jenen intensiven Eingriff in die menschliche Freiheit, der darin läge, daß sie jemanden bei sonstiger schwerer Strafe zu einem aktiven Thun verpflichten würde; es finden sich daher nur wenige Fälle von Ommissivdelikten (in dem hier besprochenen eigentlichen Sinne des Wortes vgl. § 9) unter den "Verbrechen" in der technischen Bezeichnung dieses Wortes, so in §§ 60, 61, 87, 93, 95, 102 a, 212, in § 9 Sprengstoffgesetz, und im Gesetze vom 28. Juni 1890 über die Nichtbefolgung eines Militäreinberufungsbefehls § 1. Sehr häufig hingegen finden sich Ommissivdelikte unter den Vergehen und Übertretungen, so z. B. in §§ 283, 360, 368, 373, 390, 391, 469, 473, und zwar ist in manchen dieser Fälle das Nichtthun (die Nichtbefolgung des Gebotes) an und für sich strafbar, in anderen Fällen hingegen bloß insofern es als Ursache eines Verletzungserfolges sich darstellt.

Nach ihrem rechtlichen Angriffsobjekt, d. h. nach dem durch sie bedrohten Rechtsgute, unterscheidet unser St.G.B. § 56 Verbrechen gegen die Rechte der Individuen, und solche gegen Interessen der Gesamtheit. In Zusammenhang damit steht die Unterscheidung in "gemeine" und "politische" Delikte, welche sich in einzelnen Gesetzen und in den Staatsverträgen über Auslieferung der Verbrecher findet. Doch hat auch dort, wo er vorkommt, der Begriff des "politischen" Deliktes durchaus nicht überall dieselbe Bedeutung. So sind nach der a. h. Entschließung vom 28. Oktober 1849 über die Behandlung der wegen politischer Verbrechen und Vergehen Verurteilten (bezw. nach dem dieselbe erläuternden Erlasse, der M.Vbg. vom 24. Juni 1867 [Kaserer III, 288 ff.]) als politische Delikte anzusehen 1. Hochverrat, 2. Störung der öffentlichen Ruhe, 3. Aufstand und Aufruhr, wenn derselbe aus politischen Gründen entstanden ist, und 4. die folgenden strafbaren Handlungen, wenn sie durch den Inhalt einer Druckschrift begangen worden sind: Majestätsbeleidigung, öffentliche Gewaltthätigkeit gegen den Reichsrat oder einen Landtag nach § 76, Auflauf nach § 279, Aufreizung nach § 302 und das Vergehen des § 305. Im Sinne des St.G.G. über die richterliche Gewalt Art. 11 und des in Ausführung desselben erlassenen Art. 6 des E.G. zur St.P.O. hingegen sind als politische Delikte anzusehen: Hochverrat nach §§ 58—61 und Art. 1 des G. 17. Dezember 1862, Störung der öffentlichen Ruhe in den Fällen der §§ 65, 66, und des Art. 2 des G. 17. Dezember 1862, Aufstand und Aufruhr, öffentliche Gewaltthätigkeit §§ 76—80, die Vergehen der §§ 300, 302, sowie der Art. 3 und 4 des Gesetzes vom 17. Dezember 1862. In einem anderen Sinne wiederum ist aller Wahrscheinlichkeit nach der Terminus politisches Verbrechen und Vergehen in den Verträgen über Auslieferung der Verbrecher zu verstehen (vgl. § 6).

Da die gegenwärtige Darstellung des österreichischen Strafrechts sich nur auf jene Delikte bezieht, welche den Civilstrafgerichten zur Aburteilung überwiesen sind, so bleiben aus derselben ausgeschlossen 1. die Militärdelikte, 2. die Disciplinardelikte, 3. die Gefällsübertretungen (St.G.B. über Gefällsübertretungen vom 11. Juli 1835), 4. die Polizeiübertretungen, hinsichtlich deren die Verheißung des Art. 48 des Gesetzes über den Verwaltungsgerichtshof vom 22. Oktober 1875 noch immer nicht in Erfüllung gegangen ist. Das Recht sowohl der allgemeinen als der speciellen Militärdelikte ist geregelt durch das M.St.G.B. vom 15. Januar 1855. Strafgesetznovellen, welche vor 1867 erflossen sind, so insbesondere das G. vom 17. Dezember 1862, ergänzen auch das M.St.G.B. (anders schon G. 15. November 1867).

Die Zahl der wegen „Verbrechen" im Jahre 1895 verurteilten Personen betrug 28 709, der wegen Vergehen Verurteilten 7596, und die der einer Übertretung wegen Verurteilten 521 756.

§ 4. Entstehung und Geltendmachung des Strafanspruches.

Aus jeder strafbaren Handlung (nicht erst aus dem kondemnierenden Urteil) entsteht gegen deren Thäter ein Anspruch des Staates auf Verbüßung der gesetzlich angedrohten Strafe. Da diese Strafe im öffentlichen, allgemeinen Interesse angedroht ist und zu dessen Förderung vollzogen werden soll, ist die Geltendmachung dieses Anspruches auf Strafe — von besonderen Ausnahmefällen abgesehen — Pflicht des Staates. Wir sprechen daher von einer staatlichen Strafpflicht (§ 34 St.P.O.). Da dieser Strafanspruch im öffentlichen Rechte begründet ist, kann seine Entstehung in der Regel auch nicht durch Verzeihung des verletzten Individuums gehindert werden (§ 33 St.G.B.). Doch ist seine Geltendmachung hinsichtlich einzelner Vergehen und Übertretungen von der Mitwirkung des im konkreten Falle Verletzten abhängig gemacht.

In manchen Fällen genügt übrigens die strafbare Handlung für sich allein nicht zur Entstehung des Strafanspruches, sondern bedarf es hiezu noch einer besonderen, außerhalb des Thatbestandes des betreffenden Deliktes gelegenen Voraussetzung, einer „äußerlichen Bedingung der Strafbarkeit". So ist nach geltendem Rechte die Strafbarkeit hochverrat=ähnlicher Angriffe gegen einen fremden Staat nach § 66 davon abhängig, daß jener Staat, gegen welchen der Angriff erfolgt, auch seinerseits die Verfolgung von auf seinem Gebiete gegen Österreich begangenen Angriffen gleicher Art verbürgt, und daß diese Verbürgung der Gegenseitigkeit im Kaisertum Österreich gesetzlich kundgemacht ist, was nur in Bezug auf Rußland zutrifft (Ausführung Juristische Blätter 1883, Nr. 9—11). Eine solche objektive Bedingung besteht ferner für die Strafbarkeit von Verbrechen der Ausländer im Auslande nach § 40, indem dieselben in Österreich nur dann bestraft werden können, wenn die be=treffende That nach dem am Orte ihrer Verübung geltenden Rechte ebenfalls strafbar ist. Insbesondere hängt mitunter die Anwendbarkeit eines höheren Strafsatzes davon ab, daß aus der That, wenn auch ohne Verschulden des Thäters, gewisse schwere Folgen erwachsen sind. Dies trifft z. B. zu in § 73 (Notwendigkeit der Anwendung außerordentlicher Gewalt als Voraussetzung für das Übergehen des „Aufstandes" in das schwerere Verbrechen des „Aufruhres"), § 126 ff. (schwere Folgen einer Notzucht oder Schändung), § 148 (Schaden für die Gesundheit der Mutter als Folge einer Abtreibung), § 150 ff. (Tod des weg=gelegten Kindes), § 94 (schwerer Schaden als Folge der Freiheitsbeschränkung), § 123 (Ärgernis oder gemeine Gefahr als Folge einer Religionsstörung), § 161 (Tötung im Zweikampfe), § 167 lit. c (erheblicher Schaden bei der Brandlegung), § 195 (schwere Beschädigung beim Raub), § 210 (größere Gefahr bei der Verleumdung), § 494 lit. c (Nachteile an der Freiheit, am bürgerlichen Fortkommen oder am Erwerb). Vgl. auch Pestpatent 1805 § 1. Von den Thatbestandsmerkmalen unterscheiden sich jene äußeren Bedingungen der Strafbarkeit dadurch, daß der Thäter sich des Vorhandenseins oder Ein=trittes derselben nicht bewußt gewesen zu sein braucht. Hingegen stimmen sie mit den Thatbestandsmerkmalen darin überein, daß sie ebenso wie diese Bedingungen der Strafbar=keit, und nicht bloß Bedingungen der Verfolgbarkeit der betreffenden That sind. Wer jemandem vorwirft, eine jener Thaten unter durch § 40 oder durch § 66 St.G.B. nicht betroffenen Voraussetzungen begangen zu haben, hat ihm, da die betreffende äußere Be=dingung nicht vorliegt, keine nach unserem Rechte strafbare That vorgeworfen. Im Unter=schiede hievon enthalten Bestimmungen wie die des Art. 4 des Bankstatutes von 1887, nach welcher die Verletzung des der österreichisch=ungarischen Bank zustehenden Zettelmonopols nur auf Antrag der Bank verfolgt wird, oder des § 5 Z. 1 u. 2 des Ges. über die Zwangs=arbeitsanstalten, nach welchem gewisse Übertretungen der Prostituierten nur auf Antrag der Sicherheitsbehörde verfolgt werden, bloß eine Beschränkung der Verfolgbarkeit dieser

Delikte, nicht eine Voraussetzung ihrer Strafbarkeit. „Strafbare Handlungen" in abstracto, Vergehen oder Übertretungen sind solche Thaten auch dann, wenn sie in concreto nicht verfolgt werden können. Dasselbe gilt von den „Ermächtigungsdelikten" und jenen nach § 2 St.P.O. der Privatanklage vorbehaltenen Vergehen und Übertretungen, von denen das St.G.B. sagt, daß sie „bloß auf Ansuchen" oder „auf Verlangen" einer bestimmten Person (des Verletzten, des Familienoberhauptes, des Beteiligten) verfolgt werden sollen. Auch diese sind „strafbare Handlungen", wenn sie auch im einzelnen Falle nicht verfolgt werden können.

§ 5. Erlöschung des Strafanspruches und Aufhören der Strafpflicht.

Selbstverständlich ist es, daß der Strafanspruch des Staates entfällt, wenn diejenige Person, gegen welche er sich richtet, vor dessen richterlicher Feststellung durch den Tod hinwegfällt. Ebenso selbstverständlich ist es für die heutige Rechtsanschauung, daß diejenigen Strafen, welche unmittelbar gegen die Persönlichkeit des Straffälligen sich richten, auch dann unvollziehbar werden, wenn der Verurteilte erst nach der Rechtskraft des Urteils gestorben ist, und daß selbst eine symbolische Vollstreckung derselben, wie sie früher üblich war, unstatthaft ist (§ 224 St.G.B.).

Minder zweifellos ist es, ob auch schon der nach der Verurteilung in erster Instanz eingetretene Tod des Angeklagten den staatlichen Strafanspruch in dem Sinne behebt, daß die Fortsetzung des Verfahrens zum Zwecke endgültiger Feststellung seiner Schuld oder Nichtschuld, d. h. die Verhandlung über ein noch bei Lebzeiten desselben eingelegtes Rechtsmittel gehindert werde, wie C.H. in seiner neueren Praxis (z. B. 921 im Widerspruch mit C.H. 97) annimmt.

Die Entscheidung darüber, ob eine bestimmte That als Verbrechen bzw. als Verbrechen welcher Art sie aufzufassen und wer als eine bestimmte Person als deren strafrechtlich verantwortlicher Urheber anzusehen sei, besitzt an und für sich, auch abgesehen von der Möglichkeit der Vollstreckung einer wegen dieser That zu verhängenden Strafe, ein so bedeutendes Interesse für die Öffentlichkeit, daß es nicht angeht, dieselbe bloß wegen Unvollziehbarkeit der Strafe der Kognition durch das berufene höhere Gericht zu entziehen. Der Wortlaut des § 224 steht dieser Auffassung nicht entgegen, insofern man ihn dahin versteht, daß zwar der „vor oder nach begonnener Untersuchung" erfolgte Tod des Thäters „die Verfolgung aufhebt", der „nach geschöpftem Urteile" eingetretene Tod aber bloß „die Anwendung der Strafe" ausschließt. Die Untersuchung und die Hauptverhandlung kann freilich aus prozessualen Gründen nicht fortgeführt werden, wenn derjenige, gegen welchen sie geführt werden sollte, nicht mehr am Leben ist. Jenes Verfahren aber, welches „nach geschöpftem Urteile" wegen „Verbrechen" auf Grund unserer gegenwärtigen St.P.O. allein noch zulässig ist, bleibt auch nach dem Tode des „Thäters" möglich. Hingegen würde es unstatthaft sein, eine Appellverhandlung wegen Berufung in der Schuldfrage bei Übertretungen nach dem Tode des Beschuldigten noch vorzunehmen (vgl. auch § 527 St.G.B. „der Tod des Schuldigen hebt alle Untersuchung auf") und ebenso unzulässig wäre die Durchführung einer neuen Verhandlung erster Instanz nach § 288 St.P.O. Daß Rechtsmittel sogar noch nach dem Tode des Inkulpaten ergriffen werden können, ist übrigens hinsichtlich des Ansuchens um Wiederaufnahme in § 354 St.P.O. anerkannt und auch § 465 St.P.O. läßt eine Fortsetzung der Berufung durch gewisse Erben des Angeklagten etwa zur Geltendmachung von Nichtigkeitsgründen zu. Zum mindesten kann eine zum Vorteile des in erster Instanz Verurteilten eingebrachte Nichtigkeitsbeschwerde nicht durch dessen Tod gegenstandslos werden, weil auch seine Angehörigen oder Erben ein Interesse daran haben können, daß die Verurteilung als eine rechtlich unhaltbare deklariert werde.

Strafen, die auch nach dem Tode des Verurteilten noch vollziehbar bleiben, kommen zur Vollstreckung, wenn der Verurteilte nach Rechtskraft des Urteiles starb. Es gilt dies von der Strafe der Einziehung von Gegenständen und von Geldstrafen, welche als im Momente der Rechtskraft vollstreckbar angesehen werden, sodaß die Erbschaft nur mit dieser Belastung auf die Erben übergeht. Allg. B.G.B. § 548, M.Verordg. 3. April 1859.

Dem Wesen der Strafe liegt die Vorstellung zu Grunde, daß durch deren Verbüßung, d. h. durch Verbüßung der dem begangenen Verbrechen rechtlich entsprechende Strafe die Übelthat gesühnt, getilgt wird. Es versteht sich von selbst, daß niemand wegen Einer That genötigt werden dürfe, die ihr entsprechende Strafe mehrmals zu verbüßen. Ne bis in eadem re §§ 225 und 528 St.G.B. Würde sich jedoch nachträglich herausstellen, daß die verbüßte Strafe nicht die der wirklichen Schwere der That entsprechende gewesen ist, daß die That vielmehr unter den Gesichtspunkt eines schwereren Verbrechens falle, als man bei Schöpfung jenes Urteiles annahm, so ist eine neuerliche Verfolgung wegen derselben That zum Zwecke nachträglicher Ergänzung der früher erlittenen Strafe auf das richtige Maß nicht ausgeschlossen (vgl. § 356 St.P.O.). Unter Umständen geht das Gesetz sogar von der Vermutung aus, daß die bereits erlittene Strafe der Schwere des Verbrechens nicht angemessen sein dürfte, und ordnet daher obligatorisch die Durchführung eines neuen Strafverfahrens an. Es ist dies der Fall, wenn die frühere Strafe von einem ausländischen Gerichte entweder über einen Österreicher wegen eines „Verbrechens" (§ 36, nicht auch wegen Vergehens oder Übertretung § 235) oder über einen Ausländer wegen Hochverrates oder wegen Fälschung österreichischer Münzen oder Kreditpapiere (§ 38) verhängt wurde. Jene den Strafanspruch konsumierende Wirksamkeit, von welcher §§ 225 und 528 St.G.B. handeln, kommt aber nur gerichtlichen Urteilen zu, und zwar nur solchen, welche einen Freispruch oder eine Verurteilung enthalten, nicht auch den rein deklaratorischen Erkenntnissen im objektiven Verfahren (vgl. § 493 St.P.O.), nicht den Erkenntnissen anderer Behörden (vgl. insbesondere § 11 M.Vdg. 20. April 1854). Nur hinsichtlich der Disciplinarerkenntnisse der Strafanstaltsverwaltungen wegen Vergehen und Übertretungen der Sträflinge gilt, da dieselben an Stelle der gerichtlichen Bestrafung treten (vgl. Vdg.M. d. J. 4. Juli 1860), eine Ausnahme.

Nach positivem Rechte (§ 363 Nr. 4 St.P.O.) begründet die Abbüßung der durch Bezirksgerichte wegen eines „Verbrechens" im technischen Sinne des Wortes verhängten Strafe keine exceptio rei judicatae, woraus der C.H. in einer incidenten Äußerung bei Begründung der Entscheidung 443 die Folgerung ableitet, daß der Vollzug eines wegen absoluter Inkompetenz des Richters an sich nichtigen Urteiles „die strafbare Handlung nicht tilgt". Hiernach würde auch die Abbüßung der durch ein Militärgericht auferlegten Strafe gegenüber dem Civilgerichte und umgekehrt eine solche exceptio nicht begründen (vgl. C.H. 45 über eine ähnliche Frage). In jedem Falle, in welchem eine Durchbrechung des Grundsatzes non bis in idem erfolgt, muß jedoch die bereits erlittene Strafe in die neuerdings verhängte eingerechnet werden. Erscheint die erlittene Strafe als ausreichende Sühne des begangenen Verbrechens, so kann das neue Urteil sich auf einen rein deklaratorischen Ausspruch beschränken, ohne einen Strafzusatz aufzuerlegen (insbesondere im Falle des § 36 St.G.B. und in dem zuletzt besprochenen Falle). Todesstrafe ist in einem solchen Falle gegen denjenigen, der wegen derselben That bereits eine Freiheitsstrafe verbüßt hat, ausgeschlossen (§ 50 St.G.B.).

Im Gegensatze zu den Gesetzen der meisten europäischen Staaten anerkennt unser Recht die Verjährung der Strafverfolgung nur unter tief eingreifenden Einschränkungen und kennt es eine Verjährung der Strafvollstreckung überhaupt nicht. Nachdem das josefinische St.G.B. das durch den romanisierenden Gerichtsgebrauch auch in das österreichische Recht eingedrungene Institut der Verjährung grundsätzlich abgelehnt und bestimmt hatte, „daß der Verbrecher nach dem Gesetze zu behandeln ist, was immer für eine Zeit vom begangenen Verbrechen bis zur Entdeckung verflossen sein mag", anerkannte das St.G.B. von 1803 die Verjährung der Strafverfolgung neuerdings, jedoch nur „unter Bedingungen, welche die öffentliche Vorsicht beruhigen können" (K.M.Pat. Abs. 11). Hiernach wirkt nicht der Zeitablauf allein strafaufhebend, sondern bestimmt nur ein durch gewisse Zeit fortgesetztes, den gesetzlichen Anforderungen entsprechendes Verhalten desjenigen, der das Verbrechen verübt hatte, den Staat zum Verzicht auf seinen Strafanspruch (für das österreichische Recht nicht ganz richtig daher die Anschauung des C.H. 498 über das Wesen der Verjährung, treffend hingegen C.H. 267. Nähere Ausführung im Gutachten für den 24. deutschen Juristentag). Außer dem Ablaufe einer bestimmten Zeit fordert § 229 noch weiterhin, daß der Thäter 1. von dem Verbrechen keinen Nutzen mehr in Händen habe, 2. daß er, soweit es die Natur des Verbrechens zugiebt, nach seinen Kräften Wiedererstattung geleistet hat, 3. sich nicht aus dem Geltungsgebiet des Gesetzes geflüchtet, und 4. in der zur Verjährung bestimmten Zeit kein „Verbrechen" mehr begangen habe, womit § 531 im wesentlichen übereinstimmt, nur daß er von dem Erfordernisse des § 229 lit. c Abstand nimmt und die Bedingung des § 229 lit. d auch auf Nichtbegehung eines Vergehens und einer Übertretung ausdehnt. Die Wirkung der Verjährung besteht trotz des in §§ 223 und 227 St.G.B. gebrauchten Ausdrucks, daß nicht bloß die Strafe, sondern auch das Verbrechen erlischt, nicht darin, daß die That ihren verbrecherischen Charakter verliert, sondern nur darin, daß ihre Verfolgung ausgeschlossen wird. Daß jener Ausdruck nicht mehr bedeutet, beweist der Umstand, daß auch die Strafverbüßung nach §§ 223 und 225 das Verbrechen „tilgt" oder „erlöschen" macht, während sich doch aus den Bestimmungen über die Straffolgen und selbst aus § 497 ergiebt, daß mit der Strafverbüßung die Wirkungen des Verbrechens nicht abgeschlossen sind, wie auch § 226 hervorhebt. Auch müßte eine Gesetzgebung, welche der Verjährung eine das Verbrechen selbst tilgende Wirkung beilegen wollte, notwendigerweise die Verjährung auch der Strafvollstreckung anerkennen. Es kann daher das verjährte Verbrechen zu andern Zwecken als jenem seiner strafrechtlichen Verfolgung Gegenstand eines Beweisverfahrens sein, z. B. zur Begründung der exceptio veritatis gegen eine Beleidigungsklage oder zur Begründung der Anklage wegen Teilnehmung an dem bereits verjährten Diebstahle gegen einen solchen Teilnehmer, dem die Verjährung nicht zu statten kommt.

Was die Dauer der Verjährungszeit betrifft, so ist für deren Bemessung der in abstracto auf die betreffende That angedrohte Strafsatz maßgebend (§§ 228 und 532), doch nimmt C.H. 881 an, daß in jenen Fällen, in welchen eine objektiv-verbrecherische Handlung dem betreffenden Thäter subjektiv nur als Übertretung zurechenbar ist (wegen Unmündigkeit oder im Falle des Familiendiebstahles), die Verjährungszeit sich nach den für Übertretungen geltenden Fristen richte. Zweifellos muß dies auch hinsichtlich der an Stelle eines in voller Trunkenheit verübten „Verbrechens" zu imputierenden Übertretung des § 523 gelten. Ebenso soll nach § 232 hinsichtlich der von Personen unter 20 Jahren begangenen, mit dem Tode oder mit lebenslänglicher Freiheitsstrafe bedrohten Verbrechen der Beurteilung der Verjährungszeit nur die in concreto in Betracht kommende zeitliche Kerkerstrafe zu Grunde gelegt werden. Die Verjährungszeit beginnt mit dem Zeitpunkte (nicht mit dem Tage) des begangenen Verbrechens, d. h. mit dem Momente jenes Verhaltens, welches sich für den Angeschuldigten als die Begehung des Verbrechens darstellt. Der Zeitpunkt des Erfolges ist irrelevant. Während beim fortgesetzten und fortdauernden Verbrechen der letzte Begehungsakt maßgebend ist, gilt dies nach dem Wortlaut des Gesetzes nicht auch für das fortwirkende Verbrechen, wie die Bigamie, welche nach § 206 begangen ist in dem Zeitpunkte der Schließung der zweiten Ehe. Sonach kann die Verfolgung der Bigamie verjähren, obwohl das bigamische Verhältnis als solches (d. h. neben der gültigen Ehe) noch fortbesteht. Dieser ungesunden Konsequenz sucht C.H. 302 dadurch zu begegnen, daß er die Bigamie als fortdauerndes Delikt bezeichnet, was sie nach dem Wortlaut des § 206 nicht ist. Besonderheiten gelten für die Verjährung der nach dem Wehrgesetze strafbaren Handlungen (vgl. § 67 Wehrgesetz) und der Preßdelikte (§ 40 P.G.). Die weiteren von § 229 geforderten Bedingungen der Verjährung werden von der Judikatur des C.H., wohl unter dem Einflusse der aus der deutschen Doktrin überkommenen Anschauung, daß dieselben etwas dem Wesen des Institutes fremdes seien, möglichst abgeschwächt, indem C.H. 558 zur Verwirklichung der Bedingung des § 229 lit. b nur den Ersatz des unmittelbaren materiellen Schadens, nicht auch (wohl im Widerspruche mit § 1324 a. b. G.B.) die Leistung der Genugthuung fordert (vgl. allerdings den der Redaktion von 1852 entstammenden Zusatz zu § 531 lit. b hinsichtlich der Beleidigungen). Ebenso hält es C.H. 498, 525, 949 für genügend, wenn die Wiedererstattung auch erst nach Einleitung des Strafverfahrens, wenn nur vor Fällung des Urteiles, erfolgte, obwohl § 229 ausdrücklich bestimmt, daß die Verjährung (also der Ablauf der fraglichen Zeit) nur demjenigen zu statten kommt, „der Wiedererstattung geleistet hat", so daß die Wiedererstattung in den die Verjährung begründenden Zeitabschnitt hineinfallen muß und es nicht genügen kann, wenn sie erst nach der Unterbrechung der Verjährung stattfindet. (Wenn C.H. darauf hinweist, daß § 229 lit. b nicht auch wie lit. d die Zeitbestimmung „innerhalb der zur Verjährung bestimmten Zeit" enthalte, so bedeutet dies nur, daß es genügt, auch wenn nach Ablauf der nach § 228 erforderlichen Frist, aber vor Einleitung des Strafverfahrens, der Schaden gutgemacht wurde.) Unrichtig dürfte es auch sein, mit C.H. 1695 anzunehmen, daß durch eine nach dem Anklagedelikte verübte, jedoch selbst bereits verjährte strafgesetzwidrige Handlung der Eintritt der Verjährung nicht gehindert werde. Da die Verjährung nicht den verbrecherischen Charakter der That, sondern nur den Strafanspruch des Staates aus derselben aufhebt, kann die verjährte, dazwischenliegende Handlung zwar selbst nicht bestraft werden, hindert aber trotzdem die Verjährung des früheren Deliktes. Zur Verjährung genügt es, wenn der Angeklagte in der zur Verjährung notwendigen Frist kein neues Verbrechen (bei Vergehen und Übertretungen auch kein neues Delikt dieser Art) begangen hat. Begeht er ein solches nach Ablauf der Verjährungsfrist, so schadet ihm dies nichts mehr.

Weitere Erfordernisse stellt das St.G.B. nicht auf, insbesondere kennt es nicht die Regel agere non valenti non currit praescriptio. Das Vorliegen eines Prozeßhindernisses (Mangel der Zustimmung eines Vertretungskörpers zur Verfolgung eines seiner Mitglieder z. B.) hemmt also den Lauf der Verjährung nach dem St.G.B. nicht. (Unrichtig O.G.H. 1068.) (Anders nach P.G. § 40.)

Nach Analogie der Unterbrechung der civilrechtlichen Verjährung anerkennen §§ 227 und 531 auch eine Unterbrechung der Kriminalverjährung durch einen gerichtlichen Verfolgungsakt gegen den Thäter als Beschuldigten. Unzuständigkeit des Gerichtes hindert die unterbrechende Wirkung nicht.

Außer diesen allgemeinen Strafaufhebungsgründen kennt das St.G.B. noch besondere bei einzelnen Deliktsarten: 1. die thätige Reue, und zwar in zweifacher Bedeutung, entweder als Wiedergutmachung des zugefügten Schadens (bei Diebstahl, Veruntreuung, Teilnehmung an denselben, Wucher, und wohl auch bei verdächtigem Ankaufe. Nähere Ausführung in „Diebstahl und Beleidigung" S. 34 ff. und unten § 19) oder als Abwendung des erst bevorstehenden Schadens bei gewissen Angriffsdelikten (Zweikampf, Brandlegung, Sprengstoffdelikte); 2. die Denunciation der Mitschuldigen bei Hochverrat und Hazardspiel (§§ 62 und 522 St.G.B.); 3) die Privatverzeihung bei den nur auf Grund einer Privatanklage verfolgbaren Vergehen und Übertretungen (§ 530), sowie (mit Beschränkung) bei Mißhandlungen zwischen Ehegatten (§ 419). Am weitesten geht § 503, nach welchem eine qualifizierte Form der Verzeihung sogar die Wirkung hat, die vom Gerichte bereits erkannte Strafe aufzuheben.

Das Gesetz begnügt sich aber nicht damit, gewisse Thatbestände allgemein oder bei einzelnen Deliktsarten als strafaufhebende anzuerkennen, sondern es behält dem Souverän auch das Recht vor, aus dem konkreten Falle eigentümlichen Gründen eine bereits rechtskräftig auferlegte Strafe zu erlassen (Begnadigung) oder anzuordnen, daß wegen eines bestimmten Deliktes ein Strafverfahren nicht eingeleitet oder nicht fortgesetzt werden solle (Abolition). Die Wirkung der Begnadigung ist nach § 226 dieselbe wie die der „ausgestandenen Strafe". Die mit der Verurteilung verbundenen Ehrenfolgen bedürfen also selbständiger Nachlassung durch eine kraft Art. 13 St.G.G. über die richterliche Gewalt dem Kaiser zustehende Restitution. Das Begnadigungsrecht des Souveräns unterliegt hinsichtlich der den ordentlichen Gerichten zugewiesenen Delikte (anders bei der Ministeranklage vor dem Staatsgerichtshofe) keiner Ausnahme; das Abolitionsrecht jedoch ist nach § 2 St.P.O. auf die der Offizialverfolgung unterliegenden Delikte beschränkt. Ein Recht auf die gerichtliche Erhebung von „Entlastungsbeweisen, die er für seine gänzliche Schuldlosigkeit liefern zu können glaubt", wie § 189 St.P.O. 1853 es anerkannte, steht heute demjenigen, hinsichtlich dessen eine Abolition erfolgte, nicht mehr zu.

§ 6. Zeitliche und örtliche Anwendung des Strafgesetzes.

Zweifellos können nur solche Handlungen bestraft werden, welche schon im Zeitpunkte ihrer Verübung mit Strafe bedroht waren. Nullum crimen sine lege praevia. Nicht ebenso zweifellos, wenn auch nahezu allgemein angenommen ist es, daß auch keine strengere Strafe den Verbrecher treffen dürfe, als diejenige, welche zur Zeit der Begehung auf seine That gedroht war. Nulla poena sine lege praevia. Auch das K.M.Pat. Art. IX steht auf diesem Standpunkte, indem es die Rückwirkung des strengeren Gesetzes auf früher verübte Delikte ausschließt. Noch weiter in der Ablehnung der Rückwirkung neueren Strafrechtes geht, so wie das P.G., auch das Gesetz gegen Vereitelung von Zwangsvollstreckungen und das Reichswuchergesetz in seinem Verhältnisse zum Specialgesetze für Galizien und Bukowina (vgl. Österr. G.Z. 1894 Nr. 41). Regelmäßig treten auch Strafgesetze zufolge G. vom 10. Juni 1869 am 45. Tage nach Ablauf des Tages der Ausgabe der betreffenden Nummer des R.G.Bl. in deutscher Sprache in Wirksamkeit. Ausnahmsweise kann jedoch die vacatio länger oder kürzer bemessen sein, oder selbst ganz entfallen, wie dies die Natur einzelner Strafdrohungen des Wehrgesetzes 1889 mit sich brachte.

In Bezug auf die örtliche Anwendbarkeit ist das österreichische St.G.B. seit 1803 allen fremden Strafgesetzen vorausgegangen, indem es die willkürlichen Einschränkungen der inländischen Strafgewalt und Strafpflicht auf die das Inland unmittelbar betreffenden Strafthaten beseitigte und zuerst die, wenn auch nur subsidiäre, Unterwerfung von im Auslande verübten Verbrechen unter die Gerichtsbarkeit jenes Staates, auf dessen Gebiete der Thäter derselben betreten wurde, anerkannte (Universalprincip, Weltstrafrechtspflege, nähere Ausführung „Auslieferungspflicht und Asylrecht" S. 49 ff.). Der Strafverfolgung in Österreich unterliegt daher 1. jeder Inländer und Ausländer mit Ausnahme der Exterritorialen, der im Inlande irgendeine strafbare Handlung verübt (§§ 37 und 234 St.G.B. kraft des Territorialprincipes, vgl. auch § 293); 2. jeder Inländer, der im Auslande eine strafbare Handlung verübt (§§ 36 und 235 kraft des Nationalitätsprincipes); 3. jeder Ausländer, der im Auslande Hochverrat nach § 58 (nicht auch nach §§ 60 und 61), ein Verbrechen in Bezug auf österreichische Münzen oder Kreditpapiere (§ 38), oder das Vergehen der Gründung einer geheimen Gesellschaft oder der Anwerbung von Mitgliedern für dieselbe (§ 295) begeht (passives Nationalitätsprincip); 4. subsidiär im Falle der Nichtannahme seiner von Österreich angebotenen Auslieferung von seiten des fremden Staates der Ausländer, der im Auslande eine Handlung begangen hat, welche nach österreichischem Rechte ein Verbrechen im engeren Sinne darstellt, und welche auch nach dem Strafgesetze des Ortes ihrer Begehung strafbar ist (§ 40, Princip der identischen Norm, vgl. G. zum Schutze der Unterseekabel § 10). Auslieferung der Inländer und Vollziehung ausländischer Strafurteile gegen dieselben ist gesetzlich verboten. Ihre That ist in Österreich strafbar, auch wenn sie am Orte ihrer Verübung nicht mit Strafe bedroht ist. (Teilweise a. M. Finger.) Hinsichtlich der Verbrechen im technischen Sinne schließt selbst die bereits im Auslande erfolgte Strafverbüßung oder Begnadigung neuerliche Verfolgung nicht aus (vgl. §§ 36, 235). Ausnahme jedoch hinsichtlich ungarischer Begnadigung. Doch ist die im Auslande erlittene Strafe in die vom österreichischen Gerichte zu verhängende einzurechnen. Dieselben Normen gelten auch für die von einem Ausländer im Auslande verübten Verbrechen des Hochverrates und der Verfälschung österreichischer Münzen und Kreditpapiere. Hinsichtlich anderer „Verbrechen" der Ausländer im Auslande hingegen stellt § 39 grundsätzlich die Auslieferungspflicht auf und läßt nur subsidiär, wenn die von Österreich angebotene Auslieferung von dem Staate des Thatortes oder dem Heimatsstaate des Beschuldigten nicht angenommen wurde, Verfolgung im Inlande zu und zwar unter Anwendung des Strafrechtes des Begehungsortes, sofern dasselbe milder ist als das österreichische Recht. Vergehen und Übertretungen der Ausländer im Auslande begründen weder Auslieferung noch inländische Bestrafung (§ 234, Ausnahme § 295). Den Bestimmungen der Auslieferungsverträge kommt nach § 41 derogierende Kraft gegenüber den Normen der §§ 39 und 40 zu (C.H. 2095), sodaß solchen Staaten gegenüber, mit welchen Österreich derartige Verträge besitzt, die subsidiäre Rechtspflege des § 40 auf jene Verbrechen beschränkt ist, wegen welcher Auslieferung vertragsmäßig stattfinden könnte, sie insbesondere also wegen „politischer" Delikte nicht stattfindet. (Über den Begriff des absolut und relativ politischen Deliktes im Sinne der Staatsverträge vgl. „Auslieferungspflicht und Asylrecht" S. 247 ff. und dagegen v. Martitz.) Als Inland gilt das Geltungsgebiet des österreichischen Strafgesetzbuches als solchen, daher weder Liechtenstein noch Kroatien-Slavonien, wohl aber hinsichtlich der Österreicher und Schutzgenossen (vgl. Gesetz über die Errichtung eines Konsularobergerichtes 30. August 1891) die Konsulargerichtssprengel. Inländer ist jeder Angehörige eben dieses Geltungsgebietes. Doch ist die Auslieferung nur derjenigen ausgeschlossen, die nicht bloß zur Zeit der That, sondern auch noch zur Zeit der Verfolgung Österreicher sind (vgl. Vertrag mit United States vom 20. September 1870, „Auslieferungspflicht" S. 404).

Anderseits kann auch derjenige nicht ausgeliefert werden, der erst nach der That Österreicher wurde; auf ihn findet aber das ausländische Recht Anwendung, sofern es milder ist. Im Inlande begangen ist ein Verbrechen sowohl dann, wenn das strafbare Verhalten des Angeklagten im Inlande sich ereignete, als auch dann, wenn der rechtsverletzende Erfolg der im Auslande unternommenen Handlung im Inlande eintrat, bezw. im Falle eines bloßen Versuches im Inlande eintreten sollte (C.H. 1684, vgl. auch C.H. 87).

Was das zu schützende Rechtsgut betrifft, so ist es hinsichtlich der Verbrechen gegen Privatpersonen im allgemeinen gleichgültig, ob sich der Angriff gegen einen Inländer oder gegen einen Ausländer richtet. Ausnahmen gelten jedoch nach dem Markenschutzgesetz 1890 § 32, und nach dem Gesetze über das Urheberrecht 1895 (unten § 28). Im Gegensatze hiezu gelten die Strafdrohungen gegen Hochverrat nur in Bezug auf Angriffe gegen die österreichisch=ungarische Monarchie und den österreichischen Staat. Es sind daher auch Angriffe gegen die ungarische Verfassung und Versuche, einen Teil des ungarischen Staats= gebietes dem österreichischen Staatsverbande einzuverleiben, nicht Hochverrat, wohl aber alle Angriffe auf die Person des Kaisers als König von Ungarn, und alle Versuche gewaltsamer Abtrennung ungarischen Staatsgebietes vom Territorialbestande der Gesamtmonarchie. Nach § 66 Abs. 2 sind in Österreich verübte hochverratähnliche Angriffe gegen einen fremden Staat auch in Österreich strafbar, sofern gesetz= oder vertragsmäßig Reciprocität verbürgt und deren Gewährung in Österreich gesetzlich kundgemacht ist, welche Voraussetzung derzeit bloß in Bezug auf Rußland zutrifft (Ausführung in den Jurist. Blättern 1883, Nr. 9 ff.). Auch die Strafdrohungen der §§ 65, 300, 302 und des Wehrgesetzes §§ 45—49 (C.H. 1442 bezw. 1460, vgl. jedoch auch § 69 Abs. 2 des Wehrgesetzes) beziehen sich bloß auf die Interessen des österreichischen Staates; hingegen finden §§ 220 und 222 St.G.B. auch in Bezug auf Soldaten ungarischer Regimenter Anwendung. Jedenfalls sind die in Bosnien und der Herzegowina fungierenden Behörden als solche, welche von der Gesamtmonarchie bestellt sind, nicht fremde Behörden. In betreff der Münz= und Kreditpapierdelikte verfügen §§ 106 und 118 ausdrücklich die Gleichstellung des ausländischen Geldes mit dem inlän= dischen. Der C.H. nimmt auch sonst 42, 87, 478, 645, 983 an, daß Delikte gegen die Verwaltung eines fremden Staates ebenso strafbar seien, als solche gegen die inländische Verwaltung. Hinsichtlich jener Verbrechen, wegen deren regelmäßig Auslieferung erfolgt, wie falsche Aussage oder Urkundenfälschung, dürfte dies richtig sein, denn durch die Zu= lassung der Auslieferung wegen solcher im Auslande (und daher regelmäßig auch gegen das Ausland) begangener Delikte anerkennt unsere Gesetzgebung deren Strafbarkeit auch vom Standpunkte unseres Rechtes aus. Hinsichtlich anderer Delikte jedoch, z. B. der Amtsdelikte, der Bestechung von Beamten, des Widerstandes gegen einen Beamten, dürfte zu unterscheiden sein, je nachdem die That im konkreten Falle ein Mittel zur Schädigung von Privat= personen war, oder aber nur einen Angriff auf den fremden Staat als solchen enthält; für den letzteren Fall dürfte die Anschauung des C.H. im Widerspruche stehen mit der anerkannten Straflosigkeit der schwersten Form des politischen Deliktes gegen einen fremden Staat, mit der Straflosigkeit des Hochverrates, in welchen jene Thaten unter erschwerenden Umständen übergehen können. Eine ausdrückliche Strafdrohung gegen Widerstand gegen fremde Staatsorgane enthält G. zum Schutze der Unterseekabel § 7 (vgl. auch die Zoll= kartelle).

§ 7. Subjekt der strafbaren Handlung (Schuld= und Strafausschließungs= gründe).

Subjekt der strafbaren Handlung und daher Objekt der Bestrafung ist einzig und allein das menschliche Individuum. Wenn eine Personengesamtheit durch ihre Organe eine strafbare Handlung verübt, so können wegen derselben nur die im konkreten Fall handeln= den Organe, nicht auch die Gesamtheit als solche zur Verantwortung gezogen werden.

Aber auch nicht alle menschlichen Individuen sind für die auf ihre physische Urheberschaft zurückzuführenden Deliktserfolge strafbar, sondern nur diejenigen, welche der Fähigkeit zur richtigen Beurteilung ihres Verhaltens und zur Selbstbestimmung nicht entbehren.

Die Erfahrung zeigt, daß der Mensch im allgemeinen sowohl die Folgen seines Verhaltens als auch die Beurteilung, welche dasselbe bei Anderen finden wird, abschätzen kann und daß er imstande ist, dem Anreize zu einem Verhalten, welches ihm Vorteil oder Genuß verspricht, zu widerstehen, wenn dasselbe ein solches ist, daß es Anderen Schaden bringt oder von denselben als unsittlich, rechtswidrig, unanständig verurteilt wird. Ob diese Widerstandsfähigkeit gegen Anreize, „die Selbstbeherrschung", wie die Indeterministen annehmen, nur ein Können des gut veranlagten Menschen ist, oder, wie die Determinsten behaupten, ein Müssen desselben, indem er seiner Charakteranlage folgend, diese Anreize mit Notwendigkeit überwinden muß, ist eine Frage, welche gegenüber der von beiden Parteien zugestandenen Thatsache der Selbstbeherrschung an Bedeutung zurücktritt. Unrichtig ist es nur, wenn einzelne Determinsten jeden, der diese Anreize nicht überwindet, der sich nicht beherrscht, sofort als geistig anormal bezeichnen, während er trotz des Mangels socialer (altruistischer) Gefühle doch sonst normal sein mag. Auch vom Standpunkte des Determinismus darf nicht jeder, der nicht so veranlagt ist, daß er ethisch und rechtlich gut handeln muß, sofort als Geisteskranker angesehen werden. Auch der Determinist wird, wenn er nicht mit den Thatsachen und den allgemeinen Werturteilen in Widerspruch geraten will, die geistige Gesundheit vieler Verbrecher anerkennen müssen. Übrigens läßt sich nicht verkennen, daß das Kausalitätsgesetz, auf dessen Ausnahmslosigkeit der Determinismus sich stützt, selbst für die physische Welt keineswegs bewiesen ist, und daß einzelne psychische Phänomene, wie die Reue, nur vom Standpunkt der Willensfreiheit aus begriffen werden können.

1. Schuldausschließungsgründe.

Die Zurechnungsfähigkeit kann fehlen infolge mangelnder Entwicklung (bei Kindern und unausgebildeten Taubstummen) und infolge dauernder oder vorübergehender Störung der normalen psychischen Funktionen (bei Geisteskranken, Berauschten und Delirierenden).

Absolut jeder richterlichen Bestrafung entzogen sind nach § 237 Kinder vor vollendetem 10. Jahre. Hinsichtlich der „Unmündigen" zwischen dem 11. und 15. Jahre unterscheiden §§ 2 d, 237 und 269 ff., je nachdem ihre That sich objektiv als Verbrechen (vgl. unten § 14) oder bloß als Vergehen bezw. Übertretung darstellt. Im letzteren Falle ist ihre gerichtliche Bestrafung ausgeschlossen, jedoch kann eine polizeiliche „Ahndung und Vorkehrung" getroffen werden. (Körperliche Züchtigung, welche als „Strafe" durch das G. 15. November 1867 abgeschafft wurde, ist als „Ahndung" vielleicht nicht ausgeschlossen.) Auch kann nach dem G. 24. Mai 1885 § 8, Abs. 2 die Abgabe des Unmündigen in eine Besserungsanstalt bis zur Besserung, keineswegs jedoch bis über das 20. Lebensjahr hinaus verfügt werden. Diese Verwahrung ist ein Akt fürsorgender Verwaltung nicht der Strafe, das Strafgericht ist mit ihrer Anordnung in keiner Weise befaßt (a. M. Wahlberg).

Der Versuch des St.G.B. in § 2, a, b, c und teilweise auch g, psychologische Kriterien der Geisteskrankheit im Anschlusse an die zur Zeit der Kodifikation herrschende philosophische Terminologie aufzustellen, ist durch die Entwicklung der Psychiatrie als selbständiger Wissenschaft vollständig überholt worden. Ob Geisteskrankheit vorliegt oder nicht, vermag das Gericht nur unter Anleitung des ärztlichen Gutachtens (St.P.O. § 134) zu beurteilen. Ist Geisteskrankheit erwiesen, so bedarf es eines weiteren Nachweises der Entstehung der objektiv verbrecherischen Handlung aus eben dieser Geisteskrankheit nicht. Eine Geisteskrankheit, welche einzig und allein in der Neigung zu unsittlichen und verbrecherischen Handlungen bestünde (moral insanity im engeren Sinne), giebt es nicht. Nur wenn außer der moralischen Abnormität auch pathologische Zustände nachweisbar sind, kann von Zurechnungsunfähigkeit die Rede sein; moral insanity ist nur eine Teilerscheinung eines allgemeinen Erkrankungsprozesses.

Als eine vorübergehende Sinnesverwirrung, welche die Zurechnung eines Verbrechens ausschließt, kommt außer dem Fieberdelirium insbesondere der Zustand voller Berauschung in Betracht, insoferne derselbe nicht ein absichtlich zum Zwecke der Herbeiführung des betreffenden Verbrechenserfolges zugezogener ist. Im letzten Falle, der insbesonders bei Unterlassungsdelikten praktisch werden kann, würde die im Zustand absichtlich herbeigeführter Volltrunkenheit verübte That als eine actio libera in causa zugerechnet. Wenn auch die im Zustande der Volltrunkenheit verübte That nach § 2c nicht als Verbrechen zugerechnet wird, so wird doch „die Trunkenheit", in welcher der verbrecherische Erfolg bewirkt wurde, sofern sie durch Verschulden des Angeklagten herbeigeführt war, oder richtiger, es wird der Akt des Sichbetrinkens nach §§ 236 und 523 als selbständige Übertretung bestraft (C.H. 526, 798). Auch Vergehen und Übertretungen, welche unter den Voraussetzungen des § 2c verübt worden, sind selbstverständlicherweise als solche nicht strafbar. Da es für diesen Fall an einer den §§ 236 und 523 analogen Bestimmung fehlt, bleibt dann aber auch die Trunkenheit selbst zufolge Art. IV. K.M.Pat. straflos. Wurde in der Trunkenheit ein solcher Erfolg herbeigeführt, hinsichtlich dessen auch die kulpose Bewirkung strafbar ist, so kann jedoch schon darin, daß sich der Urheber desselben in einer Situation, aus welcher eine Gefahr für Andere entstehen kann, betrunken hat, eine Übertretung oder ein Vergehen desselben (etwa nach § 335) erkannt werden (vgl. Generalprokuratur zu C.H. 1089). Im übrigen vgl. § 524 und das Specialgesetz für Galizien und die Bukowina von 1877.

Mit dem irreführenden Terminus „verminderte Zurechnungsfähigkeit" bezeichnet man die verminderte Verantwortlichkeit zurechnungsfähiger, aber in ihren intellektuellen Funktionen oder in ihrer Selbstbeherrschung geschwächter Personen.

2. Strafausschließungsgründe.

Aus staatsrechtlichen Gründen unterliegt nach moderner Auffassung — im Gegensatze zur Verfassung des heiligen römischen Reiches deutscher Nation — keinerlei strafrechtlicher Verantwortlichkeit der inländische Souverän (St.G.G. über die Regierungs- und Vollzugsgewalt § 1). Ebenso ist aus staatsrechtlichen Gründen die strafrechtliche Verantwortlichkeit der Mitglieder beider Häuser des Reichsrats, der reichsrätlichen Delegation, der Landtage und der Kommission zur Kontrolle der Staatsschuld (nicht auch der Minister und der Mitglieder des Staatsgerichtshofes) hinsichtlich der in ihrem Berufe geschehenen Abstimmungen und Äußerungen ausgeschlossen. Entscheidend ist nur, daß es sich um Äußerungen einer Anschauung oder eines Willens handelt, welche in Ausübung des Berufes erfolgen, wenn sie auch nicht zur Ausübung des Berufes gehören. Das Privileg deckt daher auch solche Äußerungen, welche eine nachher außerhalb des Hauses zu entfaltende Thätigkeit betreffen (a. M. Finger), sofern sie nur mit einem Gegenstand der Verhandlung im Zusammenhang stehen und in einer Sitzung des Hauses erfolgen. Es deckt nicht bloß mündliche oder schriftliche Äußerungen, sondern auch symbolische Handlungen oder Unterlassungen, hingegen nicht Thätlichkeiten mit selbständigem Erfolge. Bloße gerichtliche Feststellung einer durch die Immunität gedeckten Äußerung ohne Verfolgung derselben ist statthaft. Im Zusammenhange mit der persönlichen Immunität steht § 28 Preßgesetz, aus welchem arg. a majori ad minus auch die Straflosigkeit wahrheitsgetreuer anderweitiger Berichte über solche Verhandlungen folgt (a. M. Finger). Keine Exemption von der Unterwerfung unter das materielle Strafrecht, sondern bloß eine solche von der Jurisdiktion der inländischen Gerichte bedeutet die völkerrechtliche Exterritorialität.

Das Subjekt der strafbaren Handlung muß vom Objekte derselben verschieden sein. Selbstverletzung als solche ist nicht strafbar; so nicht Selbstmord oder Selbstmordversuch. Auch Selbstverstümmelung ist daher nur insofern strafbar, als sie Verletzung staatlicher Pflicht (der Wehrpflicht) ist: § 49 Wehrgesetz. — Anstiftung und Beihilfe zum Selbstmorde aber sind nach § 335 zu bestrafen (s. unten § 15).

§ 8. Dolus und Culpa.

Jede strafrechtliche Verantwortlichkeit setzt nach moderner Anschauung ein rechtlich in Betracht kommendes Verschulden des zu Bestrafenden voraus. Das geltende Recht unterscheidet zwei Hauptformen strafrechtlicher Schuld: den bösen Vorsatz (dolus) und die Fahrlässigkeit (culpa). Dolus liegt vor, wenn der Thäter jenen Erfolg gewollt hat, um dessentwillen das Gesetz die That für strafbar erklärt; culpa, wenn er einen solchen Erfolg nicht vermieden hat, obwohl er ihn hätte vermeiden können und sollen.

Zum dolus genügt es nicht, daß der Angeklagte jenes Verhalten (jene Thätigkeit oder Unterlassung) gewollt habe, aus welchem ein ungewollter strafrechtlich relevanter Erfolg ent=

steht. Wenn jemand einen Hasen schießen will und einen Menschen tötet, hat er nicht mit bösem Vorsatze, nicht dolos (einen Menschen) getötet. Andererseits ist es zum Dolus nicht notwendig, daß der Angeklagte den strafrechtlich relevanten Erfolg, z. B. den Tod eines Menschen oder den Vermögensschaden eines Anderen als Ziel seines Verhaltens angestrebt, begehrt habe. Der Zweck, das Ziel des Verbrechers wird sehr häufig ein anderes sein als der für die rechtliche Beurteilung seiner That entscheidende Erfolg. Dieser mag ihm unerwünscht oder gleichgültig sein, während andererseits der Erfolg, den er mit seiner That zu erreichen anstrebte, vom Standpunkt der Rechtsordnung irrelevant ist. Der Zweck des Bankrottierers ist meist kein anderer als der, sich allerlei seine Mittel übersteigende Genüsse zu verschaffen; aus der diesem Zwecke dienenden Verschwendung entsteht notwendigerweise aber ein rechtlich bedeutsamer Erfolg: die Schädigung der Gläubiger.

Das Gesetz betrachtet nun nicht bloß diejenigen Folgen als gewollt, welche der Thäter eines bestimmten Verbrechens herbeizuführen bezweckt (anstrebt, begehrt), sondern auch jene von ihm nicht angestrebten Folgen, welche mit den von ihm angestrebten notwendig verbunden sind und von ihm als solche erkannt werden. Treffend bezeichnet § 1 es als das charakteristische Merkmal des bösen Vorsatzes, daß der Verbrecher „das mit dem Verbrechen verbundene Übel bedacht und beschlossen" habe. Der Auswanderungsagent, der, um die Prämie zu erhalten, welche ihm für jeden Auswanderer versprochen ist, einen einberufenen Stellungspflichtigen oder einen Deserteur zur Auswanderung bestimmt, bezweckt mit seinem Zureden gewiß nicht, die österreichische Armee in ihrem Mannschaftsstande zu beeinträchtigen; da aber diese Wirkung die notwendige Folge des von ihm begehrten Erfolges seines Verhaltens ist, wird auch sie ihm zum bösen Vorsatze zugerechnet.

Das Wesen des Vorsatzes kann nicht ärger verkannt werden, als dies in der modernen „Vorstellungstheorie" der Fall ist (Frank, v. Liszt u. a.). Daß die Voraussicht des Erfolges noch nicht Vorsatz hinsichtlich desselben ist, sondern daß zu der intellektuellen Funktion des Vorstellens noch die emotionale des Wollens hinzukommen muß, sagt schon der auf eine Thätigkeit, auf ein Wollen hinweisende Ausdruck „sich etwas vorsetzen." Übrigens sind auch die Anhänger der Vorstellungstheorie nicht imstande, dieselbe konsequent durchzuführen, da sie in jenen Fällen, in welchen der Erfolg nur als möglich vorgestellt war, selbst darauf sehen, ob der Thäter diesen Erfolg gebilligt, d. h. in sein Wollen eingeschlossen hat oder nicht. (Treffend Stooß, Grundzüge I 201.) Während nach der „Vorstellungstheorie" das charakteristische Moment des Vorsatzes in der Voraussicht des rechtswidrigen Erfolges gelegen ist, liegt es in der oben vorgetragenen Modifikation der „Willenstheorie" in der Einsicht des Zusammenhanges zwischen dem begehrten (vielleicht an und für sich nicht rechtswidrigen) und dem rechtswidrigen (an und für sich nicht begehrten) Erfolge, indem jener Erfolg, welcher als mit dem angestrebten Erfolge notwendig verbunden vorgestellt wird, damit als implicite mitgewollt erscheint. Auf alle Fälle genügt zum bösen Vorsatze das Wollen des rechtswidrigen Erfolges und ist nicht außerdem noch ein Wollen der Rechtsverletzung durch den Erfolg nötig; der dolus bezieht sich nur auf das Verhältnis der Handlung zu ihrem Erfolge, nicht auch auf die Relation dieses Erfolges zum Gesetze (a. M. Binding).

Die culpa unterscheidet sich vom dolus dadurch, daß bei ihr der rechtswidrige Erfolg nicht gewollt war, weder als Zweck noch als Folge, weder explicite um seiner selbst willen, noch implicite als bewußt notwendiges Accessorium eines anderen rechtlich irrelevanten begehrten Erfolges. Das Verschulden des Fahrlässigen beschränkt sich darauf, daß er den rechtswidrigen Erfolg nicht vermieden hat, obwohl es in seiner Macht und in seiner Pflicht gelegen hätte, ihn zu vermeiden. Je nachdem der Fahrlässige sich der Möglichkeit des rechtswidrigen Erfolges bewußt war und trotzdem gehandelt hat oder aber an diesen Erfolg nicht gedacht hat, obwohl er bei Aufwendung pflichtmäßiger Sorgfalt sich desselben hätte als eines möglicherweise eintretenden bewußt werden müssen, unterscheidet man bewußte und unbewußte culpa.

Wenn der Urheber eines Verletzungserfolges sich desselben als einer möglichen Folge seines Verhaltens bewußt gewesen ist und trotz dieses Bewußtseins die betreffende Handlung unternommen hat, wird seine Verantwortlichkeit aber nur unter der Voraussetzung auf culpa und zwar auf bewußte culpa sich beschränken, wenn man annehmen kann, daß er mit Sicherheit gehofft habe, den in abstracto als möglich vorgestellten Erfolg in concreto vermeiden zu können. Wer schnell um eine Ecke fährt, stellt es sich vielleicht als möglich, als denkbar vor, daß „man" durch eine solche Handlung jemanden verletzen oder gar töten könne; er hofft aber durch seine Geschicklichkeit oder wegen der Unbelebtheit der betreffenden Straße oder aus irgend welchen anderen Gründen diesen Erfolg zu vermeiden. Ebenso mag es sein, daß der Arbeiter in einem Kohlenbergwerke, wenn er dem Verbote zuwider bei seiner Arbeit eine Pfeife raucht, dabei daran gedacht hat, es könnte vielleicht eine Explosion schlagender Wetter stattfinden; man kann aber mit Gewißheit annehmen, daß, wenn er sich diese Explosion als eine wirklich eintretende vorgestellt hätte, er doch lieber auf den Genuß des Rauchens verzichtet, als jene Gefahr für sich und Andere wirklich herbeigeführt hätte. Tritt daher die Explosion infolge seines Ungehorsams gegen das Verbot ein, und kommt infolge irgend eines Zufalls gerade er mit dem Leben davon, so ist ihm doch bloß culpa und nicht eventueller dolus zuzurechnen. Nehmen wir im Gegensatze zu diesen Fällen einen anderen! Der Eigentümer eines nicht mehr seetüchtigen Schiffes will noch einmal durch eine Fahrt desselben einen Gewinn ziehen; er läßt das Schiff auf eine weite Reise in See gehen, im Bewußtsein, daß es einen Sturm nicht bestehen könnte; es ist ihm aber lieber, daß das gutversicherte Schiff mit Mann und Maus untergehe, als daß er auf die Chance, mit demselben noch einmal einen Verdienst zu erzielen, verzichten möchte. Geht der „schwimmende Sarg" wirklich unter, so wird man unter diesen Umständen nicht bestreiten können, daß der Rheder auch diesen Erfolg gewollt habe. Er hat ihn, wenn auch nicht geradezu und unbedingt, so doch **eventuell und bedingungsweise** gewollt; er hat mit Bewußtsein den wirklichen Eintritt des Verletzungserfolges dem Verlust einer Gewinnchance vorgezogen. Im Gegensatz zu jenem Kohlenarbeiter, den die Vorstellung der abstrakten Möglichkeit des Schadens nicht abhielt, hat ihn selbst jene der konkreten Wirklichkeit desselben nicht abgehalten. Wenn die Gleichgültigkeit und Rücksichtslosigkeit jemandes gegen die Interessen Anderer soweit geht, daß er die thatsächliche Verletzung dieser Interessen lieber riskiert als auf eine Gelegenheit zur Erreichung seines Vorteiles zu verzichten, so rechnet man den unter diesen Umständen eingetretenen Erfolg, **dessen Vorstellung als eines wirklich eintretenden den Beschuldigten nicht abgehalten hatte**, zum eventuellen dolus, und nicht mehr bloß zur bewußten culpa zu. Dolus eventualis und bewußte culpa unterscheiden sich nicht bloß durch die Verschiedenheit der Vorstellung, sondern durch den Willen des Thäters. Im ersteren Falle will er, wenn es nicht anders geht, auch den Verletzungserfolg herbeiführen; er will zwar nur bedingt und eventuell, aber immerhin will er. Der kulpose Thäter hingegen will den Verletzungserfolg überhaupt nicht; hätte er sich ihn als einen wirklich eintretenden vorgestellt, so hätte er lieber auf die That und auf die Gelegenheit der Befriedigung seines Begehrens verzichtet. Dolus eventualis liegt auch vor, wenn jemand weiß, daß der Ausgang eines Civilprozesses, den er zu führen hat, davon abhängt, ob er eine bestimmte Thatsache beschwört oder den Schwur ablehnt; nun schwört er, um den Prozeß zu gewinnen, daß sich diese Thatsache so verhalte, wie er hofft, während er über dieselbe in Wahrheit überhaupt nichts weiß. Er riskiert es lieber, eine falsche Thatsache als wahr zu beschwören, eines Meineides sich schuldig zu machen, als Gefahr zu laufen, seinen Prozeß zu verlieren. (Principiell abgelehnt wird der Begriff des dolus eventualis von Stooß und Löffler.)

In aller Regel genügt auch dolus eventualis zur Zurechnung eines Verbrechens. Doch ergiebt sich aus dem Begriffe einzelner Verbrechensarten das Gegenteil: so bei der Verleumdung, bei der Bigamie nach § 207, bei den Vergehen gegen das Urheberrecht (§ 51 vgl. jedoch E.H. 2211) und gegen das Patentrecht (§ 97).

Um zurechenbar zu sein, muß der böse Vorsatz entweder dem der Anklage zu Grunde liegenden Verhalten des Beschuldigten vorangegangen sein oder wenigstens noch während der Fortdauer seines verbrecherischen Verhaltens hinzutreten (vgl. unten § 14 a. E). Ein später erst hinzutretender böser Vorsatz (dolus superveniens) genügt nicht zur Zurechnung.

Eine eigentümliche Erweiterung über seine natürlichen Grenzen hinaus erfährt der Dolusbegriff des österr. St.G. durch den Schlußsatz des § 1, welcher im Anschlusse an die mittelalterliche, auf Aristoteles und Thomas von Aquino beruhende Psychologie, den Begriff des indirekten bösen Vorsatzes recipiert hat. Es ist eine Thatsache der Erfahrung, daß sehr häufig aus einer That, die jemand in der Absicht, einen bestimmten rechtswidrigen Erfolg herbeizuführen, unternommen hat, ein schwererer Erfolg entsteht als derjenige, den er beabsichtigt hatte. Der Angeklagte wollte verwunden, aus der Verwundung erfolgt aber der Tod; er wollte das Haus seines Feindes niederbrennen, dabei kommt aber auch ein Mensch ums Leben. Insoferne dieser schwerere Ausgang dem typischen Charakter des beabsichtigten Verbrechens entspricht und bei demselben sehr häufig eintritt, ist es berechtigt, denselben bei Bemessung der Strafe zu berücksichtigen. Unlogisch aber ist es, wie unser Gesetz es gleichwohl thut, den nichtbeabsichtigten Erfolg zum Vorsatze, wenn auch nur zu einem indirekten Vorsatze zuzurechnen, da es ja zur Voraussetzung des Falles gehört, daß der Thäter den eingetretenen Erfolg geradezu nicht, auch nicht implicite, auch nicht bedingt gewollt habe.

Am regelmäßigsten und typischesten ereignet sich ein dergleichen Hinauswachsen des Erfolges über das beabsichtigte Maß, eine solche Präterintentionalität — ein Handeln praeter intentionem — wie die italienische Rechtssprache es bezeichnet, bei den Angriffen auf die Integrität des Körpers, bei welchen häufig ein schwererer Erfolg eintritt, als der Angeklagte beabsichtigt hatte. „Vulnera non dantur ad mensuram". Unser Gesetz behandelt den Fall der Körperverletzung mit tödlichem Ausgange als „Todschlag". Charakteristisch für solche Verbrechen ist es, daß der dolus des Thäters nicht auf den eingetretenen, sondern auf einen geringeren Erfolg gerichtet war, daß er bloß ein „indirekter" gewesen ist. Als „indirekt vorsätzlich" wird ein Erfolg nach § 1 a. E. angerechnet, wenn 1. ein doloses Grunddelikt dem Angeklagten zur Last fällt, wenn er also den Thatbestand irgend einer gerichtlich strafbaren Handlung zu setzen beabsichtigte, 2. aus dieser That (nicht bloß bei Gelegenheit derselben) ein schwererer als der beabsichtigte Verletzungserfolg entstanden ist, und dieser entstandene Erfolg 3. in einem regelmäßigen, typischen Kausal= zusammenhange mit der betreffenden vorsätzlichen That steht, also nicht bloß als das Er= gebnis einer dem konkreten Falle ganz eigentümlichen Verkettung der Umstände entstanden ist. Das letzte Moment wird von Vielen (bes. Geyer, Finger, Löffler) in einem subjektiven Sinne umgedeutet und, entgegen dem Wortlaute des § 1, dahin ausgelegt, daß der Thäter sich dieses schwereren Erfolges bewußt gewesen sein konnte oder sogar thatsäch= lich bewußt war, wodurch sich (nach Feuerbach) der indirekte dolus in den Fall einer Kon= kurrenz eines dolosen Grunddeliktes mit einem aus demselben herauswachsenden kulposen Folgedelikte (culpa dolo exorta) auflösen würde. Der Kassationshof hält, im Anschlusse an Glaser, wohl mit Recht an der objektiven Auffassung fest. (Vgl. meine Abh. G.Z. 1896 Nr. 22.)

Der dolus indirectus ist keine allgemeine Schuldform (Generalprokuratur S.H. 2219), sondern reicht bloß zur Zurechnung jener Verbrechen aus, in deren Definition ausdrücklich auf ihn hingewiesen ist. Dies ist der Fall in §§ 140 und 85 b, für welche Fälle der dolus indirectus charakteristisch ist, sodaß, wenn ein direkter dolus vorläge, ein anderes Verbrechen (regelmäßig Mord) zuzurechnen wäre; ferner in §§ 152, 147, 169, 209, welche Delikte sowohl mit direktem als mit indirektem bösen Vorsatze begangen werden können.

Im Gegensatze zu allen Formen des dolus ist allen Gestaltungen der culpa das negative Moment gemeinsam, daß der rechtlich relevante, verletzende Erfolg nicht gewollt war, auch nicht einmal implicite oder eventuell (bedingungsweise) oder auch nur „indirekt". Das positive Merkmal der culpa und der Grund ihrer Strafbarkeit liegt in der Vernach= lässigung der unter gegebenen Umständen pflichtmäßigen Aufmerksamkeit, Sorgfalt und Rücksicht gegenüber den rechtlich geschützten Interessen Anderer (vgl. §§ 1294 und 1297 a. b. G.B.). Welches Maß von Aufmerksamkeit, Sorgfalt und Rücksicht pflichtmäßig ist, ist **objektiv** zu bestimmen nach Gesetzen, Verordnungen, Verkehrssitte, unter Berücksichtigung des ultra posse nemo tenetur (S.H. 1701). Die weitere Frage, ob der Beschuldigte bei Aufwendung der pflichtgemäßen Aufmerksamkeit die Gefährlichkeit seines Verhaltens einzu= sehen vermochte, ist **subjektiv** nach seiner Intelligenz und seinen Kenntnissen zu beurteilen, worauf § 335 hinsichtlich eines verwandten Falles ausdrücklich hinweist. Ebenso ist darauf Rücksicht zu nehmen, ob die Situation Überlegung des Handelnden zuläßt oder rasches Handeln fordert oder etwa infolge einer für ihn selbst bestehenden Gefahr einen Mangel an Besonnenheit entschuldigt. Fahrlässigkeit ist in manchen Fällen bloß strafbar, wenn infolge derselben ein Schaden entstanden ist, in anderen hingegen auch an und für sich.

Bei manchen Vergehen und Übertretungen genügt nach § 238 auch der bloße Un=

gehorsam. Insbesondere die §§ 341—399 und 422—430 betreffen solche Fälle, in welchen der Ungehorsam gegen eine gesetzliche Verpflichtung an und für sich strafbar ist, obwohl der Ungehorsame in concreto nicht einzusehen vermochte, daß infolge seines Ungehorsams eine Verletzung eines Anderen entstehen werde. Hätte er dies einsehen können, so wäre sein Verhalten nicht nach den rein subsidiären Specialbestimmungen von §§ 341—399 und 422—430 (vgl. insbesondere §§ 383, 390 und 391), sondern nach den allgemeinen Normen der §§ 335 und 431 zu bestrafen, je nachdem ein schwerer Verletzungserfolg eingetreten ist oder nicht (vgl. C.H. 132 und 1018 und die nicht unbedenkliche C.H. 1941, sowie C.H. 1978, welche das Differenzmerkmal darin erblickt, daß zu §§ 335 und 431 thatsächliche Gefahr in concreto, nicht bloß Möglichkeit der Vorstellung solcher Gefahr erfordert werde). Übrigens ist § 238 nicht allgemein anwendbar, sondern bloß insoweit, als nicht aus dem Begriffe der einzelnen Übertretung oder des einzelnen Vergehens folgt, daß zu demselben dolus oder culpa erforderlich ist.

Im Begriffe des bösen Vorsatzes ist es gelegen, daß eine That zum bösen Vorsatze nicht zugerechnet werden kann, insoweit sie auf einem Irrtum über Thatsachen beruht (§ 2 lit. e). Hingegen kann die betreffende That in jenen Fällen, in welchen auch die kulpose Bewirkung eines solchen Verletzungserfolges, z. B. einer Tötung, mit Strafe bedroht ist, als kulposes Delikt zugerechnet werden (§ 2 lit. e und f gelten nicht auch für kulpose Vergehen und Übertretungen). Als Irrtum über die thatsächliche Beschaffenheit seines Verhaltens ist auch der Irrtum des Thäters über seine konkreten Rechtsverhältnisse anzusehen, wie wenn der Thäter infolge von Unkenntnis oder von unrichtiger Auffassung einer Norm des bürgerlichen oder öffentlichen Rechtes ein Rechtsverhältnis, in welchem er steht, unrichtig beurteilt und sich deshalb zu einem ihm nicht zustehenden Verhalten für befugt erachtet (vgl. C.H. 237, aber auch die sehr fragwürdigen C.H. 1602 und 1590, sowie 1211). Ganz verschieden von diesem Falle ist der des Subsumtionsirrtums, in welchem der Angeklagte einzig und allein über die Relation seiner That zum Gesetze im Irrtum ist, indem er nicht weiß, daß dieselbe vom Strafgesetz mit Strafe bedroht ist oder indem er dieselbe fälschlich unter ein milderes Strafgesetz subsumiert. Zum dolosen Verbrechen genügt es, daß der Thäter das mit dem Verbrechen verbundene Übel bedacht und beschlossen hat (§ 1), es genügt der „dolus facti", ohne daß es notwendig wäre, daß er sich auch der juristischen Qualifikation und der rechtlichen Folgen seiner That bewußt war; der dolus braucht nicht auch ein „dolus juris" zu sein. Bei der großen Mehrzahl schwerer Delikte wäre, die Zurechnungsfähigkeit des Angeklagten vorausgesetzt, dessen Behauptung, nicht gewußt zu haben, daß seine That strafbar sei, nichts als eine völlig unglaubwürdige Ausflucht. Bei manchen Vergehen und Übertretungen, ganz vereinzelt auch bei gewissen Verbrechen, welche ihren Ursprung mehr in positiver Satzung, als in einer der Gesetzgebung zu Grunde liegenden ethischen Norm haben, freilich kann einer solchen Einrede nicht unbedingt jeder Glaube versagt werden. Es dürfte daher § 3 zu weit gehen, wenn er ganz kategorisch verfügt: „Mit der Unwissenheit des gegenwärtigen Gesetzes über Verbrechen kann sich niemand entschuldigen", und damit auch denjenigen für strafbar erklärt, der von der Rechtmäßigkeit seines Verhaltens vollständig überzeugt war (a. M. teilweise Geyer). Dasselbe gilt auch hinsichtlich der Nebengesetze (C.H. 397, 425, 441, 1205), nach Anschauung der Praxis (Granichstädten Nr. 425) sogar auch hinsichtlich der Unkenntnis der auf Grund des St.G.B. erlassenen Verordnungen. Vollkommen berechtigt ist aber jedenfalls die Bestrafung dessen, der sich über die Rechtmäßigkeit seines Verhaltens im Zweifel befindet. Schon dieser Zweifel verpflichtet ihn zur Unterlassung des in Wirklichkeit mit Strafe bedrohten Verhaltens. Der II. Teil des St.G.B. hingegen knüpft die Präsumtion der Gesetzeskenntnis an bestimmte Voraussetzungen an, und scheint demnach ihre Geltung auf den Fall des Zutreffens eben dieser Voraussetzungen zu beschränken (§ 233 vgl. o. G.H. 332, 446). Ebenso dürfte auch aus § 454 a. E. hervorgehen, daß der Gesetzgeber für den zweiten Teil eine Präsumtion der Gesetzeskenntnis nicht aufstellt. In keiner Weise entschuldigend wirkt der „Rechtswahn", die Meinung, daß eine That, deren Strafbarkeit nach staatlichem Rechte dem Thäter bekannt ist, von irgend einem „höheren" Gesichtspunkte aus gerechtfertigt sei. Andererseits ist das Wahnverbrechen, eine vom Gesetze nicht mit Strafe bedrohte That, welche ihr Thäter aber zufolge eines Irrtums für strafbar hält, straflos („Putativdelikt").

§ 9. Handlung und Erfolg.

Die menschliche Handlung als einzelnes Ereignis kann für sich allein nie einen Erfolg in der Außenwelt bewirken. Sie bewirkt den Erfolg vielmehr nur, wenn sie mit anderen, denselben fördernden Bedingungen zusammentrifft. Ursache eines Erfolges im philosophischen Sinne des Wortes ist daher niemals ein einzelnes Ereignis, wie die menschliche Handlung, sondern nur der gesamte Komplex aller zu seiner Entstehung erforderlichen Bedingungen. Wäre nur eine derselben nicht vorhanden gewesen, so wäre der Erfolg in der Weise, wie er entstanden ist, nicht entstanden. In diesem Sinne kann man sagen, daß sie alle gleich wesentlich sind. Es ist nur eine durch den Sprachgebrauch hervorgerufene Täuschung, wenn man einzelne Handlungen für solche hält, welche für sich allein einen Erfolg bewirken. Diese Täuschung entsteht dadurch, daß gewisse Worte eben nicht bloß die Handlung für sich allein, sondern schon die unter den Bedingungen ihrer Wirksamkeit erfolgende Handlung, oder gar die vom Erfolge begleitete Handlung bezeichnen. So bezeichnet „Vergiften" das Geben eines im konkreten Falle wirksamen (nicht bloß vermeintlichen oder unzureichenden) Giftes, und „Erschießen" das vom Tötungserfolge begleitete Schießen. Solche Worte bezeichnen daher freilich nicht bloß eine Bedingung des Erfolges, sondern dessen volle Ursache; sie bezeichnen aber eben auch nicht bloß die menschliche Thätigkeit für sich allein, sondern die Vornahme dieser Thätigkeit unter den ihren Erfolg begünstigenden Umständen (vgl. meine Abh. „Handlung und Erfolg" in Grünhuts Zeitschrift IX). Infolge des Umstandes, daß die Handlung für sich allein den Erfolg noch nicht bewirkt, sondern bloß unter Voraussetzung begünstigender Bedingungen, kann derjenige, der ein Verbrechen auszuführen beabsichtigt, niemals mit voller Sicherheit wissen, ob er den angestrebten bezw. den rechtlich relevanten Erfolg desselben thatsächlich bewirken wird, und wenn er ihn bewirkt, auf welchem Wege, über welche Zwischenglieder der Kausalkette hinweg er ihn erreichen wird. Deshalb wird der Erfolg auch als bewirkt zugerechnet werden müssen, wenn er auf einem anderen Wege, durch Vermittelung anderer Zwischenglieder als der erwarteten, eingetreten ist. Der Erfolg wird zugerechnet, auch wenn er nicht eine absolut, eine „notwendig" eintretende Wirkung des Angriffes war. Die moderne Chirurgie kommt infolge der theoretischen Anwendung des wissenschaftlichen Kausalitätsbegriffes und infolge der praktischen Durchführung der antiseptischen und aseptischen Wundbehandlung immer mehr zur Erkenntnis, daß nur die wenigsten Wunden „an sich", „absolut" tödlich sind; sie betrachtet Wunden vielmehr als heilbar, sofern nicht von der Verwundung unabhängige Faktoren, z. B. gewisse Spaltpilze, ungünstig einwirken. Dieser Wandlung der medizinischen Anschauung mußte und muß die juristische Auffassung folgen. Mit Recht hat die Revision unseres St.G.B. im Jahre 1852 in der Morddefinition an Stelle der Worte „auf eine solche Art handelt, daß dessen Tod daraus notwendig erfolgt" die anderen gesetzt: „wenn auch dieser Erfolg nur vermöge der persönlichen Beschaffenheit des Verletzten, oder bloß vermöge der zufälligen Umstände, unter welchen die Handlung verübt wurde (oder nur vermöge der zufällig hinzugekommenen Zwischenursachen) eingetreten ist (insoferne diese letzteren selbst durch die Handlung veranlaßt wurden)" (§ 134). Diese Erklärungen des Gesetzgebers über die Bedingungen der Zurechnung eines Erfolges gelten, da sie bestimmt sind, eine vom früheren Gesetze recipierte Auffassung des Kausalbegriffes abzulehnen, nicht bloß für den Fall des Mordes, sondern auch für alle anderen Delikte, sofern nicht im Gesetze ausdrücklich das Gegenteil bestimmt ist, was in einem gewissen Maße hinsichtlich der mit dolus indirectus begangenen Verbrechen zufolge § 1 a. E. der Fall ist (vgl. unten § 15). Insbesondere gilt der in § 134 entwickelte Begriff des Kausalzusammenhanges auch für die §§ 335 und 411, aber auch für andere, nicht Tötung und Körperverletzung betreffende Delikte. Mit Rücksicht auf die Unmöglichkeit, den Kausalzusammenhang von vornherein vollkommen zu überschauen, ist der Erfolg auch dann als ein vorsätzlich bewirkter zuzurechnen, wenn jemand durch die eine von zwei innerlich (seinem Vorsatze nach) zusammenhängenden Handlungen denselben bewirken wollte, aber nicht bewirkt hat, während er ihn durch die andere dieser beiden Handlungen bewirkte, obwohl diese nicht auf denselben angelegt war. Eine Mutter will ihr neugeborenes Kind töten und die Spuren der That dadurch beseitigen, daß sie die vermeintliche Leiche ins Wasser wirft; es stellt sich aber heraus, daß das Kind erst im Wasser gestorben ist (Webersches dolus generalis; a. M. Geyer und Janka).

Für die praktische Verwertung würde der Satz „Ursache ist die Gesamtheit der Bedingungen eines Ereignisses" bloß das rein negative Ergebnis bieten, daß derjenige, von welchem sich keine Handlung oder Unterlassung unter den Bedingungen des Erfolges aufweisen läßt, an derselben gewiß nicht ursachlich beteiligt ist. Ebensowenig als mit diesem Resultate ist den Zwecken der Rechtsprechung mit jener Auffassung (insbesondere v. Buris und v. Liszts) gedient, welche, darauf gestützt, daß für den Eintritt des Erfolges in der konkreten Gestalt alle Bedingungen desselben gleich notwendig sind, jede dieser Bedingungen als Ursache betrachtet, und somit den Unterschied zwischen Verursachung und Veranlassung ganz aufhebt. Trotz aller theoretischen Einsicht kann vielmehr die Jurisprudenz als Wissenschaft des praktischen Lebens der Heraushebung einzelner „Ursachen" aus dem, theoretisch betrachtet, allein kausalen Gesamtzustande der Antecedentien eines Ereignisses, oder mit anderen Worten, der Unterscheidung zwischen der „Ursache" eines Ereignisses und den bloßen „Bedingungen" desselben nicht entbehren. Als Wissenschaft des thätigen und nicht des spekulativen Lebens betrachtet die Jurisprudenz die Ereignisse nach dem Gesichtspunkte ihrer Beeinflußbarkeit durch den Menschen und den Staat. Was sich dieser Beeinflussung entzieht, ist für sie nicht „Ursache", nur „Bedingung", mag es vielleicht auch für eine andere Art der Betrachtung gerade der entscheidende Faktor im Entstehungsprozesse jener Wirkung sein. Die Auffassungsweise der Jurisprudenz bildet in dieser Richtung den schroffsten Gegensatz gegen jene der Naturwissenschaft. Während letztere die das Werden beherrschenden „Gesetze" und Regelmäßigkeiten aufzudecken sucht, bezeichnet der Jurist als Ursache nur das im Sinne des Naturforschers „Zufällige", welches deshalb der Einwirkung der Menschen und des Staates unterliegt. Die Schwerkraft, die Attraktion, die Elektricität sind für den Juristen nie „Ursache", sondern immer nur „Bedingung". Ebenso sind für ihn nur „Bedingungen" alle jene Ereignisse, welche zeitlich der betreffenden Wirkung so ferne liegen, daß sie sich der Beeinflussung in dem für die Beurteilung der That maßgebenden Zeitpunkte entziehen.

Rechtswissenschaft und juristische Praxis suchen also einen engeren Begriff der Ursache zu gewinnen, indem sie, dem Sprachgebrauche des Lebens folgend, jene Glieder des Kausalzusammenhanges, welche dem Erfolge so ferne stehen, daß ihre Beziehung zu demselben hinter der Beziehung eines anderen Ereignisses zu eben diesem Erfolge ganz zurücktritt, unberücksichtigt lassen und das für den Zweck ihrer Untersuchung auffallendste und entscheidenste Glied der kausalen Kette als „Ursache" $\varkappa\alpha\tau'$ $\dot{\varepsilon}\xi o\chi\acute{\eta}\nu$ herausheben. Wer zu einem praktischen Zwecke, wie zu dem der Feststellung der Verantwortlichkeit eines Beschuldigten, nach der Ursache eines Erfolges forscht, der bedarf eben der Ermittelung Einer Ursache. Selbst mit der Reduktion aller Bedingungen auf nur zwei Ursachen ist ihm für seinen Zweck in keiner Weise gedient, wenn diese beiden „Ursachen" einander ausschließen. Nehmen wir folgenden Fall. A überfällt den B in der Absicht, ihn zu töten. Es gelingt ihm aber nicht einmal, den Überfallenen zu verwunden. Wohl aber versäumt dieser infolge des Überfalles den Eisenbahnzug, mit dem er nach Hause fahren wollte, und ist deshalb genötigt, mit dem nächsten Zuge zu fahren. Dieser Zug stößt mit einem anderen zusammen, und hierbei kommt B ums Leben. Wäre er nicht überfallen worden, so hätte er den früheren Zug nicht versäumt, und wäre im späteren Zuge nicht verunglückt. Zweifellos ist der Überfall des A also eine Bedingung des Todes des B gewesen. Nichtsdestoweniger wird man den A nicht als vollbrachten, sondern nur des versuchten Mordes schuldig finden, d. h. man wird als „Ursache" des Todes des B nicht den Angriff des A, sondern das Eisenbahnunglück annehmen. Der Kausalnexus zwischen dem eingetretenen Tode und dem Eisenbahnunglück ist nämlich um so viel einleuchtender und auffallender, als jener zwischen dem Tode und der weiter zurückliegenden Bedingung des Überfalles von Seite des A, daß der gemeine Menschenverstand mit der Aufdeckung der „näheren Ursache" völlig befriedigt ist, ohne noch weiter nach deren Entstehungsbedingungen zu forschen. Der Blick des Philosophen freilich bringt weiter in den Kausalzusammenhang ein; er bringt aber eben so weit, daß er auf einen für praktische Zwecke unbrauchbaren regressus in infinitum kommt.

Der Jurisprudenz als praktischer Wissenschaft aber genügt die Aufdeckung der „näheren Ursache", bei welcher sie ihre Forschung abbricht. Und auch wenn man sie darauf hinweist, daß der Zusammenhang noch weiter bis zur That des A verfolgt werden könnte, so lehnt sie es ab, hierauf einzugehen, indem sie annimmt, daß der Kausalnexus, der sich aus der That des A abwickelte, durch den von derselben ganz unabhängigen Zwischenfall des Eisenbahnunglückes unterbrochen worden sei. Welche Ereignisse einen Kausalzusammenhang in diesem Sinne unterbrechen, das läßt sich freilich kaum allgemein bestimmen. Einen sehr wertvollen Anhaltspunkt giebt § 134 St.G.B. a. E., indem er unterscheidet, ob die den Tod des Verletzten unmittelbar bewirkende „Zwischenursache" durch die Handlung des Angeklagten veranlaßt war oder nicht. War die zufällig hinzugekommene „Zwischenursache" durch diese Handlung selbst veranlaßt (z. B. ein Akt der Gegenwehr gegen den Angriff, ein Versuch, sich demselben durch die Flucht zu entziehen, eine Prozedur zur Heilung der durch den Angriff erlittenen Verwundung), so wird der unmittelbar durch diese Zwischenursache bewirkte Tod auf den Angriff als eine mittelbare Wirkung desselben zurückbezogen (wenn der Überfallene sich durch die Gegenwehr selbst die tödliche Verletzung zugezogen hat, wenn er auf der Flucht in einen Abgrund gestürzt ist, wenn er infolge ungeschickter Behandlung oder infolge von Vernachlässigung der Wunde gestorben ist). War die zufällig hinzugekommene Zwischenursache aber durch die Handlung des Angreifers nicht veranlaßt, so gilt der Kausalzusammenhang mit dieser als unterbrochen, und wird jene „Zwischenursache" als die eigentlich bewirkende Ursache angesehen. Dies ist der Fall hinsichtlich des Eisenbahnunglückes, an dessen Entstehung der Räuber A ja nicht den mindesten Anteil hat, wenn er auch dazu Anlaß gegeben hat, daß B von demselben betroffen wurde. Letzteres aber genügt nach § 134 nicht zur Zurechnung des Kausalzusammenhanges. Im allgemeinen wird man eine Unterbrechung des Kausalzusammenhanges annehmen, wenn uns ein späteres Ereignis die für die Zwecke des praktischen Lebens genügende Aufklärung über die Entstehung des in Frage stehenden Erfolges bietet. Ist dies der Fall, so gruppiert man sämtliche übrige Antecedentien jenes Erfolges als „Bedingungen" um das Centrum eben dieses als „die Ursache" betrachteten Ereignisses. So erscheint für diese Betrachtungsweise in dem angeführten Beispiele der Zwischenfall des Eisenbahnunglückes als das Centrum, um welches alle übrigen Bedingungen, darunter auch der räuberische Überfall, geordnet werden. Ganz allgemein gilt der Kausalzusammenhang einer That mit einem bestimmten Verletzungserfolge als unterbrochen, wenn ein doloses, auf denselben Erfolg gerichtetes Verhalten eines zurechnungsfähigen Menschen dazwischen getreten ist. Dann wird nur der Thäter der zweiten That als Urheber des Erfolges aufgefaßt; der Thäter der ersten That wird nur wegen Gefährdung oder Versuches oder als Anstifter, nicht aber als Urheber des eingetretenen Erfolges verantwortlich gemacht. (Und was von Handlungen gilt, gilt auch von Unterlassungen. Hat der Familienvater A die Ofenklappe geschlossen, damit die ganze Familie gemeinsam ersticke, so sind diejenigen, die in selbstmörderischer Absicht in dem Lokale verbleiben, selbst Urheber ihres Todes; dem Familienvater ist daher Mord nicht zuzurechnen.) Das kulpose Verhalten eines Anderen hingegen wird nicht als solches angesehen, das den Kausalzusammenhang zwischen der schuldhaften (vorsätzlichen oder fahrlässigen) That und ihrem Erfolge unterbrechen würde. Es wird daher die Zurechnung eines Erfolges zum dolus oder zur culpa durch eine konkurrierende culpa eines Dritten oder des Verletzten selbst nicht ausgeschlossen. Culpa laedentis culpa laesi non compensatur. Im übrigen ist der sprachliche Ausdruck ein guter Behelf zur Beurteilung der Frage, ob ein Kausalzusammenhang noch angenommen werden kann oder nicht. Der Gesetzgeber bedient sich nämlich zur Abgrenzung des Thatbestandes einzelner Deliktsarten häufig solcher Ausdrücke, welche eine besonders nahe Beziehung der betreffenden That zum Erfolge ausdrücken. So bezeichnen „töten", „verletzen", „beschädigen", „in Irrtum führen" nicht jede Handlung, welche irgend eine entfernte Bedingung des betreffenden Verletzungserfolges enthalten, sondern nur solche Thätigkeiten, die in einem näheren Zusammenhange mit diesem Erfolge stehen (vgl. den Unterschied zwischen occidere und mortis causam praebere). Wenn man den Unterschied der „Ursache" im Rechtssinne von den übrigen Bedingungen des Erfolges nicht (mit Birkmeyer) in eine gesteigerte Wirksamkeit derselben verlegt, so entfällt auch das Bedenken, welches Viele (u. a.

auch Stooß) abhält, „Unterlassungen" als kausal anzuerkennen (sog. uneigentliches Unterlassungsdelikt, Kommissivdelikt per ommissionem). Vorerst ist zu bedenken, daß nicht jedes Nichtthun eine „Unterlassung" ist. Aus der unübersehbaren Mannigfaltigkeit dessen, was der Mensch in einem bestimmten Augenblicke nicht thut, wird das Nichtthun dessen, was man berechtigterweise von ihm in jenem Augenblicke erwarten konnte, als „Unterlassung" hervorgehoben. „Unterlassung" ist für den Juristen bloß das rechtlich relevante Nichtthun dessen, was von rechtswegen von dem Unterlassenden erwartet werden konnte. An dieses Nichtthun knüpft sich sofort ein Urteil über dessen Kausalität, nämlich die Vorstellung, daß in dem Falle, wenn der Angeklagte gethan hätte, was von ihm erwartet und verlangt werden konnte, der Erfolg ein anderer gewesen wäre, als im Falle der Unterlassung. Vergleicht man den Kausalzusammenhang, wie er sich im Falle der Unterlassung abgespielt hat, mit jenem, der im Falle des Handelns sich abgewickelt hätte, so ergiebt sich, daß die Unterlassung der Hinderung des Erfolges, das Waltenlassen der denselben bewirkenden Konstellation von Umständen von seiten dessen, der diese Konstellation hätte zerstören und damit deren Wirkung aufheben können und sollen, eine Bedingung des Erfolges ist. Denn hätte derjenige, von dessen Unterlassung die Rede ist, hindernd eingegriffen, so wäre der Erfolg nicht zu dieser Zeit, an diesem Orte, bei dieser Gelegenheit und auf diesem Wege eingetreten. „Ursache" wird diese negative Bedingung des Erfolges aber nur dann genannt, wenn man ihrer zur Erklärung der Entstehung jenes Erfolges, um welchen es sich handelt, bedarf. Für ein Ereignis, dessen Ursache man schon kennt oder zu kennen glaubt, forscht man nicht erst nach seinen Ursachen. Hat A den B in den Fluß geworfen, ist B in selbstmörderischer Absicht in den Fluß gesprungen oder ist er durch Ausgleiten in denselben gestürzt, so bedarf es nicht erst der Erforschung einer Ursache dafür, daß er ertrunken ist. Wenn auch C daneben stand und ihn hätte retten können, so wird man daher dessen Unterlassung nicht als Ursache von B's Tode bezeichnen. Wenn aber der Schwimmlehrer A den B bei der ersten Gelegenheit, bei welcher dieser frei schwimmt, aus dem Auge läßt, und B aus Mangel an Geschicklichkeit im Schwimmen ertrinkt, so wird man in der Nachlässigkeit des A nicht bloß eine Bedingung, sondern die Ursache von B's Tode finden. Denn der Tod des B erklärt sich in diesem Falle nicht schon aus dem Erfahrungssatze, daß jemand, der nicht schwimmen kann, im tiefen Wasser ertrinkt, sondern nur mit Bezugnahme auf den Schwimmlehrer, im Vertrauen auf dessen Pflichterfüllung der Lernende ins Wasser ging, während jener dieses Vertrauen nicht rechtfertigte. Um die „Ursache" zu finden, muß man in diesem Falle die in der Unterlassung des Schwimmlehrers liegende Bedingung in den Kreis der Betrachtung einbeziehen. Eine solche Nötigung, Unterlassungen als „Ursache" anzuerkennen, wird sich, wie in diesem Falle, immer dann ergeben, wenn die Unterlassung eine pflichtwidrige war. Da die Rechtsordnung von der Annahme ausgehen muß, daß jedermann seine Pflichten erfülle (v. Bar's „Regel des Lebens"), so würde in dem vorauszusetzenden Falle der Pflichterfüllung die Konfiguration der Umstände eine andere gewesen sein, als in dem thatsächlich eingetretenen der Pflichtvernachlässigung, und eben deshalb wäre dann auch der Ausgang, der Erfolg ein anderer gewesen. Um das Eintreten des wirklich eingetretenen Erfolges zu erklären, muß man daher auf die pflichtwidrige Unterlassung zurückgreifen, sie als „Ursache" ansehen. Die Mutter, die ihr Kind nicht nährt, ist Ursache seines Todes durch ihre Unterlassung, obwohl nicht auch jede andere Person, die sieht, daß das Kind Hunger leidet und ihm gleichwohl keine Nahrung giebt, als Ursache seines Todes angesehen wird. Zur Erklärung des Todes eines bei seiner Mutter verhungernden Kindes genügt uns nicht der Hinweis auf die Gesetze der Ernährung des menschlichen Körpers; wir fassen dieses Ereignis nicht bloß als ein biologisches bezw. pathologisches auf: wir beurteilen es von einem ethischen und rechtlichen Standpunkte aus, und finden dessen Erklärung nicht in dem Walten eines Naturgesetzes, sondern in der Herzlosigkeit seiner Mutter. Von diesem veränderten Standpunkte aus beurteilt, wird die unterlassende Mutter zur „Ursache" des Todes, während der unterlassende, zur Abwendung des Erfolges nicht verpflichtete Fremde „Bedingung" desselben bleibt.

Der Grund, weshalb jemand zum Eingreifen verpflichtet ist, und warum das vorsätzliche Unterlassen eines solchen Eingreifens als „Ursache" erscheint, kann in Rechtsvorschriften gelegen sein, häufiger liegt er, wie Merkel gezeigt hat, darin, daß die Vornahme gewisser Handlungen den Handelnden zu einer Ergänzung oder Korrektur und Unschädlichmachung derselben durch andere Handlungen verpflichtet.

Unterlassungen solcher Art, durch welche ein einem Verbote widerstreitender Erfolg herbeigeführt wird, nennt die Theorie uneigentliche Unterlassungsdelikte, Kommissivdelikte per ommissionem, im Gegensatz zu den eigentlichen Ommissivdelikten, welche in der Nichtbefolgung eines Gebotes bestehen (vgl. oben S. 7).

Eine Folge unserer Unfähigkeit, den Kausalzusammenhang unserer Handlungen vollkommen zu überschauen, ist der Begriff der Gefahr. Erkenntnistheoretisch beurteilt, ist dieser Begriff ein durchaus subjektiver, eine Folge unserer beschränkten Einsicht in den Entwicklungsgang der Dinge. Würden wir den Zusammenhang der Dinge kennen, alle Zwischenfälle voraussehen, so würden wir in einem Teil der Fälle, in welchen wir heute von einer Gefahr sprechen, wissen, daß der schädliche Erfolg eintreten werde, während wir in einem anderen Teile derselben wüßten, daß er ausbleiben wird, d. h. wir würden die künftigen Ereignisse nur unter den Kategorien der Notwendigkeit ihres Eintretens oder ihres Ausbleibens (ihrer „Unmöglichkeit") beurteilen, nicht unter der ihrer Möglichkeit, d. h. der Unentschiedenheit darüber, ob sie eintreten oder ausbleiben werden. Nur ein Anwendungsfall der Kategorie des „Möglichen" aber ist eben der Begriff des „Gefährlichen", d. h. das Urteil, daß ein schädlicher Erfolg eintreten werde, wenn gewisse Voraussetzungen zutreffen, daß er aber im entgegengesetzten Falle ausbleiben werde. Aus der erkenntnistheoretischen Einsicht, daß dieser Begriff ein subjektiver ist, folgt jedoch keineswegs, daß jene objektiv gegebenen Situationen, welche in uns den Eindruck der Gefahr hervorrufen, rechtlicher Beurteilung unfähig wären. In diesem Sinne und mit dieser Beschränkung kann man also auch von einer objektiven „Gefahr", d. h. von einer Sachlage, welche den Eindruck der Gefahr erzeugt, sprechen. Nur muß man sich gegenwärtig halten, daß infolge der Mangelhaftigkeit unserer Einsicht die Verletzung ebensowohl aus einer ungefährlich scheinenden Situation erwachsen kann, als es möglich ist, daß sie trotz scheinbarer Gefahr ausbleibt, daß also das Urteil, es sei etwas gefährlich, für die Kausalität, welche nur von dem wirklichen Vorhandensein der Ursache abhängt, und nicht von deren Scheine, bedeutungslos ist. Nichtsdestoweniger ist die Gesetzgebung völlig im Rechte, wenn sie schon die Herbeiführung von Gefahren, also die Förderung der Entstehungsbedingungen eines Verletzungserfolges, mit Strafe bedroht.

§ 10. Versuch und Vollendung.

Eine rein theoretische Betrachtung müßte die thatsächlich sich ereignenden vorsätzlichen Strafthaten je nach dem Stadium, bis zu welchem die Verwirklichung des bösen Vorsatzes im konkreten Falle gediehen ist, in beendigte und nicht beendigte, gelungene und mißlungene unterscheiden. Beendigt wäre die Strafthat, wenn der Verbrecher jene Thätigkeit, die er sich zu dem verbrecherischen Zwecke vorgesetzt, ausgeführt hat; gelungen wäre diejenige, bei welcher außerdem auch der für die betreffende Verbrechensart charakteristische rechtswidrige Erfolg eingetreten ist. Ob der Verbrecher fernerhin auch noch den von ihm angestrebten — möglicherweise an sich nicht rechtswidrigen — Erfolg, seine Befriedigung oder seinen Vorteil aus der That erlangt hat, bliebe auch für diese Auffassung regelmäßig gleichgültig.

Wenn das positive Recht Vollendung und Versuch von Verbrechen unterscheidet, so meint es damit aber nicht jene eben bezeichneten Gegensätze. Im Sinne des Gesetzes ist eine Strafthat vielmehr vollendet, wenn jener Thatbestand abgeschlossen vorliegt, den der Begriff gerade dieser Verbrechensgattung voraussetzt. Die Begriffe der wichtigsten und schwersten Verbrechensarten haben sich im Rechtsbewußtsein des Volkes entwickelt, lange bevor man versuchte, sie in Gesetzesformeln zu fassen. Bei der Bildung dieser Begriffe sind Volksbewußtsein und Sprache sehr ungleichmäßig vorgegangen. Manches Verbrechen setzt zu seinem vollen Thatbestande den Eintritt des Verletzungserfolges voraus: so Mord, Sachbeschädigung, schwere Körperverletzung (Erfolgsdelikte, Verletzungsdelikte). Bei diesen Arten liegt ein vollendetes Verbrechen im Rechtssinne nur dann vor, wenn dasselbe im theore=

tischen Sinne gelungen ist. Andere Verbrechen sind nach der Auffassung des Gesetzes schon vollendet, wenn der Verbrecher nur eine solche Thätigkeit, wie sie das Gesetz eben bei diesem Verbrechen voraussetzt, vorgenommen hat (vgl. §§ 190 und 166, Raub und Brandlegung). Wiederum anders behandelt das Gesetz den Meineid, der erst dann vollendet ist, wenn der Akt des Schwörens beendet wurde, anderseits aber den Eintritt eines schädigenden Erfolges (Irreführung des Gerichtes, Fällung eines materiell ungerechten Urteiles und daraus entspringenden Schaden für eine Prozeßpartei) nicht erfordert. Zur Vollendung des Betruges ferner fordert unser Gesetz den Eintritt eines Zwischenerfolges: die Irreführung des zu Betrügenden, während der Enderfolg, dessen Schädigung, nicht eingetreten zu sein braucht. Hochverrat hingegen ist bereits vollendet, wenn der Thäter nur irgend etwas zu dem hochverräterischen Zwecke unternommen hat. Verbrechen, bei welchen schon die Thätigkeit des Angeklagten, bald als abgeschlossene, bald nur als begonnene, zur Zurechnung des vollendeten Verbrechens ausreicht, nennt man **Angriffsdelikte**. Dieselben sind vollendet, obwohl sie nicht „gelungen", häufig auch nicht einmal im theoretischen Sinne „beendigt" sind.

Diese große Verschiedenheit in der Beurteilung der Frage, ob eine Straftat vollendet oder bloß versucht ist, bewirkt, daß die Unterscheidung zwischen Vollendung und Versuch nur formalen Wert besitzt. Je nachdem es sich um ein Erfolgs- oder um ein Angriffsdelikt handelt, wird man sagen müssen, Vollendung liege vor, wenn **bewirkt** wurde, was das Gesetz zum Thatbestande dieses Verbrechens (des Mordes z. B.) voraussetzt, oder wenn **gethan** wurde, was es hiezu erfordert (z. B. beim Raube). Die Aufstellung dieses formalen Versuchsbegriffes hat nur die Bedeutung eines Behelfes der Gesetzgebungstechnik, um auch solche Fälle bestrafen zu können, welche unter die Definition der einzelnen Verbrechensgattung deshalb nicht fallen würden, weil in denselben noch nicht alles verwirklicht oder noch nicht alles gethan worden ist, was das Gesetz zum (vollendeten) Verbrechen erfordert.

Eine tiefere Bedeutung würde dem Begriffe der materiellen Konsummation des Verbrechens (dem abgeschlossenen, „gelungenen" Verbrechen im Gegensatze zum mißlungenen) zukommen. Obwohl das geltende Recht für diesen Fall keine besondere Bezeichnung hat und keine ausdrücklichen Bestimmungen trifft, konnte die Bedeutung dieses Unterschiedes nicht ganz unterdrückt werden, sondern kommt derselbe hinsichtlich der Abgrenzung von Beihilfe und Begünstigung (vgl. Generalprokuratur zu C.H. 232), der Unterscheidung der Anstiftung vom Falle des agent provocateur, für die Möglichkeit eines Abstehens vom Versuche und für jene der Ausübung der Notwehr in Betracht (C.H. 232, 413, Nr. 31 ff. ad § 5 Manzsche Gesetzesausgabe). Ebenso wichtig ist dieser Unterschied für die Begrenzung der Anzeigepflicht in Bezug auf formell vollendete hochverräterische Unternehmungen (§ 61 St.G.B.) und in Bezug auf formell vollendete Sprengstoffdelikte (§ 9 G. 27. Mai 1885), indem die Anzeigepflicht demjenigen gegenüber cessirt, der von dem Verbrechen erst zu einer Zeit Kenntnis erlangte, in welcher schädliche Wirkungen desselben nicht mehr eintreten konnten.

Zur Vollendung genügt es, daß der vom Verbrecher gewollte Erfolg thatsächlich infolge seiner That eingetreten ist, mag auch das Objekt, an welchem er eintrat, nicht dasselbe sein, an dem er ihn bewirken wollte. Wer in der Absicht, den A zu töten den B getötet hat, hat dasjenige, was für das Verbrechen des Mordes charakteristisch ist, sowohl gewollt als bewirkt, das Verbrechen daher vollendet. Dies gilt, wie § 134 richtig hervorhebt, nicht bloß für den Fall des Irrtums in der Person, sondern auch für den der Ablenkung der That (der aberratio ictus). Da diese Entscheidung dem Begriff der Vollendung entspricht, gilt sie auch für andere Verbrechensarten (a. M. die herrschende Theorie), sofern hinsichtlich derselben nicht ausdrücklich das Gegenteil bestimmt ist (vgl unten § 15 über den Totschlag).

Schwieriger und praktisch bedeutsamer als die Abgrenzung von Versuch und Vollendung ist jene von (strafbarem) Versuch und (strafloser) Vorbereitung. Während für die ethische Beurteilung jede Thätigkeit, welche in Absicht auf einen rechtswidrigen oder unsittlichen Erfolg unternommen wird, als verwerflich sich darstellt, kann die rechtliche Beurteilung dieser Auffassung nicht folgen, wenn sie nicht schwere Justizirrtümer herbeiführen will. Manche Handlungen, welche häufig zum Zwecke der Vorbereitung eines Verbrechens vorgenommen werden, sind an und für sich zu zweideutig oder vielmehr zu vieldeutig, und beweisen die

Festigkeit des verbrecherischen Vorsatzes in zu wenig ausreichender Weise, um mit einer so ernsten Reaktion, wie die Strafe, gegen sie vorzugehen.

Strafbar können nur solche Handlungen sein, die ihrem **allgemeinen Charakter** nach einen zuverlässigen Schluß auf die Ernstlichkeit und Entschiedenheit des Vorsatzes zur Ausführung eines bestimmten Verbrechens zulassen (subjektive Versuchstheorie, Janka, Finger, vgl. C.H. 1171, 588, 497; dagegen insbesondere Geyer und Rosenblatt). Die Strafwürdigkeit solcher Handlungen ist um so einleuchtender, je mehr dieselben auch den Eindruck einer Gefahr zu erzeugen pflegen. Entscheidend ist auch hier wie sonst für die rechtliche Beurteilung nicht die individuelle Gestalt, sondern der typische Charakter des Falles. Solche Handlungen, welche ihrem objektiven Charakter nach einen Schluß auf die Ernstlichkeit und Entschiedenheit des verbrecherischen Vorsatzes zulassen, nennt man Versuchshandlungen (conatus proximus) im Gegensatze zu Vorbereitungshandlungen (conatus remotus). Während nach der Theresiana selbst der conatus remotus strafbar war (Eisenmann Z. XIII 534), werden heute regelmäßig nur Versuchshandlungen bestraft. Ausnahmsweise sind bei einzelnen Verbrechensarten, bei denen schon die Vorbereitungen eine sehr charakteristische, nicht mißzuverstehende Gestalt annehmen, wie bei der Münz- und Kreditpapierverfälschung, auch gewisse Vorbereitungshandlungen mit Strafe bedroht. Dasselbe gilt auch, wegen der besonderen Gefährlichkeit des Verbrechens, bei Hochverrat und Sprengstoffdelikten (vgl. auch Duell § 158, falsche Aussage § 199 a). Wie die Abgrenzung von Versuch und Vollendung nicht als eine für alle Verbrechensarten gleichmäßig gültige durchgeführt werden kann, so auch nicht jene zwischen Versuch und Vorbereitung. Auch hier hängt es von dem Begriffe der einzelnen Verbrechensart ab, was bereits Ausführungs- oder Versuchshandlung und was nur Vorbereitung ist. Auch hier wird wie bei der Unterscheidung von Ursache und Bedingung die Sprache als Ausdruck des Volksbewußtseins eine zuverlässigere Führerin sein als logische Distinktionen. Keineswegs notwendig ist es nach geltendem Rechte zur Zurechnung eines Versuches, daß die That des Angeklagten bereits einen „Anfang der Ausführung" (vgl. französisches und deutsches Recht) des von ihm beabsichtigten Verbrechens enthielt; es genügt, daß sie eine solche war, welche zur wirklichen Ausübung hinführt, d. h. dem Beginne der Ausführung unmittelbar vorausgeht (vgl. den Gegensatz zu Theresiana Art. XIII § 3, und insbesondere C.H. 307, 497, 588, 1171, 1538, 1599, 1812 sowie Generalprokuratur zu C.H. 26). In Übereinstimmung hiermit steht § 10 hinsichtlich des Versuches der Preßdelikte, der schon mit der Übergabe des Manuskriptes zur Drucklegung zugerechnet wird, also mit einer Handlung, welche nicht „Anfang der Drucklegung", wohl aber eine „zur Drucklegung führende Handlung" ist.

Ein Ergebnis der älteren Auffassung des Kausalitätsbegriffes, welche die Bedingtheit der Wirkungen alles menschlichen Handelns durch die dasselbe begleitenden Umstände verkannte und an absolute Ursachlichkeiten glaubte, ist es, daß man manche Fälle eines Versuches für objektiv gefährlich ansah und anderen den Charakter objektiver Gefährlichkeit absprach.

Während die Theresiana einige Fälle eines Versuches am untauglichen Objekte und mit untauglichen Mitteln ausdrücklich als strafbar anerkannte und zur Zeit der Kodifikation unseres Strafrechtes nach dem Zeugnisse Feuerbachs (1. Auflage seines Lehrbuches) diese Anschauung die in der deutschen Strafrechtswissenschaft unbedingt herrschende war (anders in der italienischen Litteratur vgl. Romagnosi), ist es seither in der deutschen und zeitweilig auch in der österreichischen Rechtswissenschaft herrschende Lehre geworden, einen solchen Versuch für straflos zu halten (anders jedoch die Rechtsprechung des deutschen Reichsgerichtes und ein Teil der Theorie unter Führung v. Buri's). Vom Standpunkte des geltenden Rechtes beruft man sich hiefür insbesondere auf das Wörtchen einer zur „wirklichen" Ausübung führende Handlung, welches sich jedoch ebenso bereits in der die Strafbarkeit solcher Fälle anerkennenden Theresiana findet und welches eher den Zweck der Abgrenzung von Versuchs- und Vorbereitungshandlungen verfolgt. Für den Fall, daß sich der Thäter zur Ausführung des Verbrechens bloß der Organe seines eigenen Körpers bedienen will und diese zur Verübung nicht geeignet sind (impotentia coeundi z. B.), anerkennt übrigens § 8 ausdrücklich die Strafbarkeit (verb. „nur wegen Unvermögenheit"). Ebenso weisen die

Begriffsbestimmungen der Brandlegung, („nach seinem Anschlage" § 166), des Raubes und des Hochverrates unzweifelhaft auf die „subjektive" Versuchstheorie hin, nach welcher auch der sogenannte ungefährliche Versuch strafbar ist. Zweifellos ist des (allerdings nicht versuchten, sondern vollendeten) Raubes schuldig, wer in räuberischer Absicht jemandem Gewalt anthut, um sich einer Sache zu bemächtigen, die dieser nicht bei sich hat. So war denn auch bis 1852 die österreichische Doktrin über die Strafbarkeit eines solchen ungefährlichen Versuches einig und ist die entgegengesetzte Ansicht erst durch ein historisches Mißverständnis Hye's aufgekommen und insbesondere von Geyer vertreten worden (vgl. meine näheren Ausführungen im „Moment objektiver Gefährlichkeit" und in G.Z. 1889 Nr 2). Unhaltbar ist auch die Unterscheidung zwischen dem Versuche mit absolut und mit relativ untauglichen Mitteln. Man kann einen Fieberkranken durch Fleischnahrung töten und durch einen Wasserstrahl in ungelöschten Kalk einen von diesem aus sich verbreitenden Brand stiften, während das stärkste Gift unter Umständen (z. B. durch allzugeringe Dosis) unschädlich sein kann. Daß auch der dolus bei einem Versuch mit untauglichem Mittel äußerst intensiv sein kann, zeigt C.H. 865 (vgl. auch die sonderbare Entscheidung des O.L.G. Prag in O.G.H. 942). Von dem ungefährlichen Versuch verschieden sind jedoch die dem Putativdelikt verwandten Fälle, in welchen jemand eine strafbare Handlung deshalb zu begehen vermeint, weil er irriger Weise annimmt, eine nur für bestimmte Personen oder in Bezug auf bestimmte Personen bestehende Pflicht zu verletzen; wie wenn jemand in der irrigen Annahme, verheiratet zu sein, glaubt, sich durch Eheschließung einer Bigamie schuldig zu machen oder, wenn er in der unrichtigen Voraussetzung, daß derjenige, dem er Widerstand leistet oder den er bestechen will, ein öffentlicher Beamter sei, meint, sich dadurch einer mit Strafe bedrohten That schuldig zu machen. In diesen Fällen fehlt es nicht an einer thatsächlichen Voraussetzung für den Eintritt des verletzenden Erfolges, sondern an dem gegen den Angriff zu schützendem Rechtsgute selbst (dem Ehebande, der Amtsstellung).

Solange der Thäter eines Verbrechens jene Thätigkeiten, welche seinerseits notwendig sind, um den rechtswidrigen Erfolg zu bewirken, noch nicht abgeschlossen hat, hält er den Erfolg noch in seiner Hand, indem er durch bloßes Abstehen von der Beendigung dieser kausalen Thätigkeiten das Eintreten des ursprünglich von ihm beabsichtigten Erfolges abwenden kann. In manchen Fällen (eines beendigten Versuches) kann er sogar den Eintritt des Verletzungserfolges auch noch nach Beendigung aller von ihm zu setzenden Thätigkeitsakte dadurch hindern, daß er nunmehr eine Thätigkeit in entgegengesetzter Richtung zur Abwendung des Erfolges unternimmt, z. B. den zur Post gegebenen Brief sich wieder zurückgeben läßt, ein Gegengift giebt (Rücktritt vom Versuch). In all diesen Fällen wird der Thäter, wenn seine That sich strafrechtlich nur als versuchtes Verbrechen darstellt, durch freiwilliges Abstehen von der Vollendung bezw. durch freiwilligen Rücktritt vom Versuch straflos. Auch § 8 Abs. 1 a. E. anerkennt dies, indem er unter diesen Voraussetzungen das Vorliegen eines strafbaren Versuches negiert. Freiwillig war das Abstehen vom Versuche aber nicht, wenn der Thäter nur wegen eines wirklich ihm entgegenstehenden oder irrtümlich von ihm angenommenen Hindernisses (bedenklich C.H. 1199, vgl. C.H. 1104 u. 865) von der Fortführung des Verbrechens abließ. Hingegen ist Reue als Motiv des Rücktrittes nicht notwendig. Sofern das Unternehmen bereits ein vollendetes Verbrechen in sich enthält, ein qualifizierter Versuch ist, bleibt es strafbar. Gegenüber dem im technischen Sinne des Wortes vollendeten Verbrechen giebt es keinen strafausschließenden Rücktritt, sondern nur in den vom Gesetze besonders anerkannten Fällen eine strafaufhebende „thätige Reue".

Nach unserem Rechte ist der Versuch bei allen drei Kategorien strafbarer Handlungen strafbar bzw. im allgemeinen demselben Strafsatze unterworfen, wie die vollendete Strafthat selbst. Überall dort jedoch, wo auf die vollbrachte Strafthat eine absolute Strafe gedroht ist, stellt das Gesetz einen besonderen Strafsatz für den Versuch auf. Seinem Wesen nach ist der Versuch nur in Bezug auf rein dolose Strafthaten, nicht auch in Bezug auf kulpose oder mit indirektem bösen Vorsatze begangene denkbar; bei „Momentdelikten" wie bei reinen Ommissivdelikten wird er aus thatsächlichen Gründen meist nicht angenommen oder nicht nachgewiesen werden können.

§ 11. Mitschuld und Begünstigung.

Die Definition der einzelnen Strafthaten geht von der That des Thäters aus d. h. desjenigen, der durch sein aktives oder passives Verhalten den rechtswidrigen Erfolg bewirkt. Außer dem unmittelbaren Thäter können aber an einer Strafthat auch noch andere Personen beteiligt sein. Ebenso ist es möglich, bei manchen Strafthaten (welche man als solche einer „notwendigen Teilnahme" bezeichnet) sogar zum Begriffe derselben wesentlich, daß an der konkreten That mehrere Personen als Mitthäter beteiligt sind (Aufstand und Aufruhr, Zweikampf, vgl. jedoch § 158 a. A., Landfriedensbruch). Wie der Begriff der vollendeten Strafthat ein rein formaler ist, so auch der der Thäterschaft. Thäter ist, wer dasjenige thut, was das Gesetz als charakteristisches Wesen des betreffenden Verbrechens auffaßt, dessen That unmittelbar unter die Definition des betreffenden Deliktsbegriffes subsumiert werden kann. Wenn mehrere Personen in bewußtem Zusammenwirken Ausführungshandlungen (vgl. jedoch die zweifelhafte Auffassung in C.H. 1104) einer Strafthat vornehmen, so sind sie alle Mitthäter. Ein Einverständnis vor der That oder gar eine ausdrückliche Verabredung ist hiezu nicht notwendig (vgl. Generalprokuratur zu C.H. 2201). Im Falle der Mitthäterschaft wird jeder Mitthäter für den ganzen aus der verabredeten Thätigkeit Aller hervorgegangenen Erfolg verantwortlich (vgl. § 155 d, C.H. 227 und die wohl etwas weitgehende C.H. 1721). So ist insbesondere einem jeden der Mitthäter der ganze durch die That erzeugte Vermögensschaden zuzurechnen, wenn sie auch den Gewinn aus dem Verbrechen untereinander geteilt haben (C.H. 651).

Als mittelbare Thäterschaft bezeichnet man den Fall, in welchem jemand durch ein nicht zurechenbares Verhalten eines Anderen den Verbrechenserfolg herbeiführt, z. B. durch einen Geisteskranken, ein Kind unter 10 Jahren, einen durch unwiderstehlichen Zwang Genötigten oder einen hinsichtlich der betreffenden That in einem seine strafrechtliche Verantwortlichkeit ausschließenden Irrtum Befangenen. Anstifter ist derjenige, der vorsätzlich einen Anderen zum verbrecherischen Entschlusse und zur verbrecherischen Thätigkeit bestimmt. Nach österreichischem Recht ist die Anstiftung zweifellos nicht eine bloß accessorische, sondern eine selbständige Schuldform. Der Anstifter ist also nicht nur dann strafbar, wenn der Angestiftete eine ihn selbst strafbar machende Versuchshandlung unternommen hat. Nach § 9 ist vielmehr auch die mißlungene und die erfolglose Anstiftung strafbar, ebenso wie jene des „alias facturus" und hebt der Rücktritt des Angestifteten die Strafbarkeit des Anstifters nicht auf (C.H. 755, 921, 968). Wer in einem Anderen einen verbrecherischen Entschluß vorsätzlich anzuregen sucht, giebt dadurch allein schon den Erfolg aus seiner Hand, ermöglicht schon dadurch einen psychischen Erfolg, über welchen er weiterhin keine Herrschaft zu üben vermag (verkannt von Geyer und Finger). Anstiftung setzt dolus sowohl auf seite des Anstiftenden als des Angestifteten voraus. Kulpose Erregung von Motiven zu einem Verbrechen kann unter Umständen als selbständiges Fahrlässigkeitsdelikt bestraft werden (vgl. § 335) (bedenklich die nicht publizierte C.H. 24. Juli 1886 Nr. 15 der Manzschen Ausgabe zu § 5). Vorsätzliche Veranlassung eines kulposen Deliktes hingegen begründet einen Fall mittelbarer Thäterschaft. Zu Delikten des dolus indirectus ist Anstiftung möglich. Der Vorsatz des Anstifters muß auf das materielle Gelingen und nicht bloß auf die formale Vollendung der verbrecherischen Thätigkeit gerichtet sein, weshalb der agent provocateur nicht Anstifter ist (vgl. St.P.O. 1853 § 146, St.P.O. 1873 § 25 und C.H. 2124). Die Anstiftung muß sich an eine konkrete Person richten und auf eine wenigstens gattungsmäßig bestimmte That beziehen, ohne daß jedoch nach beiden Richtungen eine vollständige Individualisierung der anstiftenden Thätigkeit notwendig wäre (vgl. C.H. 6. Dezember 1879, Nr. 18 der Manzschen Ausgabe ad § 5).

Gehilfe ist derjenige, der die dolose verbrecherische Thätigkeit eines Anderen dolos unterstützt, ohne jedoch Ausführungshandlungen zu unternehmen. Von der Mitthäterschaft unterscheidet sich die Beihilfe nicht etwa dadurch, daß der Gehilfe in fremdem, der Mitthäter in eigenem Interesse handelt, (subjektive Theorie), sondern dadurch, daß der Gehilfe nur eine Bedingung für die That des Thäters, der Mittthäter hingegen eine selbständige, zur That des Mittthäters hinzukommende Bedingung für den Eintritt des Erfolges herstellt. Daher ist derjenige, der leuchtet, damit der Andere seinen Streich führen könne, der Wache steht, damit der andere einsteigen könne, der den anderen in die Höhe hebt, damit er werfen könne, Gehilfe (unrichtig C.H. 1104, dagegen auch Gertscher G.Z. 1892 S. 250). Mitthäter hingegen ist, wer dem zu Ermordenden die Arme hält, damit der Andere in der Lage sei, ihn gerade an einer besonders gefährlichen Körperstelle zu treffen, oder derjenige, der gerade in dem Augenblicke, wo der Andere die zu stehlende Sache ergreift, die Aufmerksamkeit des zu Bestehlenden ablenkt, kurz derjenige, der dafür sorgt, daß die That des Anderen von Erfolg begleitet sei. Wer dolos das Objekt, an welchem das Verbrechen verübt werden soll, zuführt, ist ebenfalls Gehilfe. (Bei Betrug, Wucher, Notzucht an Unmündigen in der Praxis oft übersehen.) Objektiv betrachtet stimmen die Handlungen des Gehilfen mit den Vorbereitungshandlungen des Thäters überein. Während aber diese straflos bleiben, sind die Handlungen des Gehilfen strafbar, weil sie eben so wie die Thätigkeit des Anstifters einen unter Umständen nicht mehr rückgängig zu machenden Erfolg setzen, so daß im Gegensatze zu demjenigen, der nur für sich die künftige Ausführung eines Verbrechens vorbereiten will, der Gehilfe die Entscheidung über Eintritt oder Nichteintritt des Verletzungserfolges nicht mehr in seiner Macht hat. Im Unterschiede vom Anstifter will der Gehilfe den Verletzungserfolg nicht geradezu herbeiführen, sondern nur die verbrecherische Thätigkeit des Thäters für den Fall, daß dieser sie vornimmt, physisch oder psychisch, positiv oder negativ unterstützen. Auch der Gehilfe muß dolos ein doloses Verhalten des Thäters zum Zwecke der Herbeiführung materiellen Gelingens desselben unterstützen. Während der Versuch der Beihilfe (arg. § 8 und arg. a contr. § 9) und die Beihilfe zu einem gar nicht unternommenen Verbrechen nicht strafbar sind, unterliegen die von dem Thäter unbenützt gelassene und die überflüssige Hilfeleistung allerdings der Bestrafung, da insbesondere das psychische Moment der Bestärkung im verbrecherischen Entschlusse auch in diesen Fällen vorliegt und § 5 von einer Hilfeleistung „zu" der Übelthat (nicht wie das josefinische St.G.B. „bei" derselben) spricht (C.H. 279, 921; vgl. auch § 107 und § 118, St.G.B.). Ebenso bleibt der Gehilfe strafbar, wenn auch der Thäter durch Rücktritt vom Versuche straflos wird. Auch die Beihilfe ist bei Verbrechen, Vergehen und Übertretungen und zwar im allgemeinen nach demselben Strafsatze wie die Thäterschaft strafbar. Nur liegt es im Wesen gewisser Gattungen von Strafthaten, daß deren Bestrafung den Zweck verfolgt, die wahren Interessen gewisser Personen gegen ihren eigenen irregeleiteten Willen und gegen ihre eigene Verblendung zu schützen und daß daher eben diese von der Strafthat passiv betroffenen Personen sich derselben nicht mitschuldig machen können und deshalb weder wegen Anstiftung noch wegen Beihilfe zu diesem Delikte strafbar sind. So gilt dies von Entführung § 96, Kuppelei § 132 IV, Wucher und bei Notzucht und Schändung hinsichtlich eines noch nicht 14jährigen Kindes. Ähnliches gilt auch hinsichtlich der §§ 104 a. A. und 217 (vgl. C.H. 407, 1011 aber auch 1472). Als „Teilnahme" bezeichnet § 5 einen besonderen Fall der „moralischen" Beihilfe (der That vorangehende Zusicherung einer nach derselben dem Thäter zu gewährenden Hilfe) und in ganz singulärer Weise die vor dem Verbrechen erfolgende Vereinbarung jemandes mit dem Verbrecher über die Teilung des verbrecherischen Vorteiles (Hye, S. 230, a. M. Stooß). Als eine allgemeine Schuldform behandelt § 212 schließlich auch noch die boshafte (d. h. die zum Zwecke der Förderung des Verbrechens erfolgende, vgl. Generalprofuratur bei C.H. 228) Unterlassung der Verhinderung eines Verbrechens im technischen Sinne des Wortes unter gewissen dort näher bezeichneten Voraussetzungen. Ist die Verhinderung nur durch Anzeige möglich, so sanktioniert für diesen Fall § 212 auch Anzeigepflicht. Ob die Strafdrohung auch Ausländer im Auslande trifft, ist mit Rücksicht auf § 38 St.G.B., demzufolge selbst die Nichthinderung des Hochverrates durch Ausländer im Auslande straflos bleibt, zweifelhaft.

Während die moderne Doktrin und Gesetzgebung mehr oder weniger allgemein die der Strafthat nachfolgende Begünstigung des Verbrechers durch Sicherung desselben vor der Verfolgung oder im Besitze der Früchte des Verbrechens für strafbar erachtet, kennt unser geltendes Recht die sachliche Begünstigung nur als besondere Verbrechensart in Bezug auf einzelne Deliktsgattungen. Trotz der scheinbar allgemeinen Fassung des § 6 ist die „Teilnehmung" an Verbrechen bloß strafbar in Bezug auf Diebstahl, Veruntreuung, Raub, Wucher, Münz= und Kreditpapierfälschung und wohl auch Fundunterschlagung. Einzelne kasuistisch ausgelöste Fälle persönlicher Begünstigung behandeln die §§ 214 ff und 307 als „Vorschubleistung".

Außer den eben aufgezählten Arten der Beteiligung am Verbrechen kennt unser Gesetz im allgemeinen keine anderen. Nur hinsichtlich des Hochverrates sind schon diejenigen strafbar, die sich in ein hochverräterisches „Komplott" eingelassen haben, soferne sie sich nicht die Straflosigkeit nach § 62 durch „thätige Reue" erwerben (vgl. auch § 65c), und nach § 5 Sprengstoffgesetz macht selbst die Zugehörigkeit zu einer die fortgesetzte Begehung von im einzelnen noch nicht bestimmten Sprengstoffdelikten bezweckenden Bande straffällig.

Maßgebend für die Beurteilung der nach § 5 strafbaren Mitschuldigen und „Teilnehmer" ist die That des Thäters, so weit sie ihnen bekannt ist (vgl. auch § 211). Es ist daher möglich, daß ein Nichtbeamter sich eines Beamtendeliktes, ein Nichtmilitär sich eines Militärdeliktes (vgl. auch § 222 und G. vom 28. Juni 1890 über Nichtbefolgung eines Militäreinberufungsbefehles § 6) schuldig macht. Nur solche Schuldausschließungsgründe, welche die Strafbarkeit für den Thäter bloß vermöge seiner persönlichen Verhältnisse ausschließen, sind auf die übrigen Mitschuldigen und Teilnehmer nicht auszudehnen (§ 5 Abs. 2), so Kindheit, Geisteskrankheit, Volltrunkenheit; das Gegenteil gilt von den Rechtfertigungsgründen einer im allgemeinen strafbaren Handlung (Notwehr, Züchtigungsrecht). Selbstverständlicherweise wirken prozessuale Hindernisse der Verfolgung (Mangel der parlamentarischen Zustimmung, Exterritorialität) bloß persönlich. Erschwerende und mildernde Umstände wirken bald persönlich bloß für denjenigen, hinsichtlich dessen sie zutreffen, bald aber auch allgemein hinsichtlich der Mitschuldigen, je nachdem sie von rein subjektiver oder auch von objektiver Bedeutung sind. Ein objektives Moment ist z. B. die auf der Verwandtschaft zwischen Thäter und Angriffsobjekt des Verbrechens beruhende besondere Pflichtverletzung im Falle der § 153 und 137; ein subjektives Moment ist die Rückfälligkeit des Diebes (vgl. § 177, der jedoch mit Unrecht auch die objektiven Momente des § 176 II b und c als subjektive behandelt). Der sogenannte „Kindesmord" und der „Familiendiebstahl" sind in Wahrheit keine besonderen Arten des Mordes und Diebstahles, an denen ein Nichtverwandter sich mitschuldig machen könnte; die §§ 139 und 463 enthalten vielmehr nur besondere Strafdrohungen gegen bestimmte Personen, die also auf Andere überhaupt nicht anwendbar sind.

§ 12. Rechtfertigungsgründe und Entschuldigungsgründe.

Ausnahmsweise werden Handlungen, welche im allgemeinen den Charakter von Strafthaten an sich tragen, von der Rechtsordnung als ihr nicht widerstreitend behandelt: geduldet, erlaubt oder sogar zur Pflicht gemacht. Unter Umständen schreibt die Rechtsordnung solche Handlungen vor oder erlaubt sie, weil dieselben im konkreten Falle als die geeignetsten Mittel zur Wahrung von Interessen sich darstellen, welche der Staat höher stellt als die Unverletztheit des durch sie im besonderen Falle beeinträchtigten Rechtsgutes. In anderen Fällen wiederum (Notstand) duldet die Rechtsordnung solche Handlungen, weil sie an den seine eigenen Interessen auf Kosten Dritter wahrenden Menschen nicht die strengen Anforderungen des Kant'schen kategorischen Imperatives stellen kann. Es zeigt sich hierin, daß die Strafdrohungen, die der Staat in seinen Gesetzen aufstellt, ihren Zweck nicht in sich selbst tragen (Ablehnung der absoluten Strafrechtstheorien), sondern daß sie nur dem Schutze von Rechtsgütern dienen. Dient ausnahmsweise eine Handlung, welche sonst zum Typus der Strafthaten gehören würde, diesem obersten Zwecke der Rechtsordnung, der Erhaltung der vom Staate zu schützenden Interessen, so nimmt sie der Staat von seiner Strafdrohung aus (Stooß).

Mannigfache Zwecke des Staates können bloß durch gewaltsame Eingriffe in sonst rechtlich geschützte Interessen der Individuen verwirklicht werden, so daß zur Erreichung dieser Zwecke (zum Schutze des Staates gegen äußere Feinde, zum Zwecke des Strafvollzuges und der Zwangsvollstreckung) Tötungen, Körperverletzungen, Eingriffe in die Freiheit und das Vermögen der Staatsangehörigen zulässig werden (vgl. über das Recht obrigkeitlicher Organe zum Waffengebrauche und zur Zufügung der aus demselben resultierenden Verletzungen, Gendarmeriegesetz 25. Dez. 1894 § 12; vgl. die sehr bedenkliche C.H. 1590 und die richtigen Ausführungen der Generalprokuratur zu derselben). Als eine durch ihren Zweck gerechtfertigte Handlung stellt sich auch die Ausübung der gesetzlich anerkannten Züchtigungsgewalt der Eltern und Vormünder (in beschränkterem Umfange auch der Lehrer in Volksschulen, sowie teilweise selbst der gewerblichen Meister und der Dienstgeber) dar (§ 413 ff. vgl. a. b. G.B. § 145, Schul- und Unterrichtsordnung 20. August 1870. § 24, G.O. seit der Novelle 1885 § 99b, die verschiedenen Dienstbotenordnungen). Ausübung dieses Disciplinarrechtes setzt in allen Fällen einen zur Züchtigung berechtigenden Anlaß, ein den psychischen Einflüssen einer Züchtigung zugängliches Objekt (nicht etwa einen Säugling) und einen animus corrigendi, eine erziehliche Absicht voraus. Sofern die Disciplinargewalt wie jene der Eltern und Vormünder sich auch auf die Befugnis zu körperlicher Züchtigung erstreckt, bestimmt § 413, daß dieselbe „nicht zu solchen Mißhandlungen ausgedehnt werden dürfe, wodurch der Gezüchtigte am Körper Schaden nimmt". Eintritt sichtbarer Merkmale und Folgen hingegen begründet Strafbarkeit noch nicht (schief C.H. 1430). Im Falle schwerer Verletzung ist § 335 anwendbar (C.H. 1775). Eine Verletzung, welche in böser Absicht, animo laedendi zugefügt worden, ist nach den allgemeinen Normen strafbar. Hinsichtlich der Lehrer, Gewerbsmeister und Dienstgeber ist die Disciplinargewalt, sofern nicht aus einzelnen Dienstbotenordnungen ausdrücklich das Gegenteil folgt, derzeit im wesentlichen auf Rügen (o. G.H. 1365), allenfalls auch auf gewisse geringe Einschränkungen der Bewegungsfreiheit begrenzt. Durch das Recht zur Rüge können Äußerungen, die sonst Beleidigungen wären, straflos werden. Nur für den Fall thatsächlicher Verletzung der schuldigen Ehrerbietung der Dienstleute gegen die Dienstgeber anerkennt § 525 ein weitergehendes „Recht häuslicher Zucht" (§ 419 gehört in einen anderen Zusammenhang).

Nicht rechtswidrig, sondern vielmehr dem Rechte gemäß ist auch die dem Schutze der Rechtsgüter dienende Abwehr eines rechtswidrigen Angriffes durch maßhaltende Gegenwehr, wie dieselbe im Unterschiede von der durch § 19 a. b. G.B. abgelehnten aggressiven Selbsthilfe (vgl. jedoch § 1321 a. b. G.B., § 63 ff. Forstgesetz und § 18 ff. Feldschutzgesetz 30. Jan. 1860 und Art. 313 f. H.G.B.) durch § 344 a. b. G.B. und § 2 g St.G.B. zugelassen wird. Voraussetzung des Rechtes der Notwehr ist ein gegenwärtiger subjektiv- (nach der Ansicht Anderer auch schon ein objektiv-) rechtswidriger (wenn auch strafloser) Angriff auf Leben, Freiheit oder Vermögen (nicht auf die Ehre, vgl. § 114 M.St.G.B. und C.H. 1032). Daß die Gegenwehr das einzige Mittel zur Sicherung des bedrohten Rechtsgutes gewesen, ist nicht notwendig (vgl. jedoch Generalprokuratur zu C.H. 233, dagegen aber in scharfer Kritik v. Ruber, Prager Vierteljahrsschrift X); hingegen darf die in der Abwehr zugefügte Verletzung zwar den Angreifer an einem höher bewerteten Rechtsgute verletzen, als jenes, welches er selbst angriff, nicht aber jenes Maß überschreiten, das dem Angegriffenen als zur Abwehr notwendig sich darstellte. Im entgegengesetzten Falle liegt ein Notwehrexceß vor, der nach § 2g und 335 strafbar sein kann. Zur Notwehrübung ist nicht nur der Angegriffene selbst, sondern jeder für ihn berechtigt. Notwehr ist Rechtsverteidigung, nicht notwendigerweise Selbstverteidigung. Irrige Annahme der Notwehr (Putativnotwehr) schließt Zurechnung zum Dolus aus, wenn sie auf irriger Beurteilung der thatsächlichen Situation beruht, hingegen ist sie wirkungslos, wenn sie aus einer Verkennung des Rechtsbegriffes der Notwehr entspringt. Im Gegensatze zur Notwehr begründet der Notstand keine Rechtfertigung, sondern nur eine Entschuldigung des rechtswidrig verbleibenden Eingriffes in die Rechte Dritter. Unter Notstand versteht man einen Fall der Kollision von Pflichten oder Interessen, in welchem jemand sich oder einen Anderen aus schwerer und unmittelbarer Gefahr einzig und allein nur dadurch retten kann, daß er eine im allgemeinen strafbare Handlung begeht (vgl. C.H. 1532 und 1543 und § 5 Gesetz über die Unterseekabel 20. März 1888). Ursache dieser Notlage können sein Elementarereignisse, Angriff Zurechnungsunfähiger (so auch v. Ruber gegen die herrschende Meinung, welche Notwehr annimmt), Angriff von Tieren, aber auch Angriff eines Zurechnungsfähigen. Der Grundunterschied gegenüber Notwehr liegt darin, daß Notwehr Abwehr des Angriffes durch Verletzung des Angreifers ist, im Notstande der Bedrohte sich aus der Gefahr durch Schädigung eines schuldlosen Dritten zu retten sucht. Deshalb reichen die Befugnisse des Notstandes nicht soweit als jene der Notwehr (hinsichtlich civilrechtlicher Ersatzpflicht vgl. § 1320 a. b. G.B.). Die im Notstand zugefügte Verletzung darf nicht intensiver sein als die abzuwehrende. Der Notstand muß unverschuldet sein und der auf ihn sich Berufende darf nicht verpflichtet gewesen sein, der Gefahr stand zu halten. Exceß des Notstandes wird nicht entschuldigt. Auf ähnlichen Gründen wie die Anerkennung des Notstandes beruhen auch die Ausnahmen von der Strafdrohung in §§ 60, 61, 212, 216 St.G.B.

Der Rechtsordnung gemäß, weil der Erhaltung von Rechtsgütern dienend, sind auch operative Eingriffe in den Körper eines Patienten zum Zwecke seiner Heilung (Stooß). Selbst wenn sie ohne seine Einwilligung vorgenommen werden, sind sie daher nicht als Körperverletzungen, wohl aber unter Umständen als Eingriffe in seine Freiheit strafbar.

Aggressive Selbsthilfe ist zwar nach § 19 a. b. G. B. unerlaubt, aber nur ausnahmsweise (§ 83, 316 St.G.B.) ausdrücklich mit Strafe bedroht. Inwiefern die Absicht, ein Recht durch Eigenmacht durchzusetzen, die Strafbarkeit gewaltsamen oder täuschenden Vorgehens ausschließt, kann nur aus dem Thatbestande des einzelnen Delikts beantwortet werden. Insofern als zu diesem „Absicht zu schaden" gefordert ist, kann eine Handlung, welche nur den Zweck verfolgt, sich etwas zu verschaffen, worauf der Entziehende ein Recht hat, während der andere, dem es entzogen werden soll, es zu Unrecht besitzt, nicht als eine solche angesehen werden, die in „Schädigungsabsicht" unternommen wird.

Da die Strafthaten im öffentlichen Interesse mit Strafe bedroht sind, so hebt im allgemeinen die Zustimmung des Verletzten die Strafbarkeit einer That nicht auf. Et volenti fit iniuria § 4 vgl. § 33 St.G.B., welcher Satz, trotz § 239 auch für Vergehen und Übertretungen gilt (a. M. Finger). Im Wesen mancher Deliktsbegriffe (insbes. der Vermögensdelikte), jedoch liegt es, daß Handlungen, welche mit der ernstlichen, frei gegebenen Zustimmung jenes geistig reifen und gesunden Menschen erfolgen, für welchen dieselben mit nachteiligen Wirkungen verbunden sind, nicht strafbar sein können (doch vgl. unten § 27 über die Strafbarkeit des Wuchers). Auch dürfte bei jenen Verbrechen, zu deren subjektivem Thatbestand das Gesetz eine „feindselige Absicht" voraussetzt, Einwilligung des Objektes die Strafbarkeit ausschließen (vgl. unten § 16 II.).

§ 13. Strafmittel.

Das schwerste Strafmittel des geltenden Rechtes ist die (nach vorübergehender Abschaffung für das ordentliche Verfahren durch das josefinische St.G.B. von 1787) im Jahre 1795 für Hochverrat und 1803 auch für andere Verbrechen wiedereingeführte Todesstrafe. Wie anderswo, so ist auch in Österreich die Berechtigung der Todesstrafe lebhaft bestritten und ebenso lebhaft verteidigt worden. Gegen dieselbe wird von einem metaphysischen Gesichtspunkte aus insbesondere eingewendet, daß sie von transcendentem Inhalte sei, in ihren Wirkungen über die Welt der Erfahrung hinausgreife, daß sie an eine endliche That eine unendliche und deshalb mit derselben inkommensurable Folge knüpfe (J. N. Berger). Von staatsrechtlichem Standpunkte aus wird das Recht des Staates, über das Leben seiner Bürger zu verfügen bezweifelt; in prozessualer Beziehung auf die gräßliche Möglichkeit eines Justizirrtumes („Justizmordes") hingewiesen (vgl. deshalb § 284 österr. St.P.O. von 1853). Andere weisen darauf hin, daß es kulturpolitischen Anforderungen widerspreche, wenn nicht einmal der Staat selbst die Unverletzlichkeit des Lebens anerkenne und die kaltblütige Menschentötung zu einer regelrechten Institution erhebe. Auf der anderen Seite wird daran erinnert, daß keine Drohung auf die Phantasie und das Gemüt des Menschen einen solchen Eindruck mache wie die mit dem Tode, und zwar nicht bloß mit dem Tode an und für sich, dem ja niemand entrinnen kann, sondern mit dem Tode in einem von dem Willen eines Anderen fixierten Zeitpunkte und in der schimpflichen und grauenhaften Form der Tötung durch den Henker. Ebenso darf nicht außer Acht gelassen werden, daß die Verwerflichkeit des Verbrechens in seinen schwersten Formen und die siegende Übermacht des Staates über dasselbe nicht wohl schärfer ausgedrückt werden kann als dadurch, daß derjenige nicht am Leben bleiben soll, der ein besonders scheußliches Verbrechen z. B. einen Raubmord oder einen Gatten- oder Vatermord um einer Erbschaft willen begangen hat. Unbedingt verwerflich ist einerseits die Absicht, durch den unmittelbaren Eindruck der Hinrichtung auf die zuschauenden Volksmassen abschreckend zu wirken und andererseits der vermessene Wahn, durch zahlreiche Hinrichtungen belasteter Individuen eine „Selektion" der Menschheit künstlich herbeizuführen.

Das Anwendungsgebiet der Todesstrafe im geltenden Rechte ist auf jeden Fall ein viel zu weites. Es umfaßt im ordentlichen Verfahren jede Mitwirkung an einem hochverräterischen Unternehmen gegen den Kaiser (§ 58a), Anstiftung, Thäterschaft und unmittelbar mitwirkende Beihilfe bei einem anderen Hochverrate (§ 58 b u. c), die unmittelbare Mitwirkung an einem Morde und die Bestellung eines Mordes (§ 136), den räuberischen Totschlag hinsichtlich jener, welche zum Totschlage mitgewirkt haben (§ 141), zwei Fälle der Brandlegung (§ 167a), zwei Fälle der öffentlichen Gewaltthätigkeit (§ 85 b u. § 87) und den Fall des § 4 Sprengstoffgesetzes. Noch weiter reicht die Herrschaft der Todesstrafe im Falle des Standrechtes (vgl. § 429 u. 430 St.P.O.), vgl. auch das Gesetz vom 20. Mai 1869 über die Militärgerichtsbarkeit § 7 Abs. 3 und das Pestpatent 21. Mai 1805, dessen § 12 jedoch wohl durch Art. 1 E.G. zur St.P.O. mit Rücksicht auf § 429 f. St.P.O. aufgehoben ist. Aus diesem viel zu weiten Umfange, in welchem die Todesstrafe angedroht ist, erklärt sich das auffallende Mißverhältnis zwischen der Zahl gefällter und jener der vollstreckten Todesurteile. Die erstere betrug in den Jahren 1877—1895: 128, 120, 103, 121, 82, 108, 82, 99, 93, 84, 74, 75, 55, 86, 89, 87, 70, 65, 76; die letztere 1, 1, 4, 5, 1, 2, 4, 4, 4, 4, 4, 6, 2, 2, 0, 2, 2, 0, 5. Obwohl die Todesstrafe im Gesetze absolut angedroht ist (§ 52 St.G.B.), d. h. ohne dem Richter die Möglichkeit zu gewähren, von derselben abzugehen, ist ihre Verhängung dennoch ausgeschlossen, wenn der Verbrecher zur Zeit seiner That das 20. Jahr noch nicht vollendet hatte (§ 52) sowie, wenn seit der That 20 Jahre verflossen sind und gleichzeitig die übrigen Bedingungen der Verjährung vorliegen (§ 231). In beiden Fällen ist auf schweren Kerker von 10 bis 20 Jahren zu erkennen. Eine weitere Einschränkung der Todesstrafe folgt aus dem in § 50 St.G.B. aufgestellten Verbote einer Verschärfung derselben. Eine solche läge vor, wenn jemand wegen derselben That zuerst eine Freiheitsstrafe erlitten hätte und dann auf Grund nochmaliger Aburteilung derselben, soweit dieselbe nach § 36 St.G.B. gegenüber einem ausländischen, und nach § 356 St.P.O. gegenüber einem inländischen Urteile zulässig ist, zum Tode verurteilt werden sollte. Auch in diesem Falle müßte eine andere Strafe und zwar zunächst lebenslängliche Freiheitsstrafe an deren Stelle verhängt werden. (Über die weitergehende Praxis des C.H. vgl. unten S. 40.)

Das Hauptstrafmittel der Gegenwart ist seit Aufhebung der Leibesstrafen (zuerst 22. Mai 1848, dann nach deren Wiedereinführung durch die Revision von 1852 am 15. Nov. 1867) die Freiheitsstrafe. Der größte, in unserem bestehenden Rechte jedoch lange nicht nach Möglichkeit ausgenützte Vorzug derselben vor allen anderen Strafmitteln ist ihre Anpassungsfähigkeit an den im konkreten Falle zu verfolgenden Zweck der Strafe. Das St.G.B. unterscheidet zwei Arten der Kerkerstrafe für Verbrechen, zwei des Arrestes für Vergehen und Übertretungen, die abgesonderte Verschließung Unmündiger (§ 270) und den Hausarrest (§ 246). Doch ist der Unterschied der beiden Formen des Kerkers und des „strengen" Arrestes fast nur mehr ein nomineller, während sich der einfache Arrest von den drei erstgenannten Strafarten dadurch unterscheidet, daß mit demselben ein eigentlicher Arbeitszwang nicht verbunden ist und auch die Unterwerfung unter die „Hausdisciplin" eine losere ist. Eine besondere Strafart für Personen, welche wegen solcher Verbrechen verurteilt sind, die im allgemeinen oder im besonderen Falle auf nicht infamierenden Motiven beruhen, fehlt. Nur für die wegen „politischer Verbrechen" (s. oben S. 7) Verurteilten — „keinesfalls aber für diejenigen, welche zugleich eines gemeinen Verbrechens für schuldig erkannt worden sind", — gelten nach der a. h. Entschl. 28. Oktober 1849 (bei Kaserer III 291 ff., Leitmaier

S. 604 ff.) die „Begünstigungen", daß sie von anderen Sträflingen soviel als möglich abgesondert sein sollen, daß sie ihr eigenes Bettzeug und ihre eigene Kleidung gebrauchen dürfen, von den Reinigungsarbeiten im Haftlokale befreit sind, Tabak rauchen dürfen und einem Arbeitszwange nicht unterliegen.

Nach dem Gesetze vom 1. April 1872 sollen sowohl Kerker- als Arreststräflinge während des ersten Teiles ihrer Strafzeit, und zwar mindestens durch 8 Monate, längstens durch 3 Jahre, in Einzelhaft gehalten werden. Außerdem soll die ganze Strafe in Einzelhaft verbüßt werden, wenn dieselbe höchstens $1^{1}/_{2}$ Jahre beträgt und der Verurteilte Besserung erwarten läßt, sowie wenn die Strafe durch achtmonatliche Einzelhaft verbüßt werden kann. Letzteres ist zufolge der in § 4 vorgeschriebenen Reduktion des Strafmaßes durch die Einzelhaft bei allen Verurteilungen der Fall, welche $10^{1}/_{2}$ Monate nicht überschreiten. Trotzdem seit Erlassung dieses Gesetzes schon ein Vierteljahrhundert verflossen, ist die Anzahl der in den einzelnen Strafanstalten und insbesondere in den Gerichtsgefängnissen bestehenden Zellen zu dessen Ausführung noch völlig unzureichend. Sie beträgt in den Strafanstalten 1471, in den Gerichtsgefängnissen (Ried, Graz, Wr. Neustadt, Brüx, Reichenberg, Teschen, Troppau, Rovereto, Trient und Innsbruck) etwa 600 Zellen. Nach § 19 und § 253 St.G.B. sind bei beiden Formen der Kerker- und der Arreststrafe gewisse Verschärfungen zulässig. Nach der St.G.Novelle von 1867 muß bei Verurteilung zu schwerem Kerker (trotz § 50 auch bei Verurteilung zu lebenslänglichem schweren Kerker) auf eine dieser Verschärfungen erkannt werden. Auch schreibt das St.G.B. in einzelnen Fällen (§§ 155, 194 z. B.) Verurteilung zu verschärfter Freiheitsstrafe vor. Die längste Dauer der zeitlichen Kerkerstrafe beträgt 20 Jahre, ihre kürzeste Dauer 24 Stunden; Arrest ist regelmäßig bloß mit dem Maximum von 6 Monaten, in einzelnen Fällen (z. B. § 337 und Wuchergesetz) auch bis 1, 2 u. 3 Jahren angedroht; dessen kürzeste Dauer beträgt regelmäßig ebenfalls 24 Stunden (§ 247 vgl. jedoch auch § 260 Abs. 2).

Ein geeignetes Strafmittel insbesondere für Übertretungen ist auch die Geldstrafe, welche als accessorische Strafe auch bei Verbrechen und Vergehen eine umfassende Verwendung finden sollte. Als alleinige Strafe für schwere Delikte jedoch ist sie ungeeignet, weil sie in den meisten Fällen wegen Zahlungsunfähigkeit des Verurteilten unvollstreckbar ist, weil ihre Empfindlichkeit je nach den Vermögens- und Einkommensverhältnissen sowie nach der Charakteranlage des Verurteilten sehr variiert, weil man gar keine Gewähr dafür besitzt, daß die Geldstrafe nicht von einer von dem Verurteilten verschiedenen Person getragen werde und weil sie eine zu große äußere Ähnlichkeit mit anderen zwangsweise eingetriebenen Forderungen des Staates hat. Weniger als in anderen Strafen ist „in ihr der Pulsschlag der Gerechtigkeit zu fühlen" (Wahlberg). Als Nebenstrafe, als welche sie besonders bei allen auf Geiz oder Habsucht beruhenden Deliktsfällen sehr wirksam sein könnte, wird sie im geltenden Rechte nur selten und nicht gerade immer an dem entsprechendsten Orte verwendet (§ 221 St.G.B. Wuchergesetz, Wehrgesetz, Sprengstoffgesetz, Autorrecht, Markenschutzgesetz, Patentgesetz). Das Minimum derselben (meist 5 Gulden) ist zu hoch, das Maximum (meist 500 Gulden) zu niedrig. Regelmäßig fällt ihr Ertrag dem Armenfonde des locus delicti commissi zu, selbst wenn derselbe im Auslande gelegen ist (Ausnahme im Tierseuchengesetz). Bei Lebzeiten des Verurteilten rechtskräftig gewordene Geldstrafen werden arg. a contr. § 548 a. b. G.B. auch in den Nachlaß vollstreckt. Würde die gesetzlich angedrohte Geldstrafe „den Vermögensumständen oder dem Nahrungsbetrieb des zu Verurteilenden oder seiner Familie zu empfindlichem Abbruch gereichen", so ist nach § 260a auf Geldstrafe überhaupt nicht zu erkennen, sondern an deren Stelle auf eine angemessene, verhältnismäßige Arreststrafe. Für diesen Fall stellt das Gesetz als Regel den fixen Umwandlungsmodulus 5 fl. = 1 Tag einfachen Arrestes auf (anders im Wuchergesetz 10 Gulden = 1 Tag). Ist eine Übertretung alternativ mit Geld- oder Arreststrafe bedroht, so darf auch im Wege der Umwandlung der Geldstrafe keine das Maximum der alternativ angedrohten Freiheitsstrafe überschreitende Arreststrafe verhängt werden. Mit Rücksicht auf den Fall zweifelhafter Einbringlichkeit der Geldstrafe ordnet § 1 M. Vdg. 11. Februar 1855 (bei § 409 St.P.O. vgl. § 266 St.P.O.) an, daß „zugleich jene Arreststrafe auszusprechen ist, welche im Falle der Uneinbringlichkeit der Geldstrafe nach § 260 St.G.B. an deren

Stelle zu treten hat". Leider ist diese Vorschrift absolut aufgestellt, so daß sie also auch in jenen Fällen befolgt werden muß, in welchen die Einbringlichkeit nicht im geringsten zweifelhaft ist. Ratenweise Abstattung der Geldstrafe ist nicht verboten, aber auch nicht ausdrücklich zugelassen. Umwandlung der Geldstrafe in Arreststrafe ist ausgeschlossen nach dem Bankstatut v. 21. Mai 1887 Art. 4. Ganz verschieden von der Geldstrafe ist die „Geldbuße" des Markenschutzgesetzes 1890 § 27 und die derselben sehr nahekommende „Entschädigung" des G. über das Autorrecht 1896 § 57 und des Patentgesetzes 1897 § 103. Diese Buße ist Schadenersatz und nicht Strafe. Bedauerlicherweise fehlt eine allgemeine Norm darüber, daß und unter welchen Voraussetzungen „scelere quaesita" sowie zur Ausführung von Verbrechen bestimmte oder verwendete Sachen eingezogen werden sollen. Doch enthalten u. a. der II. Teil St.G.B., Urheberrecht, Lebensmittelgesetz und Waffenpatent § 47 manche einschlagende Specialvorschriften. Verschieden von den Ehrenstrafen früherer Gesetzgebungen sind die „Ehrenfolgen" und Verwirkungen des modernen Rechtes, die die §§ 26 und 27 St.G.B. regeln. Dieselben betreffen wenigstens hinsichtlich der den Civilstrafgesetzen unterstehenden Personen seit der Aufhebung der lit. b des § 27 St.G.B. (vgl. § 61 und 574 a. b. G.B.) durch die Novelle vom 15. November 1867 der Hauptsache nach nur mehr die öffentliche Stellung der Verurteilten. Sie treten ex lege ein, ohne besonderer Enunciation im Urteile zu bedürfen (außer im Falle des Adelsverlustes). Sie treten bei jeder Verurteilung wegen eines „Verbrechens" ein; nur der Verlust des Adels für den Verurteilten selbst und die nach Rechtskraft des Urteiles von ihm erzeugten Kinder erfolgt bloß bei Verurteilung zu schwerem Kerker. Mit der Verurteilung wegen Vergehen und Übertretungen sind Ehrenfolgen zwar nicht nach dem St.G.B., wohl aber nach manchen Specialgesetzen verknüpft. Die Dauer der Ehrenfolge ist durch Nov. 15. Nov. 1867 geregelt. Bei 10 in § 6 derselben angeführten Verbrechen (hauptsächlich absolut politischer Natur, bei Duell, bei Tötungen und schweren körperlichen Beschädigungen in einem Raufhandel und bei Begünstigung eines Deserteurs) erlöschen dieselben mit dem Ende der Strafzeit; 2. bei allen übrigen Verbrechen erlöschen die Ehrenfolgen nach 5 bzw. 10 Jahren nach Abbüßung oder Erlassung der Freiheitsstrafe; 3. bestimmt die Novelle, daß bei den Übertretungen des Diebstahls, der Veruntreuung, der Teilnehmung an beiden, des Betruges (sowie seither auch bei Wucher und Exekutionsvereitelung) die Ehrenfolgen in 3 Jahren erlöschen sollen. Obwohl § 6 Nov. diese Anordnung auch auf die nach § 26 St.G.B. eintretenden Rechtsfolgen bezieht, gilt sie dennoch nicht hinsichtlich dieser, da solche Rechtsfolgen bei Übertretungen überhaupt nicht eintreten, sie kann vielmehr nur von den durch Specialgesetze in betreff gewisser Übertretungen (aus Gewinnsucht oder gegen die Sittlichkeit) verhängten Rechtsfolgen gelten (vgl. verb. „nur mehr" in § 6 a. A., § 9 über die rückwirkende Kraft der Novelle, die mildernde Tendenz derselben; vgl. auch S.H. 187); 4. sofern bei anderen Vergehen und Übertretungen (insbesondere bei solchen gegen die Sittlichkeit) in Kraft von Specialgesetzen Rechtsfolgen eintreten, erlöschen dieselben mit dem Ende der Strafzeit. Das Erlöschen dieser Straffolgen bedeutet keineswegs ein Wiederaufleben der verwirkten Rechte, sondern bloß die Gestattung ihrer Wiedererwerbung in der dafür maßgebenden Art.

Unter Umständen kann bzw. muß das Gericht noch weitere Beschränkungen, welche insbesondere die persönliche Freiheit des Verurteilten betreffen, verhängen oder für zulässig erklären: 1. Landesverweisung und Abschaffung (§§ 25 u. 249 St.G.B.); 2. Polizeiaufsicht (G. 10. Mai 1873 § 4, § 9); 3. Verweisung in eine Zwangsarbeitsanstalt oder hinsichtlich Jugendlicher in eine Korrektionsanstalt (G. v. 24. Mai 1885). Ausweisung (§ 25 vgl. § 407 St.P.O.) aus dem gesamten Gebiet der im Reichsrate vertretenen Länder kann (als Strafverschärfung oder Nebenstrafe) nur gegen Ausländer ausgesprochen werden und gilt für Lebenszeit (auch gegen Ungarn). Sie ist in manchen Fällen obligatorisch, in anderen fakultativ. Auf Abschaffung aus einem Kronlande oder aus einem bestimmten Orte (§ 249) kann wegen gewisser Vergehen und Übertretungen, nicht aber wegen Verbrechen (vgl. jedoch Sprengstoffgesetz § 11) auch gegen Inländer erkannt werden, jedoch mit Ausnahme des Ortes, in welchem sie zur Zeit der Abschaffung heimatberechtigt sind. Abschaffung aus dem ganzen Geltungsgebiet des Gesetzes findet nur gegen Ausländer und auf Lebenszeit statt, in manchen Fällen ist sie obligatorisch; die Abschaffung aus einem Teile des Gebietes erfolgt auf bestimmte Zeit oder für immer. „Reversion" des Ausgewiesenen oder Abgeschafften ist nach § 323 strafbar (E.H. 1304).

Stellung unter Polizeiaufsicht soll vom Gericht für zulässig erklärt werden in betreff jener Personen, welche wegen Münz= oder Kreditpapierfälschung, oder wegen irgend eines Deliktes gegen fremdes Eigentum zu einer mehr als sechsmonatlichen (daher auch nach § 85 oder wegen Wuchers, nicht aber nach § 305) oder wiederholt zu kürzeren Freiheitsstrafen verurteilt werden, sowie hinsichtlich jener, welche nach den §§ 3—8 Sprengstoffgesetzes oder wegen Landstreicherei zu irgend einer Strafe verurteilt werden, sofern sie für die Sicherheit des Eigentums gefährlich erscheinen (§§ 4 u. 5 G. v. 10. Mai 1873). Die Wirkungen der thatsächlich erfolgten, durch die politische Behörde zu verfügenden Stellung unter Polizeiaufsicht regelt § 9 des cit. Gesetzes.

Während früher die Abgabe gewisser Personen in Zwangsarbeitsanstalten dem Ermessen der Verwaltungsbehörden anheimgestellt war, bestimmte das Gesetz v. 10. Mai 1873, daß in Zukunft diese Abgabe nur hinsichtlich derjenigen geschehen dürfe, in betreff deren das Gericht sie für zulässig erklärt hat. Die gegenwärtig geltenden Bestimmungen enthält Ges. 24. Mai 1885, nach welchem die Abgabe für zulässig erklärt werden kann gegen jene Personen, die wegen Landstreicherei, wegen Bettelns, wegen mit der Prostitution zusammenhängenden Übertretungen oder wegen der Übertretung der §§ 3, 4, 5 Abs. 2 des Ges. v. 24. Mai 1885 oder des § 3 Ges. v. 10. Mai 1873 oder wegen Bruches der Polizeiaufsicht verurteilt werden. Die thatsächliche Ablieferung erfolgt auf Anordnung einer politischen Kommission, die auf Grund der Akten entscheidet. Um die praktische Durchführung letzterer Bestimmung zu ermöglichen, bestimmt § 8 Ges. v. 24. Mai 1885 R.G.Bl. Nr. 90, daß der zur Zwangsarbeitsanstalt „Notionierte" vom Gerichte noch 4 Wochen „nach Beendigung seiner Strafzeit" in Verwahrung gehalten werden könne. Minderjährige unter 18 Jahren sind statt an die Zwangsarbeitsanstalt in eine Korrektionsanstalt abzugeben. Anhaltung in der Zwangsarbeitsanstalt darf nicht über 3 Jahre, in der Korrektionsanstalt nicht über das 20. Lebensjahr hinaus erfolgen.

Hinsichtlich Unmündiger (unter 14 Jahren), die wegen irgend einer objektiv verbrecherischen Handlung nach § 270 verurteilt werden, kann das verurteilende Gericht die Zulässigkeit ihrer Abgabe an eine Besserungsanstalt aussprechen (§ 8 Abs. 1 cit. G.).

Ganz verschieden von dieser wegen gewisser Übertretungen Minderjähriger und wegen aller objektiv verbrecherischen Handlungen Unmündiger zulässigen „korrektionellen Nachhaft" ist die Überweisung Unmündiger, die sich einer objektiv als Vergehen oder Übertretung anzusehenden Handlung schuldig gemacht haben, an Besserungsanstalten nach § 8, Abs. 2 cit. Ges. (vgl. oben S. 15). Dieselbe ist (ebenso wie die ins Gebiet des Familienrechtes gehörende Maßregel des § 16 Abs. 2 cit. Ges. R.G.Bl. 90) keine Strafe, sondern ein dem Verwaltungsrecht angehörender Akt der Fürsorge (vgl. J.M.E. 10. Oktober 1893 u. a. b. G.B. §§ 178 u. 217). Untersuchung und Feststellung des betreffenden Vergehens= oder Übertretungsthatbestandes gehört in diesem Falle daher nicht zur Kompetenz der Gerichte, sondern der Behörden politischer erster Instanz.

Als Straffolge kann es noch in Betracht kommen, daß, ebenso wie nach P.G. § 39, das Gericht auch nach den Gesetzen über das Urheberrecht § 58, über den Markenschutz § 27 und über das Patentrecht § 104 auf Begehren der Verletzten demselben die Befugnis zur Veröffentlichung des kondemnierenden Urteiles auf Kosten des Verurteilten zusprechen kann. Ebenso kann das Gericht bei Verurteilungen nach dem Lebensmittelgesetze 16. Januar 1896 § 21 auf die öffentliche Bekanntmachung des Urteils auf Kosten des Schuldigen erkennen. Ob der in §§ 414, 417 und 419 angeführte Verweis als Strafe anzusehen ist, wird durch § 240 zweifelhaft.

Im Jahre 1895 wurden verurteilt zu lebenslänglichem Kerker: 3, zu Kerker von 15—20 Jahren: 14, von 10—15 Jahren: 48, von 5—10 Jahren: 305, von 3—5 Jahren: 482, von 2—3 Jahren: 468, von 1—2 Jahren: 2416, von 6 Monat bis 1 Jahr: 3458, von 3—6 Monaten: 6740, von 1—3 Monaten: 11778; zu Kerker unter 1 Monat: 2916. Wegen Vergehen verurteilt zu Arrest von mehr als 3 Monaten: 122. zu Arrest von 1—3 Monaten: 432, von 8 Tage bis 1 Monat: 1412 und von 8 Tagen und darunter 1269. Wegen Übertretungen wurden verurteilt zu Arrest über 3 Monaten: 313, von 1—3 Monaten: 9106, über 8 Tage bis 1 Monat: 62 115, von 8 Tagen und darunter: 321 124. Zu Geldstrafe wurden (wegen Vergehen und Übertretungen) verurteilt: 128 742 Personen.

Unter den wegen Verbrechen im technischen Sinne Verurteilten befanden sich 1895: 5976 Jugendliche im Alter zwischen 14—20 Jahren (gegen 5405 im Jahre 1881) und 6442 Rückfällige (d. h. solche, welche früher schon mindestens einmal wegen eines „Verbrechens", nicht bloß eines Vergehens oder Übertretung bestraft worden waren). Die Zahl der jugendlichen Verbrecher ist in steter Zunahme, jene der Rückfälligen in dem angeführten Sinne des Wortes in Abnahme, sie betrug im Quinquennium 1891—1895: 23,6%, während sie im Quinquennium 1866—1870: 27,4% der Gesamtzahl der wegen Verbrechen Verurteilten ausmachte.

§ 14. Strafzumessung.

Während bei der im Gesetze absolut angedrohten Todesstrafe dem Richter die Auswahl der im konkreten Falle zu verhängenden Strafe versagt und erspart ist und die Entscheidung über die Frage, ob dieselbe zur Vollstreckung gelangen solle, ausschließlich der Begnadigungsinstanz vorbehalten ist (vgl. § 341 St.P.O.), hat der Richter in anderen Fällen (vgl. jedoch § 379 u. § 386, C.H. 1974) ein Wahlrecht zwischen mehreren Strafarten oder verschiedenen Maßen derselben Strafart. So enthält der Strafsatz 1—5 Jahre Kerker $4 \times 365 + 1 = 1461$ verschiedene Strafpositionen. Trotz scheinbar absoluter Androhung folgt doch aus § 338 St.P.O., daß auch hinsichtlich der lebenslangen Kerkerstrafe der Richter eines Wahlrechtes nicht entbehrt. Für die Ausmessung der im konkreten Falle zu verhängenden Strafe innerhalb jenes Strafrahmens (Latitude) stellen St.G.B. § 43 ff. eine Reihe von Direktiven auf, welche den Richter, ohne ihn zu binden, zu leiten bestimmt sind. Verschieden von diesen Strafzumessungsgründen sind jene qualifizierenden und privilegierenden Umstände des besonderen Teiles, welche einen höheren oder niedrigeren Strafsatz bedingen. Besondere Bestimmungen stellt St.G.B. § 269 ff. für die Behandlung der objektiv verbrecherischen Handlungen Unmündiger auf (vgl. oben S. 15). Dieselben werden mit „Verschließung an einem abgesonderten Verwahrungsorte", der also auch äußerlich von sonstigen Haftlokalen getrennt sein sollte, bis zu 6 Monaten bestraft, woran sich die vom Gerichte allenfalls für zulässig erklärte Abgabe in eine Besserungsanstalt (bis zum Ende des 20. Jahres) nach dem Ges. v. 24. Mai 1885 anschließen kann. Jugendliches Alter (bei Verbrechen bis zum 20. Jahre, bei Vergehen und Übertretungen zufolge § 264a nur ein der Unmündigkeit nahes Alter) gilt nur als Milderungsgrund und schließt außerdem nach § 52 Todesstrafe und lebenslängliche Kerkerstrafe aus.

Mit Rücksicht darauf, daß die Strafsätze unseres G.B. aus einer Zeit stammen, welche Verbrechen mit weit größerer Strenge beurteilte als die gegenwärtige, läßt das geltende Recht (St.G.B. § 54 und St.P.O. § 338) durch das außerordentliche Milderungsrecht auch ein Herabgehen unter das Minimum des (im besonderen Teile des St.G.B. auf die betreffende Deliktsart) angedrohten Strafsatzes zu. Im Jahre 1895 wurde dieses außerordentliche Milderungsrecht auf 55,3% sämtlicher wegen Verbrechen Verurteilter angewendet. Ähnliche Bestimmungen enthält für Vergehen und Übertretungen § 266, während § 261 bei besonders berücksichtigungswürdigen Umständen sogar die Umwandlung einfacher Arreststrafe in eine den Vermögensumständen angemessene Geldstrafe zuläßt. Das Maximum dieser Geldstrafe ist gesetzlich nicht fixiert; für die Rückumwandlung derselben in eine Arreststrafe für den Fall der Zahlungsunfähigkeit des Verurteilten gilt der Satz, 1 Tag Arrest = 5 Gulden Geldstrafe, nicht. Verschieden von der außerordentlichen Milderung ist die Strafumwandlung des § 55 und § 260 lit. b, welche nicht den Zweck einer Milderung, sondern den des Ersatzes längerer Freiheitsstrafe durch eine kürzere, aber verschärfte gleich empfindliche Strafe verfolgt. Ebenso soll nach § 260 lit. a an Stelle einer Geldstrafe, welche den Vermögensumständen oder dem Nahrungsbetrieb des Verurteilten oder seiner Familie zum empfindlichen Abbruch gereichen würde, auf verhältnismäßige Arreststrafe im Ausmaße von 1 Tag = 5 Gulden erkannt werden. Bei richtiger Anwendung dieser Bestimmung wäre also in den meisten Fällen von zu erwartender Zahlungsunfähigkeit von vornherein gar nicht auf Geldstrafe, sondern sofort auf Arrest zu erkennen.

Besondere Schwierigkeiten bietet die Strafzumessung im Falle der Konkurrenz mehrerer Verbrechen, sei es daß dieselben von einander unabhängige selbständige Straftaten sind (Realkonkurrenz) oder daß eine und dieselbe That gleichzeitig unter verschiedene Delikts=

begriffe subsumiert werden muß, um sie ihrer strafrechtlichen Bedeutung nach vollständig zu erfassen (Idealkonkurrenz). Obwohl im letzteren Falle nur Eine Handlung vorliegt, so kann diese Eine Handlung doch gleichzeitig mehrere Verbrechen konstituieren, wenn sie nach verschiedenen Richtungen in Relation zum Strafgesetze steht. Wie ein und derselbe Mensch zugleich Vater und Verbrecher sein kann, so kann auch seine That zugleich Notzucht und Blutschande sein. In allen übrigen Richtungen (prozessuale Verfolgung, res judicata z. B.) ist eine solche That auch rechtlich als Einheit aufzufassen. Von bloßer „Gesetzeskonkurrenz" (vgl. C.H. 1942) unterscheidet sich die Idealkonkurrenz dadurch, daß bei jener die That schon durch Subsumtion unter Einen Deliktsbegriff, nämlich unter den specielleren (Kindesmord im Gegensatz zum Morde z. B.) in strafrechtlicher Beziehung vollkommen gewürdigt ist. Idealkonkurrenz liegt auch vor, wenn durch Eine That mehrere Erfolge gleicher Art herbeigeführt werden. Doch ist hiebei zu beachten, daß das Princip der Individualisierung nicht bei allen Verbrechensarten dasselbe ist. Während die Individualisierung bei Verbrechen gegen die Persönlichkeit als solche in der Person des Verletzten gelegen ist, erfolgt dieselbe bei Vermögensdelikten durch die Thätigkeit des Angreifers. Es ist daher „Ein" Diebstahl, wenn jemand aus einer Theatergarderobe die Überröcke von 4 verschiedenen Personen stiehlt, es sind aber mehrere Diebstähle, wenn er nach und nach derselben Person verschiedene Sachen entwendet. Es wäre zu hart, bei konkurrierenden Verbrechen die für jedes einzelne derselben ohne Rücksicht auf die übrigen ausgemessenen Strafen einfach zu kumulieren und, soweit dies ausführbar wäre, nacheinander zu vollziehen; es wäre aber zu mild, nur die schwerste Strafe ohne jede Rücksicht auf die Strafbarkeit der übrigen Thaten zu verhängen. Unser Gesetz wählt einen Mittelweg, indem § 34 vorschreibt, daß der Thäter „nach jenem Verbrechen zu bestrafen ist, auf welches die schärfere Strafe gesetzt ist," jedoch „mit Bedacht auf die übrigen." Dieser Grundsatz paßt zur Not auf jene Fälle allogener Konkurrenz, in welchen das eine Delikt unter einen höheren, das andere unter einen niedrigeren Strafsatz fällt. Er versagt aber in Fällen der homogenen Konkurrenz, da das Maximum des Strafsatzes nicht überschritten werden darf, und dieses möglicherweise schon wegen des einen der mehreren Delikte verhängt werden sollte (Ausführung in Öst.G.Z. 1891. N. 50). Ob die längere Strafe einfachen Kerkers auch heute noch als milder anzusehen ist als die kürzere schwere Kerkerstrafe, wie C.H. 604 annimmt, ist zweifelhaft, hingegen ist Arreststrafe jedenfalls als leichter anzusehen als Kerker. Durch St.P.O. § 265 ist bestimmt, daß diese Grundsätze analog auch dann zur Anwendung kommen, wenn der Angeklagte wegen einer Strafthat bereits abgeurteilt ist und nachher erst eine andere vor der Fällung jenes Strafurteils begangene Strafthat aufkommt. Auch in diesem Falle darf das Maximum des strengeren Strafsatzes nicht überschritten, also höchstens auf eine die frühere Strafe zu diesem Maximum ergänzende Zusatzstrafe erkannt werden. Es gilt dies auch, wenn die erste Strafe bereits völlig verbüßt ist oder erlassen wurde und auch, wenn das eine Delikt zur Kompetenz der Militär-, das andere zu jener der Civilgerichte gehört (§ 5 G. über die Militärgerichtsbarkeit 20. Mai 1869), hingegen nicht, wenn das zweite Delikt erst nach Fällung des zweiten Urteiles begangen wird, mag auch der Vollzug der beiden Strafen sich völlig aneinander schließen.

Ähnliche Grundsätze stellt für Konkurrenz von Verbrechen mit Vergehen und Übertretungen § 35, für Konkurrenz von Vergehen und Übertretungen untereinander § 267 auf. Hingegen gelten folgende Ausnahmen von diesen Grundsätzen:

1. Hinsichtlich des Zusammentreffens von Todes- oder Freiheitsstrafe mit Geldstrafe oder der Strafe des Verfalles von Gegenständen, indem diese Strafarten kumuliert werden (§ 35 Abs. 2 aE. und § 267 Abs. 2). Wird in diesem Falle die mit der Kerkerstrafe kumulierte Geldstrafe ihrer Uneinbringlichkeit wegen in Arreststrafe umgewandelt, so sind beide Arten der Freiheitsstrafe successive zu vollziehen (C.H. 1109).

2. Findet Absorption der Freiheitsstrafe durch die Todesstrafe statt, wenn jemand durch gleichzeitiges Urteil zur Todesstrafe und zu einer Freiheitsstrafe zu verurteilen wäre. Denn es wäre eine unzulässige Verschärfung der Todesstrafe, den zum Tode Verurteilten vorher noch eine Freiheitsstrafe ausstehen zu lassen. Hingegen halte ich es für unrichtig, mit C.H. aus § 50 auch die Konsequenz abzuleiten, daß der eines Kapitalverbrechens Schuldige

dadurch), daß er nach dessen Begehung eine, sei es auch noch so geringfügige Freiheitsstrafe wegen einer anderen That verbüßt hat, von der Verhängung der Todesstrafe befreit werde. § 50 St.G.B. (§ 43 von 1803) wollte bloß die „innere" Verschärfung der Todesstrafe, wie sie früher durch Ausstellung des zum Tode Verurteilten am Pranger üblich war, verbieten. Nachdem diese Verschärfung auch hinsichtlich der Kerkerstrafe, bei der sie zufolge St.G.B. 1803 noch zulässig blieb, durch G. v. 22. Mai 1848 aufgehoben worden, hatte dieses Verbot der Verschärfung der Todesstrafe seinen eigentlichen Sinn verloren, ging aber trotzdem in die revidierte Ausgabe von 1852 über. (Nähere Ausführungen G.Z. 1897 Nr. 7.) Nur für den Fall will C.H. 1132 die Verurteilung zum Tode zulassen, in welchem der des Mordes Schuldige jenes andere Delikt, um dessenwillen er nach Verübung des Mordes eine Freiheitsstrafe verbüßt hat, in Wirklichkeit gar nicht begangen hatte. Nur eine früher erlittene „Strafe", und nicht auch ein unverschuldet erlittenes Übel soll nämlich die Verhängung der Todesstrafe ausschließen!

3. Eine Ausnahme von dem Principe des § 267 ergiebt sich aus § 173 hinsichtlich der Behandlung konkurrierender Diebstähle, indem das Gesetz mehrere an sich als Übertretungen zu behandelnde Einzeldelikte zu einer Einheit zusammenfaßt und, wenn nur die Summe des durch alle zusammen bewirkten Schadens die „Kriminalitätsgrenze" erreicht, als Verbrechen behandelt. Die Praxis wendet dies auch bei Betrug, Veruntreuung und Sachbeschädigung an.

Das Princip der Zusammenfassung konkurrierender Delikte unter den Strafsatz des schwersten derselben gilt schließlich nur von solchen Delikten, welche sämtlich zur gerichtlichen Kompetenz gehören, nicht auch von Gerichtsdelikten und Gefällsübertretungen (vgl. auch Gewerbeordnung § 136).

Das Gegenbild der Idealkonkurrenz bilden die Fälle der Zusammenfassung mehrerer an und für sich selbständiger Delikte zu einer rechtlichen Einheit. Eine solche erfolgt beim fortdauernden und fortgesetzten Verbrechen. Als fortdauernde Verbrechen, bei denen die verbrecherische Thätigkeit in der Aufrechterhaltung eines rechtswidrigen Zustandes besteht und daher solange fortdauert als dieser Zustand erhalten wird, behandelt unser Gesetz die unbefugte Gefangenhaltung (§ 93), die Teilnehmung durch Verhehlung (§ 185), die Veruntreuung durch Vorenthalten einer anvertrauten Sache (§ 181, 183), den Besitz von Sprengstoffen. Bei diesen Delikten kann es geschehen, daß ein ursprünglich nicht strafbares Verhalten durch mala fides superveniens von dem Eintritte derselben an strafbar wird. Bigamie ist kein fortdauerndes, sondern ein bloß fortwirkendes Verbrechen, weil das Verbleiben in dem bigamischen Verhältnisse nur als Wirkung des Verbrechens und nicht als verbrecherische Thätigkeit in Betracht kommt. Deshalb ist nicht strafbar, wer bona fide eine Putativehe mit einem in gültiger Ehe Lebenden geschlossen hat und das Zusammenleben fortsetzt, nachdem er von jener früheren Ehe seines „Gatten" Kenntnis erhalten hat, während der Depositar von dem Zeitpunkte an, wo er erfahren hat, daß die bei ihm deponierte Sache gestohlen ist, wenn er sie trotzdem in Verwahrung behält, der Teilnehmung am Diebstahle schuldig wird.

Fortgesetztes Verbrechen (im engsten Sinne des Wortes) liegt vor, wenn eine Mehrheit von Akten, deren jeder für sich allein den Thatbestand eines Deliktes begründen würde, zu einem einheitlichen Verbrechen zusammengefaßt wird, so die mehreren Schimpfworte, die jemand bei ein und derselben Gelegenheit gegen eine bestimmte Person ausgestoßen hat. Die Verurteilung wegen eines Teiles dieser Akte konsumiert grundsätzlich auch die Strafbarkeit der übrigen Einzelakte, die vielleicht erst später bekannt werden. (Nicht ganz richtig die Formulierung des aus C.H. 1099 abgeleiteten Rechtssatzes.) Nur wenn bei Berücksichtigung dieser später bekannt werdenden Akte die That unter eine andere kriminalistische Kategorie zu subsumieren wäre, so daß Anlaß zur Wiederaufnahme des Strafverfahrens (§ 356 St.P.O.) vorläge, könnten dieselben später noch Berücksichtigung finden. Der von manchen Theoretikern aufgestellte weitere Begriff des „fortgesetzten" Verbrechens hat in unserem St.G.B. keine Anerkennung gefunden.

Zweites Buch. Besonderer Teil.

Erster Abschnitt.
Strafbare Handlungen gegen Rechte und Interessen Einzelner.

§ 15. Verbrechen gegen Leib und Leben.

1. Tötungen.

I. **Mord und Totschlag** unterscheiden sich nach österreichischem Recht seit 1803 durch die Absicht des Thäters, welche im ersten Falle (direkt oder eventuell, a. M. Löffler) auf Tötung gerichtet ist, im letzteren Falle nur „eine andere feindselige Absicht" gegen die Person des Angegriffenen sein darf. Der für den Totschlag charakteristische dolus indirectus erhält in § 140 eine besondere Gestaltung, indem der auf einen anderen strafrechtswidrigen Erfolg gerichtete böse Vorsatz, wie er nach § 1 genügen würde, als eine feindselige, der Absicht, den Angegriffenen zu töten, entgegengesetzte Absicht determiniert wird, woraus wohl gefolgert werden darf, daß der Totschläger einen Angriff **auf den Körper** und zwar **gerade desjenigen** beabsichtigt haben muß, dessen Tod erfolgt ist. Mögliches Objekt des Mordes oder Totschlages ist mit einziger Ausnahme des regierenden Souveräns (vgl. § 58 a St.G.B.) jedes vom Weibe geborene, bereits selbständig lebende (atmende) Wesen ohne Unterschied, ob es zu weiterem Leben fähig ist oder nicht. Selbstmord allerdings und Selbstmordversuch sind seit 1850 in Österreich nicht mehr strafbar, wohl aber Mitschuld am Selbstmorde eines Anderen nach der allgemeinen Strafdrohung des § 335 gegen jede Gefährdung fremden Lebens (so auch C.H. 501. a. M. Finger).

Was den Kausalzusammenhang betrifft, so sind hinsichtlich des Mordes ausdrücklich gewisse oben § 9 bereits erörterte Grundsätze aufgestellt, welche, obwohl § 134 auch in § 140 citiert ist, nur mit einigen aus § 1 folgenden Einschränkungen auch auf den Totschlag angewendet werden dürfen. Da der Totschlag „Verbrechen" ist, kann er nur zugerechnet werden, sofern „böser Vorsatz" im Sinne des § 1 vorliegt, und da es sich bei diesem Verbrechen um einen indirekten bösen Vorsatz handelt, nur insofern als der Kausalzusammenhang zwischen Handlung und Erfolg kein ganz singulärer ist (§ 1 a. E.). Da nun aber § 134 mit Recht den Richter anweist, den Fall nicht in abstracto, sondern nach seiner konkreten Gestalt zu beurteilen, wird man bei Berücksichtigung der Normen sowohl des § 1 als des § 134 zu dem Resultate kommen, daß Totschlag zuzurechnen sei, wenn die körperliche Beschaffenheit des Verletzten, welche in concreto sich als Bedingung des tödlichen Ausganges darstellt, eine nicht ganz ungewöhnliche, abnorme ist, beziehungsweise, wenn die den letalen Ausgang verursachenden zufälligen Umstände und Zwischenursachen ebenfalls solche sind, welche bei einem Angriffe dieser Art häufig vorhanden sind oder hinzutreten, während in den anderen Fällen Totschlag nicht zugerechnet werden dürfe. Läge also der Grund des tödlichen Ausganges darin, daß der Angriff sich gegen ein Kind oder gegen eine Schwangere richtete, oder daß er mit einem unreinen Messer erfolgte, durch dessen Gebrauch

Pyämie herbeigeführt wurde, so wäre Totschlag zuzurechnen. Hätte der tödliche Ausgang seine Ursache aber in einem dem Angegriffenen eigentümlichen organischen Fehler oder in ungeschickter Behandlung durch einen Kurpfuscher, so wäre trotz des Todes nur die vom Thäter beabsichtigte Körperverletzung zuzurechnen (teilweise a. M. C. H. 457, 642, 1097 vgl. auch C.H. 68, 337). In keinem Falle ist Voraussehbarkeit des Erfolges (Geyer, Wahlberg, Finger) oder gar thatsächliches Vorausgesehenhaben desselben (Löffler) notwendig (Glaser, C.H.). Die Mittel der Verübung sind dieselben bei Totschlag wie bei Mord, insbesondere ist auch Gift als Mittel des ersteren Verbrechens nicht ausgeschlossen. Versuch kommt bei Totschlag nicht in Betracht; wohl aber Anstiftung und Beihilfe. Aberratio schließt bei Mord Zurechnung des Verbrechens als vollendeten nicht aus, wohl aber bei Totschlag.

Während der vollbrachte Mord an dem Thäter, dem „Besteller" und den unmittelbar Mitwirkenden absolut mit Todesstrafe bedroht ist (§ 136), unterscheidet das Gesetz hinsichtlich der Bestrafung des Mordversuches und der Strafbarkeit entfernterer Mitschuldiger oder Teilnehmer (§ 5 St.G.B.) zwischen gemeinem Morde und qualifizierten Fällen des Mordes (§§ 137 u. 138). Totschlag ist nur im Falle des räuberischen Totschlages an denjenigen, welche zur Tötung, nicht bloß zum Raube mitgewirkt haben, mit dem Tode bedroht (§ 141).

II. Keine besondere Art des Mordes ist der „Kindesmord". Es stellt vielmehr das Gesetz nur die That der Mutter, welche ihr (eheliches oder uneheliches) neugeborenes Kind (durch aktive Thätigkeit oder durch Unterlassung der möglichen Abwendung der mit dem Geburtsvorgange verbundenen Lebensgefährdung) vorsätzlich tötet, unter ein milderes Strafgesetz. Vorausgesetzt ist, daß die mörderische Thätigkeit der Mutter während der Geburt, d. h. während des Geburtsaktes oder unter der unmittelbaren Nachwirkung desselben unternommen wurde, mag auch der Tod des Kindes erst später eingetreten sein. Tötung vor dem Beginne selbständigen Lebens des Kindes fällt noch unter den Begriff der Abtreibung. Auf die Mutter findet dieses Strafgesetz auch Anwendung, wenn sie jemand Anderen zur Tötung des neugeborenen Kindes anstiftet; auf Mitschuldige der Mutter ist es unanwendbar. Kindestotschlag ist nicht besonders geregelt. Ebenso fehlt es an besonderen Bestimmungen für den Versuch des Kindesmordes. Für beide Fälle muß das außerordentliche Milderungsrecht aushelfen (vgl. die Polizeivorschrift des § 339).

III. Besondere Normen stellt § 143 für unvorsätzliche Tötungen bei einer Schlägerei bezw. in einem Raufhandel auf, wenn auf der einen Seite mehrere, d. h. mindestens zwei Personen beteiligt waren und sich der Wirkungsanteil einer jeden derselben nicht genau nachweisen läßt. Diese Normen sind rein subsidiärer Art. Würde der gemeinsam erfolgende Angriff in der gemeinsamen Absicht auf Herbeiführung eines schweren Erfolges unternommen sein, so wären alle wegen jenes Verbrechens schuldig zu sprechen, dessen Erfolg sie durch ihre gemeinsame Thätigkeit herbeizuführen bezweckten. Im Gegensatze zu diesem Falle handelt § 143 von einer Schlägerei oder von einer von mehreren Personen ausgehenden Mißhandlung eines Menschen, bei welcher die mehreren Angreifer entweder gar nicht durch eine gemeinsame Absicht verbunden waren oder nur einen leichten Verletzungserfolg beabsichtigten. (Es wäre verfehlt, aus den der jeweiligen species facti angepaßten Gründen der C.H. 601, 899, 1257 einen allgemeinen Rechtssatz abstrahieren zu wollen. Vgl. auch C.H. 2146.) Stirbt der Angegriffene infolge eines solchen Angriffes, so ist jeder, der ihm eine tödliche Wunde zugefügt hat, (d. h. eine Wunde, die unter den Umständen des konkreten Falles geeignet ist, den Tod zu bewirken), des Totschlages schuldig. Ist der Tod nur durch alle Verletzungen zusammen verursacht worden, so ist „jeder, der an den Getöteten Hand angelegt hat", wegen schwerer körperlicher Beschädigung strafbar; ebenso wenn sich nicht nachweisen läßt, wer von den mehreren Angreifern die tödliche Verletzung zugefügt hat. Doch trifft die erste dieser Bestimmungen, da sie als eine subsidiäre nur auf denjenigen anwendbar ist, dessen Wirkungsanteil sich nicht bestimmen läßt, nicht auch jenen, von dem es feststeht, daß er bloß eine leichte Verletzung zugefügt hat, während die zweite thatsächlich auf Alle, die Hand angelegt haben, anwendbar ist. Daß der Ausdruck „alle, welche an den Getöteten Hand angelegt haben" nicht durchaus wörtlich zu nehmen ist, ergiebt sich schon daraus, daß im entgegengesetzten Falle auch derjenige bestraft werden müßte, der jemandem in der Absicht, ihn aus dem Raufhandel herauszureißen, kulpos eine Verletzung zufügte, was dem § 1 wider=

streiten würde. Die Art des Angriffes ist gleichgültig; sie braucht nicht in unmittelbarer Handanlegung zu bestehen, der Angriff kann auch mit Werkzeugen oder Waffen, selbst mit in die Ferne wirkenden Waffen (C.H. 914) erfolgen. Nur auf Personen, welche nicht physisch mitwirken und nicht unmittelbar in den Kampf eingreifen, erstreckt § 143 sich nicht. Derjenige, der die mehreren Angreifer zu ihrem feindseligen Vorgehen gegen den Getöteten angestiftet hat, ist wegen Anstiftung zum Totschlage nach § 141, nicht nach § 143 zu bestrafen (vgl. C.H. 555).

IV. Als **Abtreibung der Leibesfrucht** bestrafen §§ 144 ff. sowohl die absichtliche Bewirkung einer Fehlgeburt (Ausscheidung eines noch nicht ausgereiften Embryo vor der 28. Woche) als die Tötung des Embryo im Mutterleibe. In beiden Fällen ist Tötungsvorsatz vorausgesetzt. Absichtliche Bewirkung der Frühgeburt eines vom Thäter für lebensreif gehaltenen Kindes ist nicht "Abtreibung" und zwar selbst dann nicht, wenn das Kind sofort nach der Ausscheidung stirbt. Gefährdungsvorsatz genügt nicht (C.H. 1412, a. M. C.H. 1004, Janka und Finger). Objekt ist der Embryo von der Konzeption bis zum Beginne selbständigen, durch die Atmung bekundeten Lebens. Als Schuldform ist dolus gefordert. Das Gesetz unterscheidet die mit Zustimmung der Schwangeren und die ohne oder gegen ihren Willen erfolgende Abtreibung (Redaktionsfehler in § 147 wider Wissen und Willen statt "wider Wissen oder Willen", C.H. 219). Als "Thäterschaft" der Mutter erscheint im ersten Falle bereits, daß sie die Vornahme der Abtreibungshandlung an ihrem Körper durch einen Anderen zuläßt. Kulpose Abtreibung ist im allgemeinen nicht strafbar, doch wäre auf Ärzte wohl § 356 anwendbar. Als Dolusform genügt im Falle der ohne oder gegen den Willen der Schwangeren erfolgenden Abtreibung (arg. "aus was immer für einer Absicht" § 147) auch der indirekte böse Vorsatz z. B. eine feindselige Absicht gegen die Mutter.

V. Ein besonderes Gefährdungsdelikt hinsichtlich solcher Kinder, welche, vermöge ihres Alters sich selbst Hilfe zu verschaffen nicht imstande sind, statuiert § 149 in der **Kindesweglegung**. Charakteristisch ist die Absicht, ein Kind der Gefahr des Todes auszusetzen oder auch nur seine Rettung (nicht aber bloß sein Schicksal, die Frage von wem es gerettet und aufgenommen werde) dem Zufall preiszugeben. Eine Ergänzung bildet in manchen Richtungen § 378 St.G.B.

VI. Gegen **vorsätzliche Gefährdung von Menschen** im allgemeinen richtet sich die Strafdrohung des § 87 gegen denjenigen, der durch eine aus Bosheit unternommene Handlung oder durch "geflissentliche" Außerachtlassung besonderer Berufspflichten in gewissen Betrieben, eine Gefahr für das Leben, die Gesundheit oder körperliche Sicherheit von Menschen (oder in größerer Ausdehnung für fremdes Eigentum) herbeiführt. Die Herbeiführung solcher Gefahr muß im Vorsatz des Thäters gelegen sein (a. M. C.H. 920), braucht sich aber wohl bloß auf die Gefährdung Eines Menschen, nicht gerade einer Mehrheit von Menschen zu beziehen. Würde der Tod eines bestimmten Menschen beabsichtigt sein, so wäre die That Mord bzw. Mordversuch (C.H. 1128, 1337, 1984, 2213). Der Dolus ist direkter Gefährdungs=, nicht indirekter Verletzungsvorsatz wie in § 85 b, c; der Kausalzusammenhang ist daher zu beurteilen wie beim Morde, nicht wie beim Totschlag.

Unrichtig dürfte es sein, wenn C.H. 168, 436, 450, 1102 des Verbrechens nach § 87 auch denjenigen für schuldig erachtet, der durch seine Reden oder durch sein Verhalten andere Personen in einen Zustand von Aufregung versetzt, infolgedessen diese letzteren gegen ihn oder gegen Dritte Gewaltthätigkeiten verüben, durch welche die von § 87 zu schützenden Rechtsgüter gefährdet werden. Abgesehen davon, daß in allen diesen Fällen Gefährdungsvorsatz auf seite des Angeklagten wohl fehlt, welchen C.H. 168 allerdings nicht für notwendig erachtet haben (vgl. jedoch § 1 St.G.B und auch C.H. 1102), dürften diese Entscheidungen verkannt haben, daß zufolge § 5 St.G.B. die Zurechnung eines durch das Verhalten eines Anderen herbeigeführten Erfolges zum Dolus nur in den Fällen der Anstiftung oder der mittelbaren Thäterschaft begründet ist. Auch würde § 483 St.G.B. dem der Auffassung des C.H. zu Grunde liegenden Gedanken widersprechen. Ob als Dolusform des § 87 einfache Vorsätzlichkeit genügt oder eine besondere "Bosheit" erfordert werde, wie der Wortlaut andeutet, ist bestritten. C.H. und die herrschende Theorie nehmen ersteres an (vgl. unten § 21). Einen besonderen Fall hebt § 4 Sprengstoffgesetz 1885 hervor, wonach ein Verbrechen begeht, wer vorsätzlich durch Anwendung von Sprengstoffen als Sprengmittel (vgl. unten § 22) Gefahr für das Eigentum, die Gesundheit oder das Leben eines Anderen herbeiführt. Auch die Pflichtversäumnis der im Betriebe von Eisenbahnen und anderen in § 85c bezeichneten Unternehmungen Angestellten fällt unter § 87 nur dann, wenn sie eine geflissentliche, vom Gefährdungsvorsatze durchdrungene war. Zur Ergänzung dient § 433.

Im Gegensatz zu dem Gefährdungsverbrechen des § 87 behandelt § 85 b und c ein Verbrechen des dolus indirectus. Wer „boshaft ein fremdes Eigentum beschädigt", wird nach § 85 eines Verbrechens schuldig, wenn entweder (lit. b) daraus in concreto eine Gefahr für das Leben, die Gesundheit, körperliche Sicherheit (oder in größerer Ausdehnung für fremdes Eigentum) entstehen kann oder wenn (lit. c) die boshafte Beschädigung an gewissen im Gesetze benannten Gegenständen erfolgt, deren Schädigung sich in abstracto als gefahrbrohend darstellt, oder wenn sie sonst unter besonders gefährlichen Verhältnissen verübt wurde. Auch hinsichtlich dieses Deliktes ist Gemeingefährlichkeit wohl nicht zu erfordern, sondern trotz des Plurals „Menschen" anzunehmen, daß Gefährdung eines Einzelnen genüge. Der Kausalnexus muß zufolge St.G.B. § 1 a. E. ein regelmäßiger sein. Die entstehende Gefahr ist in § 85b nur als Folge des Verbrechens vorausgesetzt und gehört nicht zum Thatbestand selbst, so daß sie nicht, wie im Falle des § 87, im Vorsatze des Thäters gelegen zu sein braucht. Voraussehbarkeit des Erfolges ist nicht notwendig (C.H. 320, vgl. auch C.H. 722 u. 388, wohl aber, arg. § 335, Einsehbarkeit der Gefährlichkeit, C.H. 1160, sodaß ein Irrtum des Angeklagten, vermöge dessen er die Ungefährlichkeit der Handlung annahm, seine Strafbarkeit zufolge § 2 lit. e ausschließen würde). Zu den Objekten des § 85c gehören bloß die dem Betriebe von Eisenbahnen u. s. w. unmittelbar dienenden Gegenstände, weil nur deren Beschädigung eine in abstracto gefährliche ist. (Verkannt von C.H. 217, 513; richtig die Entscheidungsgründe von C.H. 428.)

VII. Als Gefährdungsdelikt stellt sich auch der Zweikampf dar, dessen Begriff das St.G.B. als einen durch die gesellschaftlichen Anschauungen und die geschichtliche Entwicklung gegebenen ansieht und nur durch das eine Moment der „Töblichkeit" der verwendeten Waffen näher bestimmt. Zweikampf ist sonach der vereinbarte Kampf zweier Personen männlichen Geschlechtes mit duellmäßigen tödlichen Waffen unter Beobachtung hergebrachter bzw. innerhalb gewisser Grenzen vereinbarter Regeln. Der Begriff der Waffe ist hier nicht bloß im technischen Sinne zu nehmen, sondern auf kommentmäßige Waffen einzuschränken. Tödliche Waffen sind solche, welche bei der im konkreten Falle stattfindenden Art der Verwendung geeignet sind, ohne Voraussetzung besonderer Zwischenfälle tödliche Verletzungen zuzufügen. Die Schlägermensur ist daher regelmäßig nicht Duell. Im Unterschiede von den mittelalterlichen Turnieren, mit denen sie vielleicht zusammenhängt, ist sie nicht, wie diese es noch nach Theresiana Art. 83, § 9, Nr. 2 waren, straflos, sondern nach § 411, und im Falle feindseliger Absicht und schweren Erfolges nach § 152 strafbar. Verletzungen, welche mit vorsätzlicher Überschreitung der Duellregeln zugefügt werden, sind als selbständige Verbrechen zu beurteilen. Männliches Geschlecht ist zu fordern, weil der weibliche Ehrbegriff einer Rehabilitierung durch den Kampf selbst in jenen Fällen völlig unfähig ist, für welche die geschichtliche Entwicklung und die socialen Anschauungen eine solche in betreff der Mannesehre annehmen lassen (a. M. in allen Punkten Finger). Mit Rücksicht darauf, daß das Verbrechen des Zweikampfes bereits durch die Herausforderung zum Kampfe bzw. durch die Stellung des Herausgeforderten zum Beginne des Kampfes vollendet ist, läßt § 165 thätige Reue als Strafaufhebungsgrund zu. Die besonderen Bestimmungen, welche § 163 und § 164 hinsichtlich gewisser „Teilnehmer" am Zweikampfe aufstellen, schließen die Anwendbarkeit der Normen des § 5 St.G.B. hinsichtlich dieses Verbrechens nicht aus.

VIII. Nur dem Namen, keineswegs der Sache nach eine Abart des Duells ist das sogenannte „amerikanische Duell", die Verabredung zweier Personen, es einem Zufalle zu überlassen, welche von beiden der anderen gegenüber verpflichtet sein soll, sich selbst zu töten. Ein Kampf liegt hier nicht vor, weshalb § 158 unanwendbar ist. Jedenfalls ist eine solche Losung um das Leben eines der beiden Teilnehmer an beiden nach § 335 strafbar. Würde der Gewinnende gegen den Anderen Drohungen anwenden, um ihn zur Erfüllung seines eingegangenen Versprechens zu nötigen, so würde Erpressung nach § 98 St.G.B. (a. M. Glaser) und, wenn jene Drohungen den Grad eines unwiderstehlichen Zwanges angenommen, infolgedessen der Andere sich wirklich getötet hätte, mittelbare Thäterschaft eines Mordes vorliegen. Der Umstand, daß der Betreffende (durch das Losen) auch sein Leben einer Gefahr aussetzt, schließt die Anwendbarkeit des Mordbegriffes nicht aus.

IX. Eine besondere Strafdrohung gegen kulpose Tötung fehlt in unserem Gesetze, denn § 335, welcher sich allerdings auch und zwar sogar hauptsächlich gegen dieselbe kehrt, bedroht einen allgemeineren Thatbestand, nämlich jede nicht durch besondere Momente qualifizierte Gefährdung des Lebens, der Gesundheit oder körperlichen Sicherheit eines Anderen, die der Schuldige als solche zu erkennen vermochte.

Der Thatbestand des § 335 ist demnach ein subsidiärer, unter welchen nicht bloß kulpose, sondern auch vorsätzliche Angriffe fallen, sofern sie nur nicht einer strengeren Strafdrohung (etwa § 87) subsumiert werden können. In subjektiver Beziehung setzt nämlich § 335 nicht eine besondere Beziehung des Willens zum Erfolge, sondern nur eine Beziehung der Vorstellung zu demselben voraus. Es genügt, daß der Thäter einzusehen vermochte, daß sein Verhalten geeignet sei, eine Gefahr der bezeichneten Art herbeizuführen oder zu vergrößern. Hat er dies auch thatsächlich eingesehen oder hat er die Gefahr herbeiführen wollen, so schließt dies die Anwendbarkeit der Strafdrohung nicht aus. Deshalb kann auch Mitschuld am Selbstmord eines Anderen (und so auch das „amerikanische Duell") nach § 335 ebenso bestraft werden, wie nach der ausdrücklichen Anordnung des § 2g die gleichfalls vorsätzliche Überschreitung der Notwehr unter den dort bezeichneten Umständen. Ein Verhalten, von welchem der Beschuldigte einzusehen vermochte, daß es eine solche Gefahr in sich enthalte, ist je nach Verschiedenheit des Erfolges verschieden strafbar, entweder als Vergehen nach § 335, wenn daraus der Tod eines Menschen erfolgte, oder als Übertretung nach § 335, wenn es eine schwere körperliche Beschädigung im Sinne des § 152 zur Folge hatte oder endlich, wenn es gar keine oder nur eine leichte Verletzung nach sich zog, als Übertretung nach § 431. Die Abgrenzung zwischen dem Vergehen und der Übertretung des § 335 richtet sich allein nach dem Erfolge, nicht auch danach, ob der Thäter den Eintritt des Todes oder bloß den einer Körperverletzung vorauszusehen vermochte. Er ist also des Vergehens schuldig, wenn der Tod wirklich eintrat, mochte er auch nicht imstande gewesen sein, diesen allerschwersten Erfolg vorauszusehen (C.H. 1880). Die Möglichkeit der Einsicht ist subjektiv nach den individuellen Verhältnissen des Beschuldigten zu beurteilen. Hinsichtlich des Kausalzusammenhanges kommen die Bestimmungen des § 134 vollinhaltlich zur Anwendung (C.H. 1277, 1479, 2060), weshalb auch der Umstand, daß die Verletzung unmittelbar nur infolge einer durch die Fahrlässigkeit des Thäters veranlaßten Unvorsichtigkeit des Verletzten selbst entstanden ist, die Strafbarkeit nicht ausschließt.

X. Im Anschlusse an §§ 335 und 431 stellen die §§ 338—399 und 422—430 eine lange Reihe von Ungehorsamsdelikten auf, bei denen zur Strafbarkeit in vielen Fällen nichts anderes als „eine gegen ein Verbot vollbrachte Handlung oder eine gegen ein Gebot geschehene Unterlassung" (§ 238) vorausgesetzt ist, während in anderen Fällen außerdem auch noch der Eintritt eines Verletzungserfolges erfordert wird. Nicht erforderlich aber ist zur Strafbarkeit solcher Ungehorsamsdelikte ein Verschulden des Thäters in Bezug auf den Erfolg, weder dolus noch auch culpa (§ 238). Am deutlichsten geht dies vielleicht aus § 383 hervor, welcher den Baumeister einfach für die Thatsache verantwortlich macht, daß ihm ein Gebäude oder ein Gerüst eingestürzt ist. Nur für den Fall der vis maior, des Zufalls im engsten Sinne, z. B. eines Erdbebens müßte eine Ausnahme auch hier anerkannt werden. In vielen dieser Fälle liegt die Beschränkung jedoch in der Bezeichnung des besonderen Deliktsthatbestandes; so kann derjenige nicht wegen „schnellen unbehutsamen Fahrens" nach § 427 f. verurteilt werden, dem die Pferde durchgingen, weil ein Vorübergehender auf sie geschlagen oder neben ihnen eine Rakete abgebrannt hat. Hätte der Thäter die Gefährlichkeit in concreto voraussehen können, so sind nicht mehr die Specialnormen über Ungehorsamsdelikte, sondern die allgemeinen über die Gefährdungsdelikte der §§ 335 und 431 je nach dem eingetretenen Erfolge auf ihn anzuwenden (s. oben S. 20). Ganz eigentümlicherweise bedroht § 338 einen Fall der Selbstgefährdung. Über § 356 und 357 vgl. unten S. 47, III, über § 339 oben S. 42, II.

§ 16. Gesundheits- und Körperverletzungen.

I. Übertretung der (leichten) körperlichen Beschädigung (§ 411). Im Gegensatze zu der Auffassung neuerer Gesetze behandelt das St.G.B. selbst vorsätzliche Angriffe auf den Körper eines Anderen nur dann als gerichtlich strafbar, wenn sie „wenigstens sichtbare Merkmale und Folgen nach sich gezogen haben". Damit sind Einwirkungen auf den Körper eines Anderen, welche nur den Zweck und den Erfolg haben, demselben unangenehme Empfindungen zu verursachen, aus dem Bereich der gerichtlich strafbaren Handlungen ausgeschieden (über die subsidiäre Anwendung des § 1339 a. b. G.B. vgl. Bericht des Strafgesetzausschusses 1879 zu Art. 12 E.G. u. Pfaff-Krainz § 139). Hingegen ist die Bewirkung jedes Verlustes an Körpersubstanz, sofern sie sich als eine in die Augen fallende Veränderung des Körpers darstellt (anders das Ausreißen einiger Haare) nach § 411 strafbar (a. M. C.H. 366, vgl. C.H. 1466). Die Störung der Gesundheit ist in § 411 vom geltenden Recht nur als Wirkung der Körperverletzung in Betracht gezogen. Als Folgen, welche neben den sichtbaren Merkmalen eingetreten sein müssen, damit § 411 zur Anwendung gelangen könne, kommen nicht bloß solche in Betracht, welche die Gesundheit oder den Körper des Verletzten betreffen, sondern auch Störungen seines Erwerbes, Beschädigung seiner Kleidung u. s. w. Als Schuldform ist im allgemeinen böser Vorsatz vorausgesetzt, nicht die Absicht, besondere Folgen und bleibende Spuren des Angriffes zu erzeugen. Obwohl das Gesetz hier nicht wie in § 152 von „feindseliger Absicht" spricht, dürfte dieselbe doch mit Ausnahme des Raufhandels zu subintelligieren sein, da die That unter erschwerenden Umständen in das Verbrechen übergeht, zu welchem dieselbe erfordert wird (vgl. C.H. 1430, a. M. Stooß). Im Falle des Raufhandels genügt auch die fahrlässige Verursachung sichtbarer Merkmale und Folgen. Versuch ist strafbar, wenn die Absicht darauf gerichtet war, Merkmale und Folgen zu erzeugen (C.H. 1358); die entgegengesetzte Ansicht Fingers, nach welcher zur Strafbarkeit wegen leichter Körperverletzung überhaupt das thatsächliche Eingetretensein solcher Merkmale und Folgen vorausgesetzt ist, dürfte dem in § 431 ausgedrückten Willen des Gesetzgebers widersprechen, nach welchem jede bewußte Gefährdung fremder Körperintegrität grundsätzlich strafbar ist. Die Fassung des § 411 „wenn sie nach sich gezogen haben", soll nur ausdrücken, daß die Absicht nicht auf Zufügung solcher Wirkungen gerichtet zu sein braucht. Liegt diese Absicht aber vor, dann soll, sowie nach § 155a, Bestrafung eintreten, mögen auch jene Wirkungen nicht entstanden sein. Ausnahmsvorschriften gelten für leichte Mißhandlungen, die ein Ehegatte dem anderen zufügt, nach § 419 (C.H. 2082).

II. Als Verbrechen werden Angriffe auf den Körper strafbar 1. wegen ihres Erfolges (§ 152), 2. wegen der ihnen zu Grunde liegenden Absicht (§ 155 lit. a.) und 3. wegen der Persönlichkeit des Verletzten (§ 153). Zur Qualifizierung der That nach § 152 wegen der Schwere des Erfolges, ist nur erforderlich, daß ein Erfolg dieser Art auf Grund eines nicht ganz unregelmäßigen, wenn auch dem konkreten Falle eigentümlichen Kausalzusammenhanges (vgl. § 1 a. E. und oben S. 41) eingetreten ist. Beabsichtigung dieses Erfolges, Vorausgesehenhaben (Löffler) oder auch nur Voraussehbarkeit desselben (Finger) ist nicht notwendig. (Zuweit gehen in der Zurechnung des Kausalnexus für diesen Fall die nur auf den Fall einer mit dolus directus zugefügten schweren körperlichen Beschädigung zutreffenden C.H. 68, 337 und 1097.) Hatte der Thäter die Zufügung eines schweren Erfolges beabsichtigt, so ist er des vollbrachten Verbrechens nach § 155a schuldig, sofern er durch diese Handlung überhaupt irgend einen Verletzungserfolg bewirkt hat (Wahlberg, C.H. 1476); Versuch wäre nur dann anzunehmen, wenn er nicht einmal eine leichte Beschädigung bewirkte. Für die Beurteilung des Kausalnexus gelten in diesem Falle des direkten bösen Vorsatzes vollinhaltlich die Regeln des § 134. Die Qualifikation nach § 153 aus der Persönlichkeit des Verletzten setzt eine vorsätzliche Beschädigung einer dieser Personen an ihrem Körper voraus; § 153 ist daher nicht anwendbar, wenn die Absicht bloß auf eine Realinjurie im Sinne des § 496 gerichtet war, mag aus derselben auch eine Verletzung am Körper erfolgt sein. Als besondere Form des Dolus ist, wie beim Totschlage, feindselige Absicht gefordert.

Hierunter ist nicht eine feindselige Absicht „im allgemeinen" zu verstehen (Stooß), sondern eine gegen den Verletzten gerichtete Absicht. Es ergiebt sich dies wohl 1. aus dem Gegensatze, in welchen § 152 „die Absicht ihn zu töten" zu der feindseligen Absicht stellt, aus welcher Gegenüberstellung wohl abgeleitet werden darf, daß auch die feindselige Absicht **gegen ihn** gerichtet gewesen sein muß; 2. aus der Ablehnung der Aberratio in § 152, wonach also Identität desjenigen, den der Thäter verletzen wollte, mit dem thatsächlich Verletzten und somit eine gegen **diesen** gerichtete feindselige Absicht gefordert ist und 3. aus dem Gegensatze, in welchen sich § 152 zu § 121 josefinischen St.G.B. stellt, welches ausdrücklich bestimmte: „Wer jemanden aus böser Absicht an seinen Gliedern verstümmelt, sollte es auch auf eigenes Verlangen des Verstümmelten geschehen sein, ist eines Kriminalverbrechens schuldig". Danach würde die Zustimmung des Verletzten die Strafbarkeit ausschließen (a. M. Stooß, teilweise Finger; Ausnahme in § 49 Wehrgesetz). Auch wäre bewußte Infektion beim Beischlafe nicht nach § 152, sondern nur nach § 335 strafbar. Über chirurgische Operationen vgl. oben S. 33. Eine besondere Hervorhebung des durch das Bewußtsein der Lebensgefährlichkeit des angewendeten Mittels charakterisierten Falles vorsätzlicher Gesundheitsschädigung durch Beibringung von Gift fehlt.

Analog den Bestimmungen des § 143 für den Fall der Mißhandlung mit tödlichem Ausgange stellt § 157 Regeln auf zur Lösung von Beweisschwierigkeiten im Falle eines Angriffes mehrerer gegen einen, wenn aus demselben eine schwere Verletzung erfolgt ist. (Über das Verhältnis dieser Bestimmung zu § 155d vgl. C.H. 2146). Für den Fall des Eintrittes einer leichten Verletzung als Folge eines Raufhandels fehlt es an dem § 157 analogen Bestimmungen, sodaß zufolge Art. 4 K.M.P. eine leichte Verletzung nur demjenigen zugerechnet werden kann, der sie thatsächlich zugefügt hat (C.H. 987). Läßt sich nicht nachweisen, welcher der mehreren Angreifer die Eine leichte Verletzung dem Verwundeten zugefügt hat, so müssen also alle Beschuldigten freigesprochen werden (vgl. übrigens Herbst zu § 411 a. E.).

III. **Kulpose Körperverletzungen** sind, wenn sie einen schweren Erfolg nach sich gezogen haben, nach § 335 strafbar, im Falle eines leichten Erfolges nach § 431, sofern der Thäter sich hätte bewußt sein können, daß seine That nicht bloß sichtbare Merkmale und Folgen hinterlassen werde, sondern daß sie geeignet sei, eine Gefahr für die körperliche Sicherheit oder Gesundheit des Verletzten zu begründen. Auf kulpose Verletzungen im Raufhandel findet § 411 Anwendung. Eine privilegierte Behandlung erfahren Nachteile für die Gesundheit und Körperintegrität, welche die Folge ärztlicher Ungeschicklichkeit sind. Im Widerspruch mit § 1299 a. b. G.B. sind Ärzte wegen solcher Nachteile strafrechtlich bloß dann verantwortlich, wenn der von ihnen begangene Fehler ein so drastischer war, daß aus demselben „Unwissenheit am Tage liegt" (§ 356). Grund dieser Ausnahme ist wohl die Schwierigkeit, insbesondere ex post, zu beurteilen, welche Maßregeln des Arztes als Folgen berechtigter selbständiger Beurteilung des Falles anzusehen sind, und welche als zweifellose Fehler desselben gelten müssen. — Wenn man mit C.H. 1941 annimmt, daß § 358 die subsidiäre Anwendung des § 431 ausschließt, somit Ärzte auch wegen ihres „Unfleißes" nur strafbar sind, sofern derselbe einen erweislichen „wirklichen Nachteil des Patienten" an seiner Gesundheit bewirkt hat, liegt auch hierin ein weiteres Privileg des ärztlichen Standes gegenüber allgemeinen Normen. Unbefugtes Ärzten (Kurpfuscherei) ist, wenn gewerbsmäßig betrieben (C.H. 1444), nach § 343 strafbar.

§ 17. Delikte gegen die Freiheit und gegen verwandte Interessen der Persönlichkeit.

Die schwersten hieher gehörenden Verbrechensarten, die Behandlung eines Menschen als Sklaven und die Beteiligung an dem Transport von Sklaven zur See (§ 95) sowie der Menschenraub (§ 90) geben in Österreich nur höchst selten Anlaß zur gerichtlichen Verfolgung. Der letztere Verbrechensbegriff dürfte übrigens auch auf Fälle Anwendung finden, die regelmäßig bloß dem Gesichtspunkte der Kuppelei unterstellt werden, wenn nämlich Frauenpersonen durch listige Vorspiegelungen in ein ausländisches Bordell verbracht werden, in welchem sie sich infolge ihrer Unkenntnis der fremden Sprache, der Einrichtungen des fremden Staates und infolge der völligen Loslösung von ihren Angehörigen, mit denen auch der briefliche Verkehr absichtlich unterbunden wird, thatsächlich in einer „auswärtigen Gewalt" befinden, von der man sagen kann, daß sich dieselbe ihrer ganzen Persönlichkeit bemächtigt habe. Den Mittelpunkt der Deliktsgruppe bildet das Verbrechen der **unbefugten Einschränkung der persönlichen Freiheit** (§ 93), welches in einer der vorsätzlichen Gefangenhaltung analogen unbefugten „Anhaltung" Jemandes besteht, sofern diese Anhaltung nicht eine ganz vorübergehende, zum Zwecke der Verübung eines anderen (schwereren oder leichteren) Verbrechens unternommene war (Glaser und C.H. 366, 1680, unrichtig C.H. 806, 1297, in welchen Fällen Versuch der Notzucht anzunehmen war). Mittel dieser Einschränkung (nicht notwendigerweise einer völligen Aufhebung) der Bewegungsfreiheit kann Gewalt, Drohung, Betäubung, Irreführung behördlicher Organe (durch fälschliche Bezeichnung jemandes als irrsinnig oder als eines Vergehens oder einer Übertretung verdächtig) sein. Daß eine rechtmäßige oder eine für rechtmäßig gehaltene Anhaltung nicht unter die Strafdrohung fällt, hebt § 93 besonders hervor; doch macht sich derjenige, der bei einer gegründet scheinenden Anhaltung die sofortige Anzeige von derselben zu erstatten geflissentlich unterläßt, ebenso derjenige, der die Grenzen des zur Erreichung des Sicherungszweckes erforderlichen Maßes der Freiheitsbeschränkung offenbar überschreitet (C.H. 1299), des Verbrechens nach § 93 schuldig. Solange die zurechnungsfähige, der Anhaltung unterworfene Person zustimmt, liegt der Thatbestand nicht vor, wenn auch andere Personen, die mit ihr zu verkehren wünschen, durch ihre Anhaltung daran gehindert würden (vgl. M.Vdg. vom 7. Juni und 7. August 1869 über die Anhaltung in geistlichen Korrektionsanstalten).

II. Als **Hausfriedensbruch** bestraft § 83 den gewaltsamen Einfall in das Haus oder die Wohnung eines Anderen, sofern derselbe entweder mit mehreren gesammelten Leuten oder von einem Bewaffneten erfolgt. Zur Vollendung des Verbrechens ist erforderlich, daß in dem fremden Hause Gewalt an den Hausleuten oder an deren Hab und Gut verübt worden ist. Der Endzweck des Einfalles ist ausdrücklich für gleichgültig und auch die Absicht, Selbsthilfe zu üben für ausreichend erklärt. Ob schon das Eindringen in der Absicht geschehen sein muß, Gewalt zu verüben, oder ob es auch genügt, wenn in anderer Absicht eingedrungen wurde und es erst aus einem deshalb entstandenen Streite zur Gewaltanwendung kommt, ist bestritten. Sollten hier ausnahmsweise zwei **zufällig** aufeinanderfolgende und nicht durch die Absicht des Thäters mit einander verbundene Thätigkeiten zu einem Verbrechen zusammengefaßt werden, so müßte dies wohl deutlicher ausgesprochen sein, als es in § 93 der Fall ist. Namentlich wenn man bedenkt, daß auch in § 125 das „und" ein „um" bedeutet und wenn man sich an den auch von C.H. 609 betonten Zusammenhang dieses Verbrechens mit der mittelalterlichen Fehde erinnert, wird man die engere Auffassung für die richtige halten müssen. Von einem „Eindringen" und einem „gewaltsamen Einfalle" kann allerdings nicht bloß dann die Rede sein, wenn ein Widerstand thatsächlich überwunden wurde, sondern auch dann, wenn der Einfall in so gefahrdrohender Weise erfolgte, daß der von demselben Bedrohte einen Widerstand zu leisten gar nicht wagte; andererseits geht es zu weit, wenn C.H. 1168 annimmt, daß jedes dem vermutlichen Willen des Hausherrn widersprechende Eintreten ein „Eindringen", einen „Einfall" begründe. Unbemerkter Eintritt jemandes, den man, wenn man seinen Eintritt vorhergesehen hätte, nicht hätte eintreten lassen, ist kein Eindringen, kein gewaltsamer Einfall desselben. Die Ausdrücke „Gewalt", „Hausleute", „bewaffnet" sind sämtlich in einem weiteren Sinne zu nehmen, ebenso wie „Haus und Wohnung" auch deren Zubehör umfassen. Auf dem Publikum völlig offen stehende Geschäftslokalitäten (Gasthäuser, Kaffeehäuser, Verkaufsläden u. dergl.) erstreckt sich der Schutz ebensowenig als auf Kirchen und Gerichtssäle. Wenn derjenige, der in eine Kirche gewaltsam eindringt, um in derselben jemanden zu mißhandeln, nur nach Maßgabe der von ihm dabei verübten Gewaltthätigkeiten verantwortlich gemacht werden kann, so darf offenbar auch der in eine Wirtsstube Eindringende nicht strenger behandelt werden. Jene besondere Erschwerung, welche in der Verletzung des Hausrechtes gelegen ist, trifft in all diesen Fällen nicht zu. Verletzungen des Hausrechtes durch Amtspersonen sind nach §§ 101 ff. oder 331 f. zu bestrafen. Vgl. G. 27. Okt. 1862 zum Schutze des Hausrechtes.

III. Unter dem Namen **Entführung** behandelt § 96 zunächst den Fall des Frauenraubes. Desselben macht sich schuldig, wer durch Gewalt oder List eine Frauensperson gegen oder wohl auch ohne deren Willen aus ihrer bisherigen Umgebung entfernt und sich ihrer in der Absicht auf Unzucht oder Ehe bemächtigt. Weiterhin stellt § 96 auch noch eine Strafdrohung gegen die eigentliche Entführung einer familienrechtlich abhängigen Person aus der Mundschaft ihres Gewalthabers auf. Das verletzte Rechtsgut ist in diesem Falle nicht die Freiheit der Entführten, sondern die familienrechtliche Gewalt der Eltern, des Vormundes oder Ehemannes. Objekt ist eine unter der Gewalt der Eltern oder des Vormundes (Kurators, Generalprokuratur zu C.H. 1309) stehende Person männlichen oder weiblichen Geschlechtes, sowie die nicht von Tisch und Bett geschiedene Ehefrau. Zustimmung der entführten Person ist irrelevant. Die Gewalt oder List muß in diesem Falle der Entführung gegen den Mundwalt verübt sein. Der Endzweck ist gleichgültig. Schwierigkeiten bietet der Fall listiger Entführung mit Zustimmung des entführten Kindes bezw. der entführten Ehefrau. Zweifellos wird eine listige Handlung der „entführten" Person, durch welche sie ihr Entkommen aus der familienrechtlichen Abhängigkeit bewirkt, dem Entführer als seine Handlung zugerechnet werden dürfen, wenn sie durch ihn veranlaßt worden war (vgl. C.H. 607, treffend C.H. 2148). Es ist also nicht notwendig, daß geradezu er selbst eine listige Handlung vorgenommen habe (sehr weitgehend C.H. 2090). Andererseits geht wohl die Generalprokuratur in C.H. 383 und insbesondere C.H. 934 zu weit, wenn sie jede vor den Eltern verheimlichte Verbringung des Kindes an einen andern Ort als Entführung desselben auffassen und Entführung auch annehmen, obwohl die Eltern sich um das Kind gar nicht gekümmert haben. Die entführte Person kommt nur als Objekt, nicht als Subjekt in Betracht, kann also nicht als Mitschuldige zur Verantwortung gezogen werden (C.H. 630).

IV. Die in diesen Zusammenhang gehörende **Nötigung** wird vom St.G.B. als **Erpressung** behandelt, vgl. unten § 26.

V. Als Beeinträchtigung der Freiheit stellt sich auch die **gefährliche Drohung** dar, welche nach § 99 in der Erzeugung eines Zustandes von Furcht und Unruhe durch eine zur Erregung gegründeter Besorgnis geeignete Bedrohung mit einer Verletzung an Körper, Freiheit, Ehre oder Eigentum besteht. Vollendet ist das Delikt bereits durch Äußerung der Drohung, in der Absicht Furcht und Unruhe zu erregen. Die Eignung der Drohung ist nach der Individualität des Bedrohten zu beurteilen, ohne daß jedoch Erfolglosigkeit der Drohung in concreto die Zurechnung des Verbrechens ausschließen würde (vgl. C.H. 414). Vorübergehendes Erschrecken genügt nicht, daher auch nicht Drohung mit sofortiger Vollziehung des angedrohten Übels in seiner Gesamtheit. (Vgl. Glaser, C.H. 306, 989. Über die Bedeutung des „bloß" in § 99 St.G.B. C.H. 1672.) Eine Ergänzung bildet § 308 St.G.B. über öffentliche Verbreitung von falschen, für die öffentliche Sicherheit **beunruhigenden Gerüchten** und Vorhersagungen ohne zureichenden Grund, sie für wahr zu halten.

VI. Im weiteren Sinne gehört zu den Übergriffen gegen die Freiheit jemandes auch die **unbefugte Eröffnung** der von ihm abgesendeten oder an ihn gerichteten **Briefe** und die unbefugte Herausgabe einer Briefsammlung jemandes ohne Zustimmung des Urhebers der Briefe oder seiner Erben (§ 24 Nr. 2 G. über d. Urheberrecht 1895). In Ausführung des Art. 10 St.G.G. über die allgem. Rechte der Staatsbürger bedroht G. 6. April 1870 die „absichtliche Verletzung des Geheimnisses der Briefe und anderer unter Siegel gehaltener Schriften durch widerrechtliche Eröffnung derselben" und stellt der Eröffnung solcher Briefe und verschlossener Schriftstücke deren Unterschlagung an die Seite, wodurch ein subsidiärer Deliktsthatbestand geschaffen wird für jene Fälle, in welchen die Zueignung eines Schriftstückes nicht unter strengere gesetzliche Normen fällt.

VII. Ein Mittelglied zwischen Freiheitsdelikten und Delikten gegen die Ehre, gleichzeitig vermischt mit Elementen eines Eingriffes in die staatliche Rechtspflege, bildet die **Verleumdung** als vorsätzliche Gefährdung der Freiheit jemandes durch Andichtung eines von ihm nicht begangenen Verbrechens im technischen Sinne des Wortes, gleichgültig ob diese Andichtung aus eigener Initiative des Verleumders hervorgeht oder auf Grund einer Befragung desselben erfolgt. Der Dolus ist entweder ein direkter, wenn die Beschuldigung bei einer Obrigkeit erfolgt, oder ein indirekter, wenn sie Privatpersonen gegenüber stattfindet und die Absicht auf Herabsetzung des Verleumdeten in der Meinung derjenigen beschränkt ist, vor welchen die Beschuldigung erhoben wurde. Im letzteren Fall ist, wie schon aus § 1 a. E. folgt und § 209 a. E. noch ausdrücklich hervorhebt, eine besondere Eignung der Beschuldigung zur Veranlassung strafrechtlicher Verfolgung des Verleumdeten erforderlich. Auf jeden Fall muß die Beschuldigung sich auf ein **angedichtetes Verbrechen** beziehen, d. h. sie muß subjektiv wider besseres Wissen erfolgen, sodaß eventueller Dolus nicht genügt. Objektiv muß sie dem Verleumdeten ein solches Verhalten zur Last legen, welches geeignet ist, demselben eine Verfolgung wegen eines Verbrechens im technischen Sinne zuzuziehen. Subjektive Momente, welche den Verbrechenscharakter der That begründen, kommen, wenn sie dem Thäter bekannt sind, hiebei ebenso in Betracht, wie solche, welche geeignet sind, denselben auszuschließen. Anzeige eines wirklichen Vorfalles unter geflissentlicher Verschweigung eines dem Verleumber bekannten Schuldausschließungsgrundes ist ebenso Verleumdung, wie die absichtliche Hinlenkung des Verdachtes auf einen Nichtschuldigen durch Schaffung von denselben verdächtigenden Indizien. Hinsichtlich der Bezeichnung des Beschuldigten genügt auch eine Personsbeschreibung von so individueller Gestalt, daß sie zur Verhaftung jemandes führen kann (a. M. Finger). Falsche Selbstbeschuldigung könnte nur unter anderen Gesichtspunkten bestraft werden, während die Einwilligung des Verleumdeten Zurechnung dieses Verbrechens nicht ausschließt. Die begrifflich in denselben Zusammenhang gehörende fälschliche Beschuldigung wegen eines Vergehens oder einer Übertretung behandelt § 487 als einen Fall der Ehrenbeleidigung. Der Unterschied in der Behandlung beider Fälle dürfte damit zusammenhängen, daß nach dem St.G.B. 1803 abgesehen von besonderen Ausnahmsfällen die Verhaftung des eines Verbrechens Beschuldigten die Regel bildete, jede Beschuldigung wegen Verbrechens also eine Freiheitsgefährdung enthielt, während dies bei der Beschuldigung wegen einer Polizeiübertretung nicht der Fall war, sodaß bei dieser letzteren der Angriff auf die Ehre die Gefährdung der Freiheit überwog, indes bei dem Vorwurfe eines Verbrechens das Gegenteil der Fall war.

§ 18. Delikte gegen die Ehre.

I. Das österreichische Strafrecht enthält keine allgemeine Strafdrohung gegen die Beleidigung überhaupt, sondern löst den Thatbestand dieses Deliktes in einzelne Specialfälle auf, welche sich auf drei Gruppen zurückführen lassen, auf Fälle der üblen Nachrede, der Beschimpfung und anders gearteter Angriffe auf die Ehre. Als Schuldform ist Vorsätzlichkeit gefordert (unrichtig Janka, vgl. § 498). Ein besonderer animus iniuriandi ist nicht erforderlich (C.H. 480), da ganz so wie bei anderen Delikten es auch hier genügt, wenn der Angeklagte das mit dem Verbrechen verbundene Übel bedacht und beschlossen hat, ohne daß die Kränkung des Beleidigten der Endzweck seiner Äußerung sein müßte. Das Gegenteil gilt nur im Falle des § 497 („in der Absicht, ihn zu schmähen") und hinsichtlich der Beschimpfung, die selbstverständlicherweise nur dann nach § 496 strafbar sein kann, wenn das betreffende Wort auch im konkreten Falle als Schimpfwort gebraucht und verstanden wurde. Objekt der Beleidigung ist grundsätzlich und im allgemeinen nur ein menschliches Individuum, nicht auch eine Personenmehrheit oder =Gesamtheit als solche. Positivrechtlich ist eine Ausnahme hinsichtlich der Beleidigung im engeren Sinne (§§ 487, 488) und der Schmähung (§ 491) in § 492 anerkannt in betreff von Familien, öffentlichen Behörden oder gesetzlich anerkannten Körperschaften (vgl. C.H. 610). Abgesehen hievon kann ein Vorwurf, der gegen eine Personenmehrheit erhoben wird, nur insofern als Ehrenbeleidigung verfolgt werden, als derselbe als Beleidigung einzelner zu dieser Mehrheit gehörender Personen gemeint war und verstanden wurde. Hinsichtlich der Beschimpfung vgl. auch Ges. 17. Dezember 1862, Art. 5. Die Bezeichnung des beleidigten Individuums braucht selbstverständlicherweise nicht durch dessen Namen zu erfolgen, sondern kann auch durch andere „auf dasselbe passende Kennzeichen" (§ 488 und 491) stattfinden, worunter keineswegs nur solche Kennzeichen zu verstehen sind, die ausschließlich gerade auf diese Person zutreffen würden (C.H. 480). Beleidigung von Kindern und Geisteskranken ist insofern möglich, als der betreffende Vorwurf ein solcher ist, welcher auch in Bezug auf ein Kind oder einen Geisteskranken dessen sittlichen Wert antastet, indem er eine Eigenschaft negiert, die auch von einer solchen Person verlangt werden kann. Wegen beleidigender „Angriffe auf den Ruf eines Verstorbenen" (nicht auch wegen Beschimpfung desselben, a. M. o. G.H. 1299) sind die in § 495 genannten Verwandten berechtigt „zum Schutze des Andenkens des Verstorbenen" die Verfolgung zu betreiben, jedoch nur, wenn die Beleidigung sich gegen einen zur Zeit ihrer Verübung bereits Verstorbenen richtete, nicht auch wenn der Beleidigte erst nachher starb (a. M. C. H. 1516).

Ihrem Inhalte nach sind als Beleidigungen im engeren Sinne des Wortes folgende Fälle einer üblen Nachrede anerkannt: 1. Vorwürfe einer strafbaren Handlung, sofern dieselben nicht das Verbrechen der Verleumdung (oben S. 49) begründen (§ 487). 2. Vorwürfe einer bestimmten unehrenhaften oder einer solchen unsittlichen Handlung, welche den Betroffenen in der öffentlichen Meinung verächtlich zu machen oder herabzusetzen geeignet ist (§ 488). 3. Öffentlich oder vor mehreren Leuten erfolgende Anschuldigungen verächtlicher Eigenschaften oder Gesinnungen (§ 491). Der wesentlichste Unterschied der beiden erstgenannten Fälle (der Beleidigung oder üblen Nachrede im engsten Sinne des Wortes) von dem in § 491 behandelten Delikte der Schmähung besteht darin, daß die letztere keine konkreten, die Ehre mindernden Handlungen des Beleidigten behauptet, sondern ein ungünstiges Urteil über seinen Charakter im allgemeinen enthält, daher dessen Ehre zwar in einem weiteren Umfange, aber mit geringerer Bestimmtheit und in der Regel mit geringerem Anspruch auf Glaubwürdigkeit angreift. Die Begriffe der unehrenhaften und der unsittlichen Handlung fallen nicht notwendig zusammen. So mag der Vorwurf, eine Herausforderung zum Zweikampf abgelehnt zu haben, in gewissen Kreisen als Vorwurf eines unehrenhaften, wenn auch durchaus nicht unsittlichen Verhaltens gelten. Unter der öffentlichen Meinung, in welcher der Beleidigte herabgesetzt oder verächtlich gemacht wird, ist die Anschauung derjenigen Gesellschaftskreise zu verstehen, in welchen der Beleidigte verkehrt, welche von seinem Verhalten und von den über dasselbe gefällten Urteilen Anderer Kenntnis zu nehmen pflegen (a. M. Finger). Die Beschuldigung strafbarer, unehrenhafter oder unsittlicher Handlungen muß „durch Mitteilung erdichteter oder entstellter Thatsachen" erfolgt sein (§ 488), woraus sich ergiebt, daß die Erzählung eines Gerüchtes mit ausdrücklicher Bezeichnung desselben als eines solchen Ehrenbeleidigung nicht begründet. In extensiver Interpretation des Begriffes „unehrenhaftes Verhalten" faßt o. G.H. 907, 1085 den Vorwurf jeder Zahlungseinstellung eines Kaufmannes als einen nach allgemein herrschenden Begriffen die „kaufmännische Ehre" berührenden auf. Während eine Beleidigung nach §§ 487 und 488 auch strafbar ist, wenn sie im Privatgespräche gegenüber einer einzigen von dem Beleidigten verschiedenen Person geäußert wird, ist die Schmähung nur strafbar, wenn sie entweder in Druckwerken oder verbreiteten Schmähschriften (d. h. durch Verbreitung dieser Schriften, nicht bloß ihres Inhaltes) erfolgte, oder wenn sie sonst öffentlich (C.H. 1656) oder vor mindestens zwei gleichzeitig anwesenden unbeteiligten Personen stattfand.

II. Im Gegensatz zu der sonst für den Strafprozeß geltenden Regulierung der Beweislast braucht der Beleidigungskläger Ein Moment des Thatbestandes der Beleidigung nicht nachzuweisen, nämlich die Unwahrheit des ihm gemachten Vorwurfes. Es wird vielmehr die Unwahrheit dieses Vorwurfes vermutet, sofern nicht der wegen dessen Erhebung Angeklagte seine Wahrheit nachweist. In dem Falle, daß die Beleidigung nicht öffentlich — gleichgültig ob nur vor einer oder vor mehreren Personen — vorgebracht wurde, läßt das Gesetz in § 490 Abs. 2 zur Exkulpierung des Beklagten sogar schon den Beweis seiner auf objektive Umstände begründeten bona fides ausreichen. Wäre jedoch die Beleidigung in Druckwerken oder in verbreiteten Schriften ausgesprochen worden, so genügt dieser letztere Beweis nicht und wird zur Exkulpierung des Beklagten der Beweis der Wahrheit erfordert (§ 490 Abs. 1). Dasselbe gilt, wenn er die Beleidigung, wenn auch in mündlicher Rede, aber öffentlich (nicht auch schon vor mehreren Leuten) vorgebracht hat, sofern er nicht hiezu (d. h. zur öffentlichen Vorbringung) durch besondere Umstände (zur Rechtfertigung wegen eines gegen ihn selbst oder eine andere schuldlose Person erhobenen Vorwurfes z. B.) genötigt gewesen wäre, in welch' letzterem Falle trotz der Öffentlichkeit der Beweis der objektiv begründeten bona fides zu seiner Entschuldigung ausreichen würde (§ 490 Abs. 2). Der Beweis der bona fides kann nur durch Bezugnahme auf solche Umstände erbracht werden, welche dem Angeklagten schon zur Zeit, als er seine Beleidigung äußerte, bekannt waren. Die bona fides muß eine durch die innere Glaubwürdigkeit der betreffenden Thatsache für den Beschuldigenden begründete sein; der Umstand, daß ihm die von ihm nur weiterverbreitete Beschuldigung von einem Anderen mitgeteilt worden war, entschuldigt ihn für sich allein noch nicht, weil § 493 Abs. 2 ausdrücklich nicht bloß den ersten Urheber, sondern auch jeden, der eine solche Ehrenbeleidigung weiter zu verbreiten sucht, für strafbar erklärt (o. G.H. 1312). Wohl aber kann in der Persönlichkeit des Gewährsmannes, verbunden mit den von demselben zur Begründung seiner Beschuldigung mitgeteilten Umständen oder mit Berücksichtigung der besonderen Verhältnisse, in welchen dieser die Beschuldigung erhob, ein Grund zur Annahme der bona fides und deshalb auch der Straflosigkeit des Verbreiters gelegen sein (o. G.H. 1300). Außer dem Beweise der sachlich begründeten bona fides läßt § 490 Abs. 2 zur Exkulpierung des wegen einer im Privatgespräch vorgebrachten Beleidigung Angeklagten auch den Beweis der Wahrheit zu und zwar, ohne selbst für den Fall eine Ausnahme zu machen, daß dem Beleidiger die Wahrheit des von ihm erhobenen Vorwurfes zur Zeit der Erhebung desselben noch nicht bekannt gewesen wäre. Falschheit der Beschuldigung ist eben ein Moment des objektiven Thatbestandes der Beleidigung, dessen Mangel nicht durch mala fides des Beleidigenden suppliert werden kann. (G. Prokuratur in C.H. 480 S. 197. Bedenklich Finger.) Betrifft der Vorwurf eine strafbare Handlung, so bleibt deren Beweis zulässig, wenn auch ihre Verfolgung aus materiellrechtlichen oder prozeßualen Gründen ausgeschlossen wäre (C.H. 2035).

Ausnahmsweise erklären §§ 489 und 490 Abs. 1 gewisse Anschuldigungen an und für sich, selbst dann, wenn sie erweislich wahr wären, für strafbar. Es schließt nämlich das Gesetz den Beweis der Wahrheit aus, wenn der Vorwurf eine ehrenrührige Thatsache des Privat- oder Familienlebens betrifft oder sich auf ein der Privatanklage vorbehaltenes Delikt bezieht und wenn er entweder in Druckwerken oder verbreiteten Schriften erhoben wurde oder in öffentlicher mündlicher Äußerung erfolgte, sofern im letzteren Falle der den Vorwurf Erhebende nicht durch besondere Umstände hiezu genötigt war. Zwar scheint § 490 Abs. 1 den Beweis der Wahrheit in Bezug auf Anwürfe solchen Inhaltes absolut auszuschließen; doch ergiebt sich aus § 489 und dem ersten Satze des § 490 die Einschränkung dieser Ausschließung auf die in § 489 bezeichneten Arten der Veröffentlichung, während für die übrigen Fälle der Wahrheitsbeweis offen bleibt (Zucker, a. M. Ullmann Z. II 119). Das aus allgemeinen Rücksichten aufgestellte Verbot der Zulassung des Wahrheitsbeweises könnte in solchen Fällen auch durch Zustimmung des Klägers nicht behoben werden. Als Thatsachen des Privatlebens können solche, durch deren Wirkungen andere Personen betroffen werden (z. B. Ausbeutung von Untergebenen, Nichtbezahlung von Schulden sowie aus öffentlichen Rücksichten zu untersuchende Straftaten z. B. Blutschande) nicht angesehen werden. — Gegen eine Anklage auf Schmähung ist nach § 491 Abs. 2 ein Wahrheitsbeweis zulässig durch den Nachweis solcher der schmähenden Äußerung vorhergegangener, nicht bloß dem Privat- oder Familienleben angehörender oder ein Privatanklagedelikt konstituierender Handlungen des Geschmähten, welche einen Schluß auf die ihm vorgeworfene verächtliche Eigenschaft oder Gesinnung gestatten.

III. Außer den verschiedenen Formen übler Nachrede bedroht unser Gesetz unter dem Titel von Ehrenbeleidigungen im weiteren Sinne auch den Fall, daß jemand einen anderen dem öffentlichen Spotte aussetzt (§ 491 ebenfalls Schmähung genannt) und die öffentlich oder vor mehreren Leuten erfolgende Beschimpfung (§ 496). Dem öffentlichen Spott kann jemand nicht bloß durch Antastung seines sittlichen Wertes, sondern auch durch Vorwürfe anderer Art (o. G.H. 751, 1307) ausgesetzt werden, sofern dieselben geeignet sind, ihn in der öffentlichen Meinung lächerlich zu machen. In Bezug auf Vorwürfe der letzteren Art ist ein Wahrheitsbeweis unzulässig. Der Begriff des „Schimpfwortes" nach § 496 ist durchaus individualisierend zu beurteilen; es giebt kein Schimpfwort an sich; es lassen sich Umstände und Verhältnisse denken, in welchen ein Wort, welches gemeiniglich als Schimpfwort gebraucht wird, im konkreten Falle eine andere, inoffensive Bedeutung erlangt. Es ist daher der Nachweis erforderlich, daß es im besonderen Falle als Schimpfwort gebraucht und aufgefaßt wurde. Andererseits können durch die erweislich beleidigende Absicht auch solche Ausdrücke, welche nicht an sich die Bedeutung eines Schimpfes besitzen, eine solche

Bedeutung im einzelnen Falle erlangen. Ist das Schimpfwort zur Bezeichnung und Kritik eines konkreten Verhaltens des Beschimpften gebraucht, enthält es einen substantiierten Vorwurf verächtlicher Eigenschaften oder Gesinnungen, so geht das Delikt der Beschimpfung in das im allgemeinen schwerer strafbare der Schmähung über. Dann ist aber der Wahrheitsbeweis zulässig (richtig o. G.H. 328, 478, vgl. C.H. 1723, 1933, 1977, unrichtig o. G.H. 247, 972). Der Beschimpfung gleichgestellt sind öffentliche oder vor mehreren Leuten erfolgende Mißhandlungen oder Bedrohungen mit Mißhandlungen, wenn dieselben in solcher Weise erfolgen, daß sie von wenigstens einer vom Bedrohten verschiedenen Person gehört werden sollen. Vorausgesetzt ist Unanwendbarkeit der strengeren Normen des § 411 bzw. 99. Zur Mißhandlung ist eine Verletzung des Körpers nicht erforderlich, auch Anspucken, auch ein fehlgegangener Peitschenhieb sind Mißhandlungen. Äußerungen der Mißachtung, welche nicht unter § 496 fallen, insbesondere symbolische Injurien (Ausspucken vor jemandem, Anrede mit „du", C.H. 2112), beleidigende Unterlassungen können nur nach § 1339 a. b. G.B. bestraft werden (Generalprokuratur bei C.H. 480, S. 202; vgl. Krainz-Pfaff I, S. 354 A. 23). Gerichtlich strafbar ist ferner nach § 497 der Vorwurf einer ausgestandenen (oder durch Begnadigung erlassenen) gerichtlich zuerkannten Freiheitsstrafe, wenn er dem Geschmähten gegenüber (o. G.H. 1032, 1357) animo iniuriandi gemacht worden ist, sofern der Geschmähte sich seither rechtschaffen verhalten hat (vgl. § 225). Schließlich bedroht § 498 f. Sanitätspersonen, welche ein die Ehre affizierendes Geheimnis ihrer Patienten, das sie in Ausübung ihres Berufes in Erfahrung gebracht haben, dolos oder auch nur kulpos (§ 238) rechtswidrig preisgeben. Rechtswidrig jedoch ist jene Mitteilung nicht, welche an solche Personen erfolgt, vor denen der Patient rechtlich ein Geheimnis nicht besitzen darf, wie an die Eltern eines Minderjährigen. Eine Ausnahme von der Strafdrohung macht § 498 gegenüber der amtlich anfragenden Behörde. Ferner ergiebt sich eine solche aus der Pflicht des Arztes zur Verhinderung der Weiterverbreitung ansteckender Krankheiten sowie aus der Anzeigepflicht des § 359. Während sonst Angriffe auf die Ehre im allgemeinen nur auf Grund einer Privatanklage verfolgt werden (Ausnahmen in Art. 5 G. 17. Dezember 1862), ist § 498 Offizialdelikt. Eine eigentümliche Strafdrohung enthält schließlich § 246 Abs. 2, Gesetz über die direkten Personalsteuern v. 25. Oktober 1896, wonach strafbar ist, wer Umstände über Erwerb und Einkommen eines Steuerpflichtigen, die aus Steuerregistern oder Steuerauszügen zu entnehmen sind, in einer öffentlichen Versammlung oder einer Druckschrift zu gehässigen Angriffen gegen einen Steuerpflichtigen, eine Steuerkommission oder ein Mitglied derselben mißbraucht.

§ 19. Diebstahl und Raub.

I. Diebstahl ist widerrechtliche gewinnsüchtige Entziehung einer fremden, beweglichen, nicht völlig wertlosen Sache aus dem Gewahrsam eines Anderen. Objekt des Diebstahls ist eine bewegliche Sache, mag sie auch erst durch denselben Akt, durch den die Zueignung erfolgt, zur Sache oder zur beweglichen Sache geworden sein, und vor demselben, wie z. B. ein Zopf zum Körper eines Menschen, oder wie die Saat auf dem Felde zu einem Grundstücke gehört haben. Die Sache muß im Eigentum einer von dem Thäter verschiedenen Person gestanden haben, sie darf keine derelinquierte und keine freistehende, aber auch nicht eine dem Thäter zu Alleineigentum gehörende sein. Hingegen kann (arg. § 5) der Eigentümer als Anstifter zu einem an seiner Sache begangenen Diebstahle strafbar sein. Den fremden Sachen stellt § 174 g dadurch, daß er einen Wilddiebstahl an nicht eingehegtem Wilde anerkennt, ausnahmsweise solche gleich, an welchen ein privilegiertes Occupationsrecht besteht. Dies gilt jedoch nicht auch von Fischen in natürlichem Gewässer, deren unbefugte Aneignung Diebstahl nicht bildet (vgl. § 174 lit. f. „an Fischen in Teichen"). Zweifel über die Behandlung einer Entwendung von Sachen, welche einer bestatteten Leiche mit ins Grab gegeben wurden, löst § 306 dahin, daß deren Zueignung „in gewinnsüchtiger Absicht" als Diebstahl bestraft wird. Aneignung von Sachen, welche sich bei einem nicht bestatteten Leichnam befinden, begründet Diebstahl oder Fundunterschlagung, je nachdem nach Beschaffenheit des Falles anzunehmen ist, daß die Sache aus dem Besitze der Erben entzogen wurde oder als „verloren" anzusehen war. An Leichen selbst und Teilen derselben kann Diebstahl nur insofern begangen werden als sie ausnahmsweise als Wertgegenstände sich darstellen. (Über Diebstahl an Urkunden vgl. C.H. 1387.) Unbefugte Benützung fremder Maschinen, Kräfte, Energien (Elektricität) ist nicht Diebstahl, sondern, sofern nicht Betrug oder Sachbeschädigung vorliegt, nach heutigem Recht strafloses furtum usus.

II. Die Thätigkeit des Diebes besteht in der Entziehung der Sache aus dem Gewahrsam eines Anderen. Ob der gestörte Gewahrsam ein civilrechtlich geschützter und anerkannter ist, ist gleichgültig. Deshalb kann Diebstahl auch zum Nachteil des Diebes selbst und in Bezug auf solche Gegenstände begangen werden, an denen Eigentum nicht erworben werden kann, wie an ausländischen Lotterielosen oder verbotenen Büchern und Zeitungen (a. M. Finger).

In Ermangelung einer Entziehung aus dem Besitze eines Anderen liegt Diebstahl nicht vor, wenn jemand eine ihm in unkontrolierten Gewahrsam übergebene (ihm anvertraute) Sache, oder wenn er eine von ihrem Besitzer verlorene Sache sich zueignet (unten § 20). Hingegen ist an verlegten und vergessenen Sachen Diebstahl möglich. Die Besitzentziehung braucht keineswegs durch manuellen Zugriff des Thäters zu erfolgen, sie kann auch durch Vermittlung zurechnungsunfähiger oder irregeführter Menschen, durch Tiere oder durch Veranstaltung einer Kommunikation erfolgen, mittelst welcher die zu stehlenden Sachen kraft physikalischer Gesetze von selbst zum Thäter des Diebstahls kommen. Ernstliche (vgl. C.H. 1355) und freie Einwilligung des dispositionsfähigen Besitzers schließt Diebstahl aus. (Einwilligung des vom Besitzer verschiedenen Eigentümers ist irrelevant.)

III. In betreff der Schuldform ist es sehr bestrittten, ob zum Diebstahl Vorsätzlichkeit der That genügt, oder ob eine besondere gewinnsüchtige Absicht erforderlich ist.

In Übereinstimmung mit Zeiller, Jenull, Ritka (Wagners Zeitschrift. Über den Umfang des § 216 St.G.B. S. 195) und Herbst sowie mit der überwiegenden Praxis des C.H. (o. G.H. 987 und insbesondere C.H. 206, 371, 1316, 1580), dürfte wohl gegen Wahlberg, Janka und Finger und einige neuere Entscheidungen (bes. 665 und 892) gewinnsüchtige Absicht zu fordern sein. Nicht nur der volkstümlichen Auffassung des Diebstahls und der Ableitung der Worte des § 171 aus dem „lucri faciendi causa" des r. R., sondern auch dem Zusammenhang der Bestimmungen des geltenden Rechtes entspricht dies allein. Daß ein Verbrechen um irgend eines Vorteiles halber begangen wird, versteht sich von selbst, bedürfte daher beim Diebstahl ebensowenig der Hervorhebung als sonst. Erfolgte eine solche Hervorhebung dennoch, so muß sie eine besondere, diesem Delikte eigentümliche Bedeutung haben. Wird ferner nach § 187 derjenige straflos, der nach der That den aus derselben entstandenen Vermögensschaden freiwillig aufhebt, so muß um so mehr derjenige straffrei bleiben, der bei der That durch Hinterlassung des vollen Äquivalentes für die entfremdete Sache die Entstehung eines Vermögensschadens von vornherein ausschließt. Auch ergiebt sich aus § 306, daß der Gesetzgeber das charakteristische Moment des Diebstahls in der „gewinnsüchtigen Absicht" erblickt, und aus § 396, daß an Gegenständen, welche „zur Vertilgung" bestimmt und deshalb für ihren Eigentümer wertlos geworden sind, durch deren unbefugte Zueignung nicht Diebstahl, sondern ein eigenartiges Delikt begangen wird, dessen weitere Verwendung sich als gefährdend darstellt. (Im Falle der Zueignung solcher verseuchter Gegenstände, welche dem Sanitätspersonale nur zur Reinigung übergeben sind, könnte die Übertretung des § 395 mit Diebstahl bzw. Veruntreuung ideal konkurrieren.) Ebenso scheint § 173 vorauszusetzen, daß der Vorteil des Diebes sich in Geld abschätzen lasse.

Nimmt man gewinnsüchtige Absicht als die für den Diebstahl charakteristische Modalität des dolus an, so ergiebt sich, daß Diebstahl an Sachen, welche jedes Tauschwertes entbehren oder hinsichtlich deren sich doch der Zueignende ihres Tauschwertes nicht bewußt gewesen, nicht begangen werden kann, und daß Diebstahl ferner nicht vorliegt, wenn der Thäter nicht in der Absicht sich zu bereichern gehandelt hat (vgl. C.H. 1702). Wohl aber liegt sowohl thatsächlich erfolgte Bereicherung als auch Bereicherungsabsicht vor, wenn eine Sache entwendet wird, um sie sofort zu verschenken oder nach gemachtem Gebrauche zu derelinquieren. Hingegen liegt Diebstahl nicht vor in den Fällen eigenmächtiger Selbsthilfe, bei Hinterlassung des vollen Wertäquivalentes und bei Verwendung der entzogenen Sache zum offenbaren Vorteile ihres Eigentümers selbst (C.H. 1580; vgl. auch C.H. 2105). Auch das furtum usus ist nach österreichischem Recht nicht strafbar (a. M. Herbst), wenn der Thäter desselben die zu vorübergehendem Gebrauch entzogene fremde Sache unter solchen Umständen zurückzustellen beabsichtigt und vermag, daß aus deren zeitweiliger Entziehung kein Vermögensschaden für ihren Besitzer entsteht. Furtum possessionis ist nur nach § 3 G. 25. Mai 1883 gegen die Vereitelung von Zwangsvollstreckungen strafbar.

So berechtigt es ist, daß in den angeführten Fällen eine Bestrafung unter dem Titel des Diebstahls ausgeschlossen ist, so wünschenswert wäre die Aufstellung subsidiärer Strafdrohungen auch gegen diese Delikte, als selbständige Vergehen oder Übertretungen. Auch die in der Praxis sehr bestrittene Abgrenzung zwischen Diebstahl und Wald- und Feldfreveln (vgl. § 60, Forstgesetz und die verschiedenen Feldschutzgesetze welche im Gegensatze zu § 162 josefinischen St.G.B. auch eine gerichtliche Bestrafung zulassen, (C.H. 1420, 1851) hat unter Berücksichtigung des Momentes der Gewinnsucht und namentlich des Umstandes zu erfolgen, daß die Sache, welche als Gegenstand eines Diebstahles in Betracht kommen soll, bereits zu der Zeit, als sie entfremdet wurde und für denjenigen, aus dessen Besitze sie entzogen wurde, in der Weise wie er sie besaß, einen direkten Vermögenswert gehabt haben muß. Erhält die betreffende Sache erst durch die Mühe des Einsammelns und auf den Markt Bringens einen Wert, so hat derjenige, der sie entwendet, durch seine Thätigkeit erst einen Wert geschaffen, nicht aber einen schon vorhandenen Wertgegenstand seinem Besitzer entzogen. Der indirekte Wert, den die Forstprodukte bloß dadurch haben, daß sie zur Humusbildung im Walde beitragen, rechtfertigt die Bestrafung ihrer unbefugten Zueignung aus Rücksichten der Bodenkultur d. h. nach Specialgesetzen, nicht aber nach dem allgemeinen Strafgesetz als Diebstahl (unrichtig o. G.H. 1381).

Vollendet ist der Diebstahl nach der vom Gesetze recipierten Apprehensionstheorie nicht schon durch das Ergreifen, aber auch nicht erst durch das Insicherheitbringen der betreffenden Sache, sondern durch Entziehung derselben aus dem Besitze ihres bisherigen Detentors. Jede spätere Unterstützung des Diebes ist nicht mehr Beihilfe, sondern Teilnahme oder Teilnehmung.

IV. Als Teilnehmung (Hehlerei) bestraft § 185 die nicht vor der That zugesagte „sachliche Begünstigung" des Diebstahls durch gewisse, die Vindikation der gestohlenen Sache erschwerende Handlungen: durch das Verhehlen, Fortschaffen (C.S. 262) oder Weiterveräußern derselben und durch Übernahme derselben aus der Hand des Diebes oder eines seiner Nachfolger. Objekt ist eine durch Diebstahl ihrem Besitzer entzogene Sache und zwar auch dann, wenn jener Diebstahl aus subjektiven Gründen nicht strafbar oder nicht verfolgbar wäre (C.H. 1757, a. M. Finger). Hingegen ist Annahme des aus der Veräußerung der gestohlenen Sache gezogenen Erlöses nicht Teilnehmung. In welcher Weise der Teilnehmer die Sache an sich gebracht, ob entgeltlich oder unentgeltlich, ob zum Zwecke des Gebrauches, der Weiterveräußerung oder der Rückstellung an den Dieb, ob in gewinnsüchtiger oder uneigennütziger Absicht, ob in unverändertem Zustand oder erst nach erfolgter Specifikation (C.H. 930, 1043), ist für den Thatbestand gleichgültig. Das Delikt ist ein fortdauerndes (vgl. C.H. 1191), welches deshalb auch in dem Falle als im Inland begangen anzusehen ist, wenn der Hehler, der die gestohlenen Sachen im Auslande an sich gebracht, mit ihnen ins Inland kommt (C.H. 1472). Ebendeshalb wird auch derjenige, der nachträglich erfährt, daß die bei ihm deponierte oder sonst ihm anvertraute Sache eine gestohlene ist, von diesem Zeitpunkte an Teilnehmer. Anders wohl steht es mit demjenigen, der nachträglich erfährt, daß die von ihm unter den Umständen des § 367 a. b. G.B. bezw. Art. 306 f. H.G.B. im guten Glauben erworbene Sache eine von seinem Vormanne gestohlene ist (vgl. jedoch C.H. 1882). Vollendet ist das Delikt erst nach dem Übergang des gestohlenen Gutes in den Gewahrsam einer vom Diebe verschiedenen Person (vgl. jedoch C.H. 930). Eine Ergänzung bilden die Bestimmungen der §§ 471 ff. über den verdächtigen Ankauf.

V. Eine dem Diebstahle, der Veruntreuung, der Hehlerei, dem Wucher und wohl auch dem verdächtigen Ankaufe gemeinsame Besonderheit bildet der Strafaufhebungsgrund der thätigen Reue. Derselbe liegt vor, wenn der Dieb selbst (nicht ein Dritter für ihn) den ganzen (direkten und indirekten) aus seiner That entsprungenen Schaden gutmacht, bevor eine zur Strafverfolgung berufene Behörde von seinem Verschulden erfahren hat. Verweigerung der Annahme des Schadenersatzes schließt die Wirksamkeit desselben (im Falle gerichtlicher Deponierung z. B.) nicht aus. Rückstellung der gestohlenen Sache selbst ist nicht notwendig; es genügt vielmehr der Ersatz des dem Bestohlenen zugefügten Vermögensschadens selbst dann, wenn die Sache noch in specie zurückgegeben werden könnte, da das Gesetz zwischen der Wiedergutmachung des Schadens in der einen oder anderen Gestalt nicht unterscheidet (a. M. Finger). Andererseits ist es Aufgabe des Gerichtes zu prüfen, ob der „ganze aus der That entspringende Schaden wieder gut gemacht wurde" und sich nicht bloß mit einer den Thatsachen widersprechenden Erklärung des Bestohlenen oder einem teilweisen Verzicht desselben zu begnügen, wie in der Praxis gleichwohl häufig vorkommt (richtig C.H. 323). Auch qualifizierte Fälle des Diebstahls werden durch thätige Reue straflos und zwar in der Art, daß auch wegen der in einem Diebstahl an versperrten Sachen z. B enthaltenen Sachbeschädigung eine abgesonderte Verfolgung nicht zulässig ist. Das Gegenteil würde aber hinsichtlich der aus der Gewaltanwendung bei einem Diebstahl resultierenden Körperverletzung gelten. Bei Versuch ist dieser Strafaufhebungsgrund unanwendbar. (Ausführung in „Diebstahl und Beleidigung" S. 34 ff.)

VI. Aus dem Begriffe des Diebstahles ist der sogenannte **Familiendiebstahl** auszuscheiden. Mit Rücksicht auf den ethischen und psychologischen Charakter, durch welchen sich Übergriffe in das Vermögen eines der nächsten Familienangehörigen von solchen Angriffen auf das Vermögen eines Fremden unterscheiden, sowie im Interesse der Schonung des guten Namens der betreffenden Familie schließen §§ 189 und 463 die Offizialverfolgung von Diebstählen (und Veruntreuungen) aus, welche von einem Ehegatten zum Nachteile des andern, zwischen Ascendenten und Descendenten oder zwischen Geschwistern verübt werden, solange diese Personen in gemeinsamer Haushaltung zusammenleben, behalten die Verfolgung derselben der Privatanklage des Familienhauptes vor und reduzieren die Strafbarkeit eines solchen Deliktes unter allen Umständen auf den Übertretungsgrad. Fremde jedoch, welche zu einem solchen Delikte anstiften oder sich an dessen Ausführung beteiligen, sind nach den Normen über gemeinen Diebstahl zu beurteilen. Hingegen ist nach § 463 auch derjenige zu behandeln, der an einem gegen einen seiner eben bezeichneten Angehörigen von einem Fremden ausgeführten Diebstahl als Anstifter oder Gehilfe beteiligt ist. Eine noch weiter gehende Milde enthält § 525, indem er unter gewissen Voraussetzungen selbst die Verurteilung wegen Übertretung des Diebstahls ausschließt und die Verfolgung auf den Gesichtspunkt einer bloßen Übertretung gegen die Familienordnung („gegen die öffentliche Sittlichkeit"), d. h. gegen das im Interesse der öffentlichen Sittlichkeit aufrechtzuhaltenden Respektpflichten gegenüber gewissen Personen beschränkt. Die besonderen Voraussetzungen der Anwendbarkeit des § 525 im Unterschiede vom § 463 sind, daß der betreffende Diebstahl oder die Veruntreuung auch ihrem objektiven Charakter nach bloß eine Übertretung wäre (C.H. 1446, falsch 507), und daß das betreffende Delikt bis zu dem Zeitpunkte, in welchem das Familienhaupt „sich bemüßigt gesehen, die Hilfe der Behörden anzurufen", im Innern der Familie verschlossen geblieben war, d. h. daß weder aktiv noch passiv, noch auch nur als Zeugen fremde Personen daran beteiligt waren oder davon Kenntnis erhielten. Unter diesen Voraussetzungen fallen unter § 525 aber nicht bloß Diebstähle, Veruntreuungen und verwandte Delikte (C.H. 1072 boshafte Beschädigungen fremden Eigentums) zum Nachteil der in § 463 bezeichneten n ä c h s t e n Verwandten, sondern auch solche zum Nachteile der Verwandten überhaupt (d. h. hinsichtlich des in § 216 bezeichneten Personenkreises). Da eine solche Verurteilung nicht wegen Diebstahles, sondern nur wegen Übertretung gegen die öffentliche Sittlichkeit erfolgt, kann sie zur Begründung der Rückfälligkeit wegen Diebstahls nicht herangezogen werden. Auch würde ein solches Delikt, wenn es von einem Gewohnheitsdiebe oder von einem schon zweimal wegen Diebstahls Verurteilten begangen würde, nicht unter § 176 I. bezw 176 II a subsumiert werden können, da diese Normen die Verübung eines Diebstahles voraussetzen, während die vorliegende That nach § 525 nicht als Diebstahl qualifiziert ist.

VII. Vom Diebstahl unterscheidet sich der **Raub** dadurch, daß der Räuber Gewalt oder Drohungen anwendet, um sich einer fremden beweglichen Sache zu bemächtigen. Gewaltanwendung, um sich im Besitze der bereits entzogenen Sache zu erhalten, fällt nur unter § 174, I und 179. Die Gewaltanwendung muß den Zweck der Überwindung eines Widerstandes haben; wer unversehens jemandem durch gewaltsamen Zugriff eine Sache entreißt, ist ebensowenig Räuber, wie derjenige, der jemanden einsperrt oder betäubt, um ihn ungehindert bestehlen zu können. Die Drohung als Mittel des Räubers braucht den Bedrohten nicht außer Stand zu setzen, Widerstand zu leisten, wie bei der Notzucht, sondern es genügt jede Drohung mit einem imminenten Übel, welches geeignet ist, den Bedrohten zur Preisgebung einer beweglichen Sache zu bestimmen, wobei es gleichgültig ist, ob der Räuber dieselbe wegnimmt oder der Beraubte sie ihm selbst übergiebt. Gewinnsüchtige Absicht ist nicht erfordert (a. M. Herbst); gewaltsamer Tausch ist Raub. Vollendet ist das Verbrechen des Raubes durch Anwendung von Gewalt oder Äußerung einer Drohung in der Absicht sich einer fremden Sache zu bemächtigen. Ist diese Absicht verwirklicht worden, so spricht § 194 von einem Verbrechen des vollbrachten Raubes. Teilnehmung am Raub ist strafbar und zwar immer als Verbrechen.

VIII. **Seeraub** ist hinsichtlich der von der Kriegsmarine eingebrachten Seeräuber nach M. St.G.B. § 490 strafbar.

§ 20. Veruntreuung und andere Fälle der Unterschlagung.

I. Der Begriff der **Unterschlagung** als der widerrechtlichen Zueignung einer Sache, welche sich außer dem Gewahrsam des durch die That Geschädigten befindet, ist als solcher unserem Recht unbekannt. — Dieses Verbrechen wird vielmehr aufgelöst in die Fälle der Veruntreuung (§§ 181 und 183), der Fundunterschlagung und Unterschlagung irrtümlich zugekommener Sachen (§ 201 c), der Unterschlagung von Briefen nach § 1 G. zum Schutz des Brief- und Schriftengeheimnisses und des Verstrickungsbruches nach § 3 Gef. v. 25. Mai 1883 über die Vereitelung von Zwangsvollstreckungen (vgl. auch § 201 a).

II. Die Veruntreuung besteht in der Zueignung oder rechtswidrigen Vorenthaltung einer anvertrauten, beweglichen, nicht völlig wertlosen Sache. Veruntreuung kann auch an Sachen begangen werden, die dem Thäter eigentümlich gehören, sofern er durch deren Vorenthaltung das Recht eines Anderen verletzt, so durch Vorenthaltung der verpfändeten oder vermieteten Sache, wenn der Pfandgläubiger oder Mieter dieselbe vorübergehend mit Vorbehalt der Fortdauer seines Rechtes dem Eigentümer z. B. zur Aufbewahrung zurückgegeben hätte (a. M. Finger). Durch die Aufhebung des § 183 Abs. 2 und Ersetzung seines Inhaltes durch den in mancher Richtung weitergreifenden § 3 Gef. v. 25. Mai 1883 ist bloß dieser einzelne Fall einer Veruntreuung eigener Sachen aufgehoben, keineswegs, wie Finger annimmt — im Wege stillschweigender authentischer Interpretation (!) — ausgesprochen, daß es auch nach österreichischem Recht keine Veruntreuung eigener Sachen mehr gebe. Vielmehr weist die Hervorhebung des „Vorenthaltens" neben der „Zueignung" sowie die Ersetzung des Merkmales der fremden Sache durch jenes einer anvertrauten Sache auf das Gegenteil hin. Um so mehr liegt Veruntreuung vor, wenn der Käufer die ihm übergebene Sache, an welcher sich der Verkäufer das Eigentum bis zur vollen Bezahlung des Kaufpreises vorbehalten hatte, vor diesem Zeitpunkt veräußert (C.H. 1716). Eben deshalb kann, wie auch C H. in wiederholten Entscheidungen annimmt, derjenige, dem vertretbare Sachen, insbesondere Geldbeträge anvertraut worden sind, damit er sie dem Tradenten zurückgebe, oder damit er sie einem Dritten abliefere, durch deren Vorenthaltung sich einer Veruntreuung schuldig machen, auch wenn diese Sachen nach civilrechtlichen Grundsätzen sein Eigentum geworden sind. Nur dann kann von Veruntreuung nicht die Rede sein, wenn der Tradent kein anderes Recht als das auf Rückgabe von tantundem erlangen wollte, wenn es sich um ein reines Darlehen handelt. Enthält aber das zwischen Tradenten und Empfänger abgeschlossene Rechtsgeschäft Elemente eines anderen Vertrages, z. B. eines Pfandvertrages oder eines Hinterlegungsvertrages (pignus irregulare, depositum irregulare), so kann an den betreffenden Geldern Veruntreuung begangen werden (Ausführung G.Z. 1893 Nr. 43 f.). Anvertraut ist eine Sache nur demjenigen, dem sie in den alleinigen Gewahrsam übergeben wurde; befindet sie sich noch im weiteren Gewahrsam ihres Eigentümers oder Besitzers, so ist sie demjenigen, der von dem letzteren zu irgend welchen Verrichtungen in Bezug auf die Sache berufen wurde, nicht anvertraut; wenn dieser sich die Sache zueignet, so entzieht er sie aus dem Besitze des Berechtigten und begeht einen Diebstahl. Die Thätigkeit besteht entweder im Zueignen oder Vorenthalten, welches letztere nur durch aktives Verhalten, nicht auch durch bloßes Nichtzurückgeben begründet wird (a. M. Janka und Finger, welche annehmen, daß das „Vorenthalten" nichts vom Zueignen wesentlich verschiedenes sei, was unrichtig sein dürfte, da das „Zueignen" nur hinsichtlich einer fremden, das Vorenthalten aber auch hinsichtlich einer eigenen, dem Eigentümer von einem Dritten anvertrauten Sache geschehen kann). Rechtswidriger Gebrauch begründet keine Veruntreuung, wohl aber Verbrauch bezw. andere Zerstörung, sofern letztere nicht im Falle der Verübung aus „Bosheit" sich als Sachbeschädigung darstellt. Verpfändung der anvertrauten Sache ist regelmäßig Veruntreuung, weil infolge derselben der Pfandgläubiger in die Lage gesetzt und berechtigt (§ 456 a. b.G.B.) wird, sie dem Vormanne des Verpfänders vorzuenthalten. Nur wenn letzterer die in Thatsachen begründete Gewißheit gehabt hätte, die ihm anvertraute Sache vor Endigung seines Rechtes an derselben von dem Pfandgläubiger auslösen und also rechtzeitig dem Eigentümer restituieren zu können, würde sich die Verpfändung bloß als unerlaubter aber nicht strafbarer Gebrauch der anvertrauten Sache darstellen. Bloße Absicht rechtzeitiger Auslösung genügt für sich allein nicht, die Verantwortlichkeit wegen Veruntreuung auszuschließen. Hinsichtlich der Teilnehmung und der thätigen Reue gilt dasselbe wie beim Diebstahl, weshalb C.H. geneigt ist, Fälle der Veruntreuung amtlich anvertrauter Sachen als Mißbrauch der Amtsgewalt aufzufassen, um die hier besonders unpassende strafaufhebende Wirksamkeit der thätigen Reue auszuschließen.

III. Nach § 201c macht sich eines Verbrechens bezw. nach § 461 einer Übertretung schuldig, „wer gefundene oder irrtümlich ihm zugekommene Sachen geflissentlich verhehlt und sich zueignet". Auch dieses Delikt ist kein Ommissivdelikt, sondern setzt aktives Verhalten voraus. Es ist unpassenderweise dem Begriffe des Betruges eingereiht. Wer eine von einem Anderen verlorene Sache liegen läßt, ist nicht strafbar. Ebenso ist nicht jeder strafbar, der den in §§ 389 ff. a. b. G.B. statuierten Verpflichtungen des Finders nicht nachkommt; denn nach § 393 a. b. G.B verwirkt er hierdurch den Anspruch auf einen Finderlohn „und macht sich nach Umständen des Betruges schuldig". C.H. 479 und 915 nimmt jedoch an, daß das Gesetz mit dem Ausdrucke „verhehlen" kein konstitutives Deliktsmerkmal aufstellen, sondern „nur einen Vorgang bezeichnen wollte, in welchem die Zueignungsabsicht nicht selten zu Tage tritt", interpretiert also das Gesetz, als ob es hieße „verhehlt oder sich zueignet", was allerdings den Bedürfnissen des Lebens und den Anforderungen der Gerechtigkeit weit besser entspricht als der gesetzliche Text. Gegenstände, deren Wert einen Gulden nicht übersteigt, sind nur dann Objekte dieses Deliktes, wenn der Verlustträger dem Finder bekannt ist und derselbe der in § 389 a. b. G.B. aufgestellten Pflicht der Rückstellung nicht nachkommt. Eine Pflicht der Bekanntmachung oder Anzeige ist für diesen Fall nicht einmal vom a. b. G.B. aufgestellt, die Verabsäumung derselben kann also um so weniger strafbar sein. Über die Bedeutung der 8tägigen Frist des § 389 a. b. G.B. vgl. C.H. 984. Auf die Zueignung eines Schatzes (§ 400 a. b. G.B.) findet die Strafdrohung des § 201c keine Anwendung. Teilnehmung ist insofern strafbar, als auch derjenige mit Strafe bedroht ist, der eine von einem Anderen gefundene Sache verhehlt und sich zueignet (a. M. Geyer u. Finger). Thätige Reue hebt die Strafbarkeit nicht auf. Den gefundenen Sachen stellt § 201c die dem Thäter „irrtümlich zugekommenen" gleich. Da hinsichtlich dieser bloß die Zueignung, nicht auch, wie bei der Veruntreuung, das Vorenthalten strafbar ist, liegt dieses Delikt nicht vor, wenn die betreffende Sache trotz des bei der Übergabe obwaltenden Irrtums des Tradenten ins Eigentum des Empfängers übergegangen ist, wie dies im Falle eines bloßen Irrtums im Motive geschehen würde.

IV. Eine Ergänzung zum Begriffe der Veruntreuung (und auch des Diebstahles) bildet der in § 3 Ges. 25. Mai 1883 gegen die Vereitelung von Zwangsvollstreckungen bedrohte Thatbestand des Verstrickungsbruches. Desselben macht sich schuldig, wer körperliche oder unkörperliche Sachen (Forderungen), die von einer Behörde oder in deren Auftrag sequestriert, gepfändet oder in Beschlag genommen wurden, der behördlichen Verfügung entzieht, sofern sich seine That nicht als das schwerere, nach § 1 desselben Gesetzes strafbare Delikt der Vollstreckungsvereitelung darstellt. Das durch dieses Delikt geschützte Rechtsgut ist die Autorität der behördlichen Verfügung, weshalb der Thatbestand desselben bei Angriffen auf eine durch berechtigte Selbsthilfe gepfändete oder zurückgehaltene (§ 1321 a. b. G.B., Art. 313 f. H.G.B.) Sache nicht vorliegt. Aus welchem Grunde die behördliche Maßregel erfolgte, ist gleichgültig. Die Thätigkeit des Schuldigen besteht entweder darin, daß er die Sache dem Besitzer wegnimmt oder daß eine noch in seinem Besitze verbliebene Sache der Verfügung der Behörde durch Verbrauch, Zerstörung, Veräußerung entzieht. Abschließung eines Rechtsgeschäftes über dieselbe, selbst Veräußerung ist jedoch nicht an und für sich strafbar, sondern bloß dann, wenn dadurch die Sache der behördlichen Verfügung entzogen werden sollte (C.H. 1374). Thäter des Deliktes ist meist der Eigentümer der gepfändeten, . . . Sache, doch kann auch jeder Andere dasselbe begehen (Ergänzungsdelikt § 316 Siegelbruch).

V. Hat jemand eine fremde Sache in rechtmäßiger Absicht an sich genommen und verfügt er später in rechtswidriger Weise über sie, so liegt weder Diebstahl noch Veruntreuung vor. Zum ersteren fehlt der böse Vorsatz, zu letzterer das Moment der „anvertrauten Sache". Das der Thätigkeit nachfolgende Hinzutreten des bösen Vorsatzes kann zur Strafbarkeit nicht genügen (bedenklich C.H. 395, richtig C.H. 1702). Eine allgemeine Strafbrohung gegen Unterschlagung aber fehlt dem geltenden Rechte.

§ 21. Sachbeschädigung.

Sachbeschädigung ist Minderung des Vermögens eines Anderen durch Zerstörung oder Beschädigung einer fremden, beweglichen oder unbeweglichen Sache. Nach § 85 ist dieselbe als Verbrechen nur strafbar, wenn sie entweder eine „boshafte" Beschädigung war und einen größeren Schaden bewirkte oder bewirken sollte (über 25 Gulden) oder sich als besonders gefährlich (vgl. oben S. 43) für das Leben oder die körperliche Sicherheit von Menschen oder für fremdes Eigentum in größerer Ausdehnung (nicht bloß für eben jene Sache, deren Zerstörung oder Beschädigung der Thäter beabsichtigte) darstellt. Angriffsobjekt dieses Deliktes ist nach §§ 85 und 468 „ein fremdes Eigentum" d. h. ein fremder Eigentumsgegenstand. Das Verbrechen ist nicht ein allgemeines subsidiäres Delikt der Vermögensschädigung, begangen durch jede nicht unter einen andern Deliktsbegriff fallende vorsätzliche Schädigung des Eigentums (=Vermögens im Sinne des § 353 a. b. G.B.) eines Anderen, sondern ein besonderes, vom Diebstahl und den anderen Vermögensdelikten durch die Art der Thätigkeit des Verbrechers unterschiedenes Verbrechen. Die Thätigkeit besteht darin, daß eine fremde Sache zerstört oder in solcher Weise in ihrer natürlichen Beschaffenheit beschädigt wird, daß hieraus ein Vermögensnachteil für deren Eigentümer entsteht. Objekt kann auch eine unbewegliche Sache sein. Nach Analogie des § 174 II g sind jagdbare Tiere auch in uneingehegten Revieren möglicher Gegenstand derselben. An der eigenen Sache kann das Delikt nicht begangen werden, auch nicht, wenn dadurch ein fremdes Perzeptionsrecht geschädigt würde. Hinsichtlich der Beschädigung und Zerstörung fremder Urkunden vgl. § 201a St.G.B. und unten § 24, III. Durch welche Mittel Zerstörung oder Beschädigung erfolgen, ist gleichgültig, sie können auch die Folge vorsätzlicher Unterlassungen sein. Das charakteristische Moment des Deliktes liegt darin, daß der betreffende Gegenstand als eine Sache von jener Art, zu welcher sie ihrer natürlichen Beschaffenheit nach gehört, zerstört oder geschädigt wird, mögen auch die einzelnen Teile, aus denen sie besteht, unversehrt bleiben (Zerlegen einer komplizierten Maschine) oder mag auch die Beschädigung in der Beimischung fremder Substanzen bestehen, durch welche die betreffende Sache verunreinigt oder zum Nachteil ihres Wertes verändert wird. Zum Thatbestande genügt daher nicht die vorsätzliche Minderung des fremden Vermögens, es muß dieselbe vielmehr durch Beschädigung oder Zerstörung der Sache als solcher erfolgt sein. Wer Fische aus dem fremden Fischbehälter in den Fluß zurückwirft, hat die Fische als solche nicht beschädigt, dieses Delikt daher nicht begangen (a. M. Finger).

II. Sehr bestritten ist die Frage nach dem dolus der Sachbeschädigung. Die herrschende Lehre in Theorie und Praxis geht dahin (im Anschlusse an Zeiller (Pratobevera's Materialien VIII 413), Glaser (Abh. 445), Hye, Finger, Janka) „unter der boshaften Beschädigung jede mit bösem Vorsatze im Sinne des § 1 erfolgte Beschädigung zu verstehen". Im Gegensatze zu derselben verstehen Jenull, Nippel (Jurist. IV 421 f. und Handbuch I 66), Waser (Haimerls Magazin III 87), Wahlberg (G.Z. 1878 Nr. 37 ff.), teilweise auch Högel (G.H. 1887 Nr. 47 f.) und wenigstens zu Zeiten Glaser (G.Z. 1867 Nr. 83, vgl. auch dessen Ausführung als Generalprokurator in C.H. 228 zu § 212 St.G.B.), das „boshaft" in dem engeren Sinne der Freude an dem materiellen Schaden oder an der Kränkung, welche der Eigentümer infolge der That erleiden soll. Der C.H. versteht das „boshaft" dahin, daß außer der Vorsätzlichkeit der That auch noch das Bewußtsein ihrer Rechtswidrigkeit erforderlich sei (vgl. C.H. 643, 1575, 2069, Generalprokuratur zu C.H. 2219 und insbesondere C.H. 2255). Daß als „boshafte" bloß jene Beschädigungen aufgefaßt werden dürfen, welche durch böse Gesinnung gegen den Geschädigten charakterisiert sind, dürfte sich aus folgenden Erwägungen ergeben. 1. Aus der geschichtlichen Entwicklung, hinsichtlich welcher Zeiller bezeugt, daß die Strafdrohung wesentlich zu dem Zwecke aufgenommen wurde, um Fälle unerlaubter Racheübung unter Strafdrohung zu stellen. Damit stimmt es auch übevein, daß die Theresiana den Ausdruck „Bosheit" nicht mit dolus, sondern mit malitia übersetzt, während das josefinische St.G.B. I. Teil, § 119 von einer „aus Zorn, Rache, Feindschaft, Habsucht oder sonst einer boshaften Absicht" erfolgenden That spricht und das St.G.B. 1803, I. Teil, § 57 die Wendung gebraucht, daß jemand „boshafter Weise" etwas zu bewirken „sucht", in welchem Falle das Requisit „boshaft" ganz überflüssig wäre, wenn es nichts als die bereits durch das bewirken „suchen" ausgedrückte Vorsätzlichkeit des Thuns bezeichnen sollte. 2. Ist zu bedenken, daß das Delikt im Gesetze nicht unter die Delikte gegen das Vermögen, sondern unter die Fälle der öffentlichen Gewaltthätigkeit, der Friedensstörungen, eingereiht ist, als welche wohl eine aus besonderer Gehässigkeit verübte, nicht aber jede vorsätzliche Sachbeschädigung aufgefaßt werden kann. Unverkennbar ist auch der Anschluß des § 85 (verb. „Andere") an den Schluß des § 83 („oder um sonst eine Gehässigkeit zu befriedigen"). 3. Ganz zweifellos ist es, daß nach dem St.G.B. von 1803 nicht jede vorsätzliche Beschädigung als „Verbrechen" strafbar sein konnte. Nach diesem Gesetze war nämlich zur Anwendbarkeit der in Frage stehenden Strafdrohung eine größere Höhe des zugefügten Schadens vorausgesetzt. Erst durch Patent 17. Januar 1850 wurden boshafte Sachbeschädigungen mit einem Schaden von weniger als 5 Gulden aus dem Verbrechen ausgeschieden und diese Aussonderung 1852 auf Sachbeschädigungen unter 25 Gulden ausgedehnt. Es wäre nun ganz undenkbar, daß jede vorsätzliche Beschädigung ohne Rücksicht auf den Betrag Verbrechen sein sollte, während bei Entwendungen und Unterschlagungen zur Kriminalität ein höherer Betrag vorausgesetzt ist. Lag die Begrenzung dieses Verbrechens nicht in der Größe des Schadens, so mußte sie offenbar in der besonderen Modalität des dolus liegen, das „boshaft" also nicht, wie die herrschende Ansicht annimmt, überflüssig sein, (da es sich ja aus § 1 von selbst ergiebt, daß Beschädigungen, welche als Verbrechen bestraft werden sollen, „vorsätzliche" sein müssen), sondern eine besondere Bedeutung besitzen, wie das „um seines Vorteiles willen" in § 171. Galt dies aber vom St.G.B. 1803, so muß es auch von jenem von 1852 gelten, da hinsichtlich des zu dem Verbrechen erforderlichen dolus in diesem Falle nichts anderes bestimmt wurde, das „boshaft" also heute noch dasselbe bedeuten muß wie damals. 4. Anerkennt das Gesetz selbst Fälle vorsätzlicher Beschädigung, welche keine boshaften Beschädigungen sind, indem es in § 318 die mutwillige Beschädigung, diejenige, welche aus Freude an der That und nicht aus Freude am Erfolge entspringt, der fahrlässigen und boshaften Beschädigung gegenüberstellt, so daß also boshafte und vorsätzliche Beschädigung nicht identische Begriffe sein können. 5. Dürfte es nicht ohne Bedeutung sein, daß § 1331 a. b. G.B. dem Mutwillen ganz ebenso die Schadenfreude gegenüberstellt, wie §§ 318 und 85 St.G.B mutwillige und boshafte Beschädigung einander entgegensetzen, so daß auch hieraus auf die Identität von Schadenfreude und Bosheit geschlossen werden kann. 6. Schließlich hat auch die Praxis, abgesehen von C.H. 1513, regelmäßig bisher Bedenken getragen, jede vorsätzliche Deteriorierung des Objektes eines Miet- oder Pachtvertrages durch den Mieter oder Pächter für strafbar, bei einem Schaden über 25 Gulden sogar für ein Verbrechen zu erklären.

Unter den Gesichtspunkt der Sachbeschädigung fällt auch die Tierquälerei, sofern durch dieselbe fremde Tiere ohne Zustimmung des Eigentümers entwertet werden. Im übrigen ist Tierquälerei leider nur nach den M. Vdg. 20. April 1854 und 12. Februar 1855 polizeilich strafbar. Außer der boshaften Sachbeschädigung ist hinsichtlich gewisser Objekte auch noch die mutwillige oder fahrlässige Beschädigung derselben strafbar (vgl. §§ 306, 318, 319 teilweise auch 315 und 317). Besondere Strafdrohungen gegen boshafte Beschädigung des Staatstelegraphen (auch auf das Staatstelephon anwendbar, C.H. 2125, a. M. Finger) und gegen andere Delikte in Bezug auf den staatlichen Telegraphenverkehr enthält § 89, hinsichtlich submariner Telegraphenkabel im Inlande, Auslande und im staatlosen Gebiete der hohen See das Ges. 30. März 1888. Thätige Reue wirkt bei diesem Delikte nicht strafaufhebend, was sich auch bloß erklärt, wenn man dasselbe nicht als vorsätzliches Vermögensdelikt, sondern als eine durch die besondere Qualifikation des

bösen Vorsatzes charakterisierte Friedensstörung auffaßt. Besondere Bestimmungen hinsichtlich der im Familienverbande verübten Sachbeschädigungen fehlen, doch kommt auf solche, welche objektiv bloß Übertretungen wären und bis zur Erhebung der Privatanklage im Familienkreise verschlossen geblieben sind, § 525 in Anwendung (C.H. 1072).
Über § 85 lit. b und c vgl. oben S. 43.

§ 22. Gemeingefährliche Strafthaten.

I. Brandlegung. Die Zerstörung einer Sache durch Feuer stellt sich nur dann als Brandlegung dar, wenn aus deren Anzündung die Gefahr einer Feuersbrunst, d. h. eines Brandes von erheblicher Ausdehnung und erheblichem Schaden an fremdem, unbeweglichem oder auch beweglichem Eigentum entsteht. Brandlegung kann auch durch in rechtswidriger Absicht erfolgende Anzündung der eigenen Sache verübt werden, wenn daraus Gefahr für fremdes Eigentum entsteht (§ 169 St.G.B.). Vollendet ist das Verbrechen bereits durch Vornahme einer Handlung, aus welcher nach dem Anschlage des Thäters eine Feuersbrunst entstehen soll, wenn auch das Feuer nicht wirklich ausgebrochen ist. Verhütet in einem solchen Falle der Thäter freiwillig das Entstehen eines wirklichen Schadens, bevor sein Verbrechen bemerkt worden und er also der Gefahr der Ergreifung ausgesetzt ist, so wird er durch thätige Reue nach § 168 straflos. Bewirkung einer für fremdes Eigentum ungefährlichen Feuersbrunst an eigenen Sachen des Thäters wird nach § 170 als Specialfall des Betruges bestraft, wenn der Thäter dadurch Rechte eines Dritten verkürzen oder jemandem Verdacht zuziehen wollte. Gleichgültig ist, ob der Eigentümer die Brandlegung selbst vornimmt, oder durch einen Dritten vornehmen läßt (C.H. 128, 832). Vollendet ist dieser Betrug durch den Ausbruch des Brandes an der eigenen Sache, nicht schon durch das „Legen" des Brandes, aber auch nicht erst durch Irreführung der Affekuranzgesellschaft oder Schädigung der Gläubiger (o. G.H. 789). Gegen fahrlässige Verursachung eines Brandes und in abstracto feuergefährliche Handlungen richten sich die Strafdrohungen der §§ 434—459. Einzelne dieser Strafdrohungen richten sich gegen Ungehorsamsdelikte gewisser Gewerbsleute; in diesen Fällen können jedoch nur die letzteren selbst sich dieser Delikte schuldig machen, nicht auch derjenige, der ihnen den Auftrag erteilte (z. B. §§ 437—439). Eine Strafdrohung gegen die Verheimlichung und die Unterlassung der Anzeige einer entstandenen Feuersbrunst durch den von ihr Betroffenen enthält § 458.

II. Nach § 4 Sprengstoffgesetz 27. Mai 1885 ist eines Verbrechens schuldig, wer vorsätzlich durch Anwendung von Sprengstoffen als Sprengmittel eine Gefahr für Leben, Gesundheit oder Eigentum eines Anderen herbeiführt. Der Vorsatz muß also auf Herbeiführung einer Gefahr zum mindesten für fremdes Eigentum gerichtet sein. Die Begriffe des Sprengstoffes und Sprengmittels werden nicht definiert, sondern als bekannt vorausgesetzt. Vollendet ist das Verbrechen durch Herbeiführung der Gefahr, wenn auch kein wirklicher Schaden entstanden ist. Von den Grundsätzen der allgemeinen Lehren des Strafrechtes machen die §§ 5 ff. des Gesetzes weitgehende Ausnahmen, indem sie schon die Eingehung eines Komplottes, die Zugehörigkeit zu einer Bande, Vorbereitungshandlungen, die öffentlich oder vor mehreren Leuten geschehende Aufforderung zu einem solchen Verbrechen, die ebenso erfolgende Anpreisung oder Rechtfertigung solcher Handlungen oder die Erteilung von Anleitungen zu deren Begehung für Verbrechen erklären und unter gewissen Voraussetzungen die Unterlassung der Anzeige eines von Anderen geplanten Unternehmens dieser Art mit Verbrechensstrafe bedrohen. Thätige Reue ist unter Voraussetzung der Verhütung jedes Schadens als Strafaufhebungsgrund anerkannt. Präventiv polizeiliche Normen und Strafsanktionen zu denselben enthalten §§ 1—3 unter Beschränkung auf einen engeren Begriff des Sprengstoffes (vgl. M. Vdg. 4. August 1885).

III. Über Gemeingefährliche Sachbeschädigung und Lebensgefährdung vgl. oben S. 43, wozu nur hinzugefügt werden muß, daß die betreffenden Handlungen und Unterlassungen auch strafbar sind, wenn nur eine „Gefahr für fremdes Eigentum in größerer Ausdehnung" entstehen konnte (§ 85b) beziehungsweise entstanden ist oder bewirkt werden sollte (§ 87).

IV. Strafthaten in Bezug auf ansteckende Menschenkrankheiten §§ 393 ff. St.G.B., Pestpatent v. 21. Mai 1805.

V. Strafthaten in Bezug auf Tierkrankheiten vgl. die Tierseuchengesetze, insbef. § 45 Gef. v. 29. Februar 1880, Art. 1. Gef. v. 24. Mai 1882, § 38 Gef. v. 29. Febr. 1880 (Nr. 37), § 12 G. 19. Juli 1879 u. vgl. dazu § 32 Lebensmittelgesetz 1896.

VI. Übertretung der Vorschriften über die Erzeugung und den Besitz von Waffen und Munitionsgegenständen und über das Waffentragen (nach dem Patent v. 24. Oktober 1852 §§ 28 und 40 sind einzelne dieser Übertretungen nur im Falle der Konnexität mit anderen gerichtlich strafbaren Handlungen den Gerichten überwiesen).

VII. Zu den gemeingefährlichen Delikten gehört auch ein großer Teil der von dem sog. Lebensmittelgesetze 16. Januar 1896 bedrohten Strafthaten. Nach § 18 desselben ist eines Vergehens, unter Umständen (nach § 19 Abs. 2) eines Verbrechens schuldig 1. wer wissentlich Lebensmittel, die zum Handel und Verkehr bestimmt sind, derart herstellt oder derart konserviert, daß deren Genuß die menschliche Gesundheit zu schädigen geeignet ist, 2. wer wissentlich Gegenstände, deren Genuß die menschliche Gesundheit zu beschädigen geeignet ist, als Lebensmittel feilhält oder sonst in Verkehr setzt, 3. wer wissentlich Koch-, Eß-, Trink- oder gewisse andere Geräte, kosmetische Mittel, Spielwaren, Tapeten, Bekleidungsgegenstände derart erzeugt, daß deren bestimmungsgemäßer oder vorauszusehender Gebrauch die menschliche Gesundheit zu beschädigen geeignet ist und wer wissentlich ebensolche Gegenstände feilhält oder sonst in Verkehr setzt oder in gesundheitsschädlicher Weise zum Gebrauch für Andere anwendet. Nach den §§ 14—16 sind auch fahrlässige Handlungen ähnlicher Art als Übertretungen (bei schwerem Erfolge als Vergehen) strafbar. Einer Übertretung ist außerdem auch schuldig, wer einer auf Grund der §§ 6 und 7 des Gesetzes von den beteiligten Ministerien zum Schutze der Gesundheit erlassenen Vorschrift dolos oder kulpos zuwiderhandelt. (Vgl. auch §§ 8 und 10 Abs. 2.)

§ 23. Betrug.

I. Einen Betrug begeht, wer jemanden in Irrtum führt oder in einem Irrtum bestärkt, um ihn durch diesen Irrtum zu einem Verhalten zu bestimmen, durch welches er sich selbst oder einem Dritten unwissentlich einen Schaden zufügen soll. Das charakteristische Merkmal, durch welches der Betrug sich von anderen Verbrechen unterscheidet, liegt darin, daß der Schaden des Betrogenen unmittelbar seinem eigenen Verhalten entspringt, daß dieses sein Verhalten jedoch von dem Betrüger vorsätzlich und zwar durch Erregung oder Bestärkung eines Irrtums veranlaßt worden ist.

Unser Gesetz behandelt den Betrug (und ebenso die Erpressung) als formale oder vage Verbrechen, d. h. als solche, welche nicht durch das verletzte Rechtsgut, sondern nur durch die Art ihrer Verübung gekennzeichnet sind. Der Betrug ist nicht bloß Vermögensdelikt, sondern er umfaßt, wie § 197 ausdrücklich hervorhebt, die Schädigung „an Eigentum oder an anderen Rechten", sofern sie durch das Mittel listiger Vorstellungen oder Handlungen erfolgt. Dadurch erlangt der Betrug eine subsidiäre Stellung im System der strafbaren Handlungen, indem jeder Eingriff in jede durch die Rechtsordnung verliehene oder geschützte Befugnis, sofern er durch listige Vorstellungen oder Handlungen erfolgt und nicht unter einen andern Deliktsbegriff fällt, als Betrug strafbar ist, allerdings regelmäßig bloß als Übertretung des Betruges, da zur Verbrechensqualifikation, abgesehen von den besonderen in § 199 aufgezählten Fällen, Nachweisbarkeit eines 25 Gulden übersteigenden Vermögensschadens vorausgesetzt ist. Namentlich sind es Familienrechte, politische Rechte der Staatsbürger, Hoheitsrechte der Staatsverwaltung, aber auch die persönliche Freiheit und andere Rechte, welche durch die den Betrug treffende Strafdrohung gegen Verletzungen durch das Mittel der Täuschung geschützt werden sollen. Die Thätigkeit des Betrügers besteht in der Vornahme listiger Vorstellungen oder Handlungen, um durch diese einen Irrtum eines Anderen zu erregen oder aufrecht zu erhalten, durch welchen der Irrende zu einem für ihn oder für eine dritte Person schädlichen Verhalten bestimmt werden soll (daher in Bezug auf Automaten nicht begehbar). Als „listige Vorstellungen oder Handlungen" stellen sich nicht bloß diejenigen dar, welche eine besondere Eignung zur Täuschung besitzen, sondern wie § 201 b beweist („Mißbrauch des Schwachsinnes") nach den Umständen des konkreten Falles auch ganz plumpe Vorspiegelungen. Insbesondere macht der thatsächliche Eintritt des Schadens die Erörterung der Möglichkeit desselben überflüssig (vgl. C.H. 1710). Der Umstand, daß das Rechtsgeschäft, durch welches dritte Personen getäuscht werden sollen, aus formellen Gründen ungültig ist, schließt die Strafbarkeit nicht aus (unrichtig C.H. 533). Identität des Getäuschten und desjenigen, der den Schaden erleiden soll, ist keineswegs notwendig. (Unrichtig daher C.H. 26. Oktober 1878 bei Manz Note 3 zu § 197, da durch die unbefugte Herstellung der zum Verkauf bestimmten Cigaretten der Staat um den Regiegewinn geschädigt werden sollte.) Durch bloße Unterlassungen als reines Omissivdelikt kann Betrug nicht begangen werden. Wer den Irrtum, in welchem ein Anderer befangen ist, nicht aufklärt, ohne irgend etwas zu dessen Erhaltung oder Bestärkung zu thun, ist nach positivem Recht nicht strafbar, selbst dann nicht, wenn er civilrechtlich zur Aufklärung des Irrtums verpflichtet wäre und wenn er aus dem Fortbestande desselben für sich einen Vorteil ableiten würde. Der Kausalzusammenhang zwischen einer Thätigkeit des Angeklagten und einem Schaden des angeblich Betrogenen genügt nicht zur Zurechnung des Betruges, es muß zu demselben noch ein ursächlicher Zusammenhang zwischen der Thätigkeit des Betrügers und der Entstehung oder dem Fortbestande jenes Irrtums hinzukommen, infolgedessen der Betrogene die schädigende Handlung vornimmt (Merkel). Straflos ist daher, wer ruhig zusieht, wie A. dem B. etwas leistet, wozu A. verpflichtet zu sein glaubt, während der Zuseher weiß, daß dies nicht der Fall ist. Und auch derjenige selbst, der ein ihm angebotenes indebitum wissentlich annimmt, ist nach § 197 nicht strafbar, wohl aber kann er nach Umständen nach der Specialbestimmung des § 201 c bestraft werden. Wer aber wissentlich das indebitum z. B. von den Erben des ursprünglichen Schuldners einklagt oder einmahnt, hat bereits etwas gethan, um den Irrtum zu erregen oder zu bestärken, und ist darum des Betruges schuldig. Auch sonst liegt sehr häufig in einem bestimmten Verhalten jemandes die stillschweigende Behauptung gewisser Thatsachen eingeschlossen (Zechbetrug z. B.). Sehr richtig C.H. 503. Betrug hingegen begeht nicht, wer nur darauf ausgeht, unbemerkt zu bleiben (denjenigen, der eine Leistung von ihm fordern oder ihn an einem Verhalten hindern würde, zu vermeiden), ohne aber einen Irrtum zu erregen (blinder Passagier, Schmuggel). Der zu erregende oder zu bestärkende Irrtum muß sich auf vorgespiegelte oder gefälschte That= sachen beziehen. Regelmäßig werden diese Thatsachen der Gegenwart oder Vergangenheit angehören, unter Umständen jedoch auch der Zukunft (Herauslockung eines Gegenstandes durch Vorspiegelung der Absicht, denselben an einen Dritten abliefern oder für ihn verwenden zu wollen, fraglich C.H. 1386). Zweifellos sind auch Täuschungen über die Absicht des Täuschenden genügend. Unter Thatsachen sind auch Rechtssätze zu verstehen. Zweck der Täuschung muß es sein, den Getäuschten zu einem Verhalten zu bestimmen, durch welches er selbst den Schaden herbeiführt (vgl. C.H. 2061); Betrug liegt daher nicht vor, wenn die Täuschung bloß den Zweck verfolgt, dem Thäter Gelegenheit zu verschaffen, damit er durch eine strafbare Handlung von seiner Seite den Anderen schädige z. B. damit er eine fremde Sache entwenden könne (Diebstahl, häufig in Gestalt mittelbarer Thäterschaft durch Benützung einer in Folge des in ihr erregten Irrtums in bona fide handelnden Zwischenperson). Die Täuschung muß sich auf die Motive des Getäuschten beziehen, durch welche er zu seinem Verhalten, z. B. zum Abschlusse des betreffenden Rechtsgeschäftes bestimmt werden soll. Der Offerent, der falsche Motive über die Ursache seiner Offerte vorspiegelt (concurence déloyale, Ausverkaufsschwindel, manche Fälle des Gründungsschwindels) begeht dadurch allein noch keinen Betrug. Wer aber als Bevollmächtigter eines Anderen behauptet, nicht billiger verkaufen zu können, weil der Eigentümer die Sache nicht billiger hergebe, während er die Differenz zwischen dem von ihm und dem vom Eigentümer geforderten Preise für sich zu behalten beab= sichtigt, spiegelt eine falsche Thatsache vor, durch die er den Andern zum Abschlusse des Ge= schäftes um den geforderten Preis bestimmen will und begeht Betrug. Falsche Angaben und falsche Widersprechungen einer Partei im Civilprozesse begründen insofern keinen Betrug, als sie nicht den Zweck verfolgen, durch Irreführung auf die Entscheidung einzuwirken, sondern bloß die Gegenpartei zur Führung eines Beweises für die von ihr vorgebrachten thatsächlichen Angaben nötigen sollen (Chicane).

II. Die Absicht des Betrügers ist auf Zufügung eines Schadens an auch sonst durch die Rechtsordnung geschützten Gütern bezw. Interessen gerichtet. Bereicherungsabsicht ist nicht notwendig, bildet aber, wo sie vorliegt, ein wichtiges Indicium zur Feststellung der Schädigungsabsicht (treffend C.H. 1710). Das Motiv ist ausdrücklich für irrelevant erklärt. Es genügt nicht, daß jemand durch die Täuschung zu einer Disposition bestimmt wurde, die er ohne diese Täuschung nicht vorgenommen hätte, sofern er durch dieselbe nicht auch an einem Rechtsgute (im gewöhnlichen Falle eines vermögensrechtlichen Geschäftes an seinem Vermögen) geschädigt worden ist. Wer also durch Täuschung bestimmt wird, eine Sache zu kaufen, die zwar nicht die ihm vorgespiegelten Eigenschaften besitzt, aber ihrem gemeinen Werte nach dem von ihm gezahlten Kaufpreise entspricht, ist im allgemeinen nicht betrogen, weil nicht beschädigt. Anders liegt der Fall aber, wenn die nicht in Spekulationsabsicht, sondern zum Gebrauche gekaufte Sache infolge des Mangels der vorgespiegelten Eigenschaften für den Käufer unbrauchbar ist (alte Auflage eines Buches mit eingeklebtem Titelblatt der neuen Auflage). Wenn die unter falschen Vorspiegelungen hinsichtlich der Qualität oder Quantität (Halbseide statt Seide, 49 Kilogramm Kohle in einem 50 Kilo-Sacke) verkaufte Sache preiswert verkauft wurde, sodaß der Käufer keinen Schaden erleidet, weil er für die schlechtere Qualität oder das geringere Quantum auch nur einen geringeren Preis bezahlt hat, werden zwar nicht die Käufer, wohl aber die ehrlichen Konkurrenten solcher unehrenhafter Kaufleute geschädigt. Doch ist diese Form des **unehrlichen Wettbewerbs** nach geltendem Recht derzeit noch straflos. Nur wenn ein Konkurrent bereits ein subjektives Recht auf Ausführung der gerade ihm zugedachten Bestellung hätte, würde derjenige, der durch Täuschung des Bestellers jenem seine Kundschaft „abspinnt" und ihn dadurch um den aus der Offerte des Bestellers erworbenen Anspruch auf Fabrikationsgewinn schädigt, eines Betruges schuldig sein. (Betrug, nicht bloß Übertretung des Markenschutzgesetzes ist es, wenn jemand statt der ausdrücklich aus einem bestimmten Etablissement bestellten Waren andere liefert, welche fälschlich mit der Fabriksmarke jenes Unternehmers versehen sind, selbst wenn die Waren preiswürdig sind, der Käufer also keinen Schaden erleidet.) Da Schädigungsabsicht zum Betruge erfordert wird, so sind Täuschungen zum Zwecke der Selbsthilfe, um dasjenige zu erlangen, worauf man einen rechtlich begründeten Anspruch hat, nicht Betrug, daher ist es nicht Betrug, wenn der Bestohlene dem Dieb die gestohlene Sache herauslockt. (Im übrigen ist auch die dem Diebe gegenüber erfolgende Herauslockung der Sache Betrug, da auch seine Detention geschützt wird.) Ebenso ist es nicht Betrug, wenn der Schuldner bei Aufnahme eines Darlehens zu Wucherzinsen sich von vornherein vornimmt, das Übermaß der Zinsen nicht zu zahlen. Andererseits liegt Betrug vor, obwohl der Betrogene nach Civilrecht zur Rückforderung dessen, was er auf Grund einer Täuschung zur Bewirkung einer unerlaubten Handlung hingegeben hat, nicht berechtigt wäre (§ 1174 a. b. G.B.), wie wenn ihm Geld entlockt wurde unter der Vorspiegelung, ihn militärfrei zu machen, C.H. 701, oder ihm falsches Geld dafür zu verschaffen. Auch eventueller dolus genügt (Kreditbetrug). Herauslockung eines Geschenkes durch listige Vorstellungen kann Betrug sein, wenn das Motiv der Schenkung in dem Glauben an die vorgespiegelten Thatsachen gelegen war, während lügenhafte Angaben oder Simulierung von Gebrechen, wenn sie bloß dazu bestimmt sind, auf den Bittenden aufmerksam zu machen, und so die Mildthätigkeit Vorübergehender zu erregen, nicht Betrug sind. Als ein zur Zurechnung eines Betruges ausreichender Schaden ist es auch anzusehen, wenn jemand durch falsche Vorstellungen (Benutzung fremder oder erloschener Freikarten z. B.) von einem Anderen die Gewährung einer Leistung ohne Entgelt erlangt, während diese Leistung, abgesehen von besonderen Ausnahmen, grundsätzlich nur gegen Entgelt erfolgt (C.H. 629, 1118).

III. Schwierigkeiten bereiten die Fälle, in denen die Absicht des Angeklagten nicht auf eine Schädigung am Vermögen, sondern „an anderen Rechten" gerichtet war. Es kommen in dieser Beziehung insbesondere familienrechtliche Befugnisse, politische Rechte der Staatsbürger und Hoheitsrechte der Staatsverwaltung als solche Interessen in Betracht, welche durch die gegen den Betrug gerichtete Strafaktion geschützt werden sollen. So ist Betrug die Unterschiebung eines Kindes an Stelle eines anderen, die Erschleichung der väterlichen Einwilligung zur Verheiratung eines Minderjährigen, die Erschleichung des Beischlafes durch Vorspiegelung einer Trauungsceremonie, die Hinderung in der Ausübung des Wahlrechtes durch Angabe eines unrichtigen (späteren) Wahltermines, die Beeinträchtigung des Staates in Ausübung eines seiner Hoheitsrechte, wenn dieselbe durch Erregung oder Aufrechthaltung eines Irrtumes erfolgt. Jedoch ist hinsichtlich des letztangeführten Falles zu beachten, daß nach moderner Auffassung auch dem Staate bezw. den Staatsorganen kein allgemeines Recht auf Wahrheit und kein allgemeines Aufsichtsrecht von der Art zusteht, daß es den in § 197 jedem subjektiven Rechte zugesprochenen Schutz gegen Schädigungen durch Täuschung beanspruchen könnte. Der Betrugsbegriff des § 197 setzt vielmehr für alle Fälle eine von der Täuschung verschiedene, aus derselben erst entstehende Schädigung voraus; es darf daher niemals, auch nicht bei Angriffen auf den Staat und dessen Organe, die Täuschung selbst als Schädigung angesehen werden. Irreführung der öffentlichen Aufsicht als solcher ist vielmehr, wenn überhaupt, so nur nach § 320 e, f und g als Übertretung zu bestrafen. Hat jedoch die Irreführung der öffentlichen Aufsicht den weitergehenden Zweck, eine öffentliche Behörde durch den in ihr erregten Irrtum in ihren Verfügungen rechtswidrig zu beeinflussen, etwa die Erreichung jenes Zweckes zu vereiteln, welchem die Forderung wahrheitsgetreuer Angabe dienen soll, so liegt Betrug (abgesehen von den Fällen eines abschätzbaren, 25 Gulden übersteigenden Schadens jedoch nur als Übertretung) vor (C.H. 94, 361, 420, 623, 805, 844, 1264, 2039). (Vgl. auch § 53 G. über das Autorrecht.) Vollendet ist der Betrug schon durch die Irreführung des zu Täuschenden und nicht erst durch den Eintritt des Schadens.

IV. Die Unbestimmtheit des österreichischen Betrugsbegriffes bringt es mit sich, daß unter denselben auch solche Thatbestände als „Arten" des Betruges eingereiht wurden, welche mit dem Gattungsbegriffe des Betruges nur sehr lose zusammenhängen und von neueren Gesetzgebungen daher als selbständige Verbrechensarten behandelt werden: so die falsche Aussage vor Gericht (§ 199 a), die Urkundendelikte (§§ 199 d und 201 a), der betrügerische Bankerott (§ 199 f), die Fundunterschlagung (§ 201 c), die Verrückung von Grenzsteinen (§ 199 e). Obwohl § 199 auf § 197 zurückweist und § 201 die in demselben aufgezählten Handlungen als „Arten" des Betruges bezeichnet, so sind doch die erwähnten Delikte in der Richtung von § 197 unabhängig, als die zu denselben vorausgesetzte Thätigkeit des „Betrügers" bloß in einem durch die betreffenden Specialbestimmungen des § 199 oder 201 charakterisierten Verhalten desselben zu bestehen braucht, und nicht auch außerdem noch die Erregung oder Unterhaltung eines Irrtums durch listige Vorstellungen oder Handlungen enthalten muß. Was aus § 199 zu ergänzen ist, ist nur die „Absicht, an Eigentum oder an anderen Rechten zu schaden"; hinsichtlich der Thätigkeit aber ist die auf dieselbe bezügliche Bestimmung des § 197 durch die specielleren Bestimmungen der §§ 199 und 201 ersetzt, indem die charakterisierten Arten strafwürdigen Verhaltens einer Irreführung gleichgestellt sind (C.H. 762, 1024, 1067 besonders C. H. 220 und Gernerth; a. M. Liszt, scheinbar a. M. Kitka, unklar Finger). Wirkliche Fälle des Betruges jedoch sind die in § 199 lit. b. und c. und in § 201 lit. b. d. und e. behandelten.

V. Eine Ergänzung der Strafdrohungen gegen Betrug bildet § 89 G. v. 9. April 1873 über die Erwerbs- und Wirtschaftsgenossenschaften, wonach Mitglieder des Vorstandes und des Aufsichtsrates, ferner Liquidatoren und sonstige Beauftragte der Genossenschaft, welche in den Generalversammlungs-Protokollen, in den Rechnungsabschlüssen, Bilanzen und Geschäftsberichten, in dem Register der Mitglieder, sowie in den durch § 35 angeordneten Mitteilungen wissentlich falsche Angaben machen oder bestätigen, insoferne sie nach den allgemeinen Strafgesetzen nicht einer strengeren Behandlung unterliegen, eines Vergehens schuldig sind. Auf die Vorstandsmitglieder von Aktiengesellschaften und Kommanditgesellschaften auf Aktien ist diese Strafdrohung bisher nicht ausgedehnt worden.

§ 24. Urkundendelikte.

I. Während die moderne Gesetzgebung gewisse Formen des Mißbrauches der sowohl für den allgemeinen Rechtsverkehr (Lenz) als insbesondere für die Rechtsprechung wichtigen Institution der Urkunden zu einer selbständigen Verbrechensgruppe ausgestaltet hat, behandelt unser St.G.B. diese Delikte als Arten des Betruges. Es hat dies zur Folge, daß sie nur im Falle der Schädigungsabsicht strafbar sind (abgesehen von § 320 lit. f.). Urkunden sind sachliche Beweismittel, welche einen menschlichen Willen oder Gedanken durch konventionelle Zeichen in der Art zum Ausdruck bringen, daß sie im Verkehr oder in der Rechtsprechung allgemein als beweismachend anerkannt werden. Da die Urkundendelikte bloß unter der Voraussetzung der Absicht, am Eigentum oder an anderen Rechten zu schaden (§ 197) strafbar sind, kommen bloß solche Urkunden in Betracht, welche für den Beweis von rechtlich geschützten Ansprüchen relevant sein können. Diese Relevanz kommt ihnen zu unter Voraussetzung ihrer Echtheit und ihrer Unverfälschtheit, deren eingehende Prüfung, namentlich im allgemeinen Verkehr oft unmöglich und jedenfalls nicht üblich ist. Eben deshalb schützt das Gesetz das Zutrauen in diese, den Wert der Urkunden begründenden Qualitäten dadurch, daß es Strafdrohungen gegen den Mißbrauch desselben aufstellt. Die konventionellen Zeichen, durch welche der urkundliche Inhalt ausgedrückt wird, sind meistens, aber nicht notwendigerweise, Schriftzeichen. Jedenfalls muß die Urkunde ein für sich bestehender Gegenstand sein und nicht bloß ein Zeichen an einem Gegenstande. Eine Ausnahme in dieser Richtung machen kraft positiven Rechtes die von öffentlichen Anstalten eingeführten Bezeichnungen mit Stempel, Siegel oder Probe. Die Streitfrage, ob zum Urkundenbegriff Beweiseignung genüge oder Beweisbestimmung erforderlich sei, dürfte dahin zu beantworten sein, daß nicht bloß präkonstituierte Urkunden der letzteren Art strafrechtlichen Schutz genießen, sondern auch solche, welche nicht von vornherein zu Beweiszwecken geschaffen wurden, wenn sie nur zur Zeit der an ihnen verübten Thätigkeit des Angeklagten bereits Beweisbestimmung hatten. So kann ein Liebesbrief, wenn er zu den Akten eines Prozesses gegeben worden, Urkunde werden und Gegenstand eines Urkundendeliktes sein. Ebenso ist Veränderung des bereits in die Urne gelegten Stimmzettels Urkundenfälschung, während die unbefugte Abänderung des noch nicht abgegebenen Stimmzettels unter Umständen gemeinen Betrug, nie aber ein Urkundendelikt begründen kann. Keine gesetzliche Bestimmung weist darauf hin, daß die Urkundendelikte den Zweck der Irreführung einer Behörde haben müßten, es genügt die abstrakte Eignung derselben zur Irreführung irgend jemandes. Ebendeshalb ist auch an Urkunden, welche infolge eines Formfehlers ungültig sind, eine strafbare Verfälschung möglich (a. M. C.H. 1177, richtig hingegen o. G.H. 1126). Die Kopie ist im Gegensatze zum Duplikat als Urkunde nicht anzusehen. Der Unterschied zwischen Privat- und öffentlichen Urkunden ist nur Strafzumessungsgrund.

II. Das St.G.B. kennt vier Urkundendelikte. 1. Die „Nachmachung" oder Anfertigung einer falschen Urkunde. 2. Die Verfälschung oder Veränderung einer echten Urkunde. 3. Die Vernichtung, Beschädigung, Unterdrückung einer dem Thäter nicht ausschließlich gehörenden Urkunde. 4. Die Übertretung der Nachmachung oder Verfälschung einer öffentlichen Urkunde ohne Schädigungsabsicht (§§ 320 lit. f.). Nachgemacht, falsch, unecht ist jene Urkunde, die sich den Schein giebt, von jemandem Anderen ausgestellt zu sein als wirklich der Fall ist. Die nachgemachte Urkunde täuscht über die Person ihres Ausstellers. Wahrheit oder Unwahrheit ihres Inhaltes ist für die Frage der Echtheit der Urkunde gleichgültig. Echt ist jene Urkunde, welche entweder thatsächlich oder doch rechtlich (zufolge wirksamen Auftrages) von demjenigen herrührt, der als ihr Aussteller erscheint. Daß der Aussteller zur Ausstellung gezwungen wurde, hebt die Echtheit nicht auf. Wie die unwahre Urkunde von der unechten zu unterscheiden ist, so die Falschbeurkundung von der Urkundenfälschung. Unwahre Eintragungen in ein kaufmännisches Handelsbuch von Seite des Berechtigten sind daher keine Urkundendelikte, sie können jedoch als Betrug oder Crida strafbar werden. Auch die sog. intellektuelle Urkundenfälschung oder, richtiger bezeichnet, die Urkundenerschleichung, d. h. die Veranlassung einer in Irrtum geführten Person (insbes. einer Amtsperson) zur Aufnahme oder Beglaubigung einer inhaltlich oder hinsichtlich der Person des sie Abgebenden unwahren Erklärung ist nur, soweit § 197 zutrifft, Betrug. (Würde der Beamte von der Unwahrheit der von ihm beurkundeten Erklärung wissen, so würde er nach § 102 b des Mißbrauches der Amtsgewalt schuldig sein, und der ihn dazu Bestimmende als Anstifter zu diesem Verbrechen strafbar werden.) Hingegen ist Ausfüllung eines Blankettes trotz Echtheit der Unterschrift Herstellung einer falschen Urkunde. Unter allen Umständen ist Mißbrauch einer fremden Unterschrift bloß dann Fälschung, wenn sie in der Absicht jemandem zu schaden, erfolgt, also z. B. nicht, wenn jemand unbefugt den Namen eines Anderen auf eine Petition setzt.

Verfälschung einer echten Urkunde liegt vor, wenn jemand den rechtlich relevanten Inhalt einer Urkunde, sei es durch Abänderungen, Vertilgung oder Unsichtbarmachung einzelner Stellen oder durch Zusätze, verändert. Nach C.H. 204, 420, 906 wären Änderungen in betreff jener Thatsachen vorausgesetzt, über welche die Urkunde Beweis zu machen **bestimmt** ist. Dieses Deliktes kann sich auch der Aussteller selbst schuldig machen, wenn er die Änderungen nach dem Zeitpunkte vornimmt, in welchem die Wirksamkeit der Urkunde gegenüber anderen Personen bereits begonnen hat, also nach Übergabe der Dispositivurkunde, der Sachverständige nach Abgabe seines Gutachtens. Deshalb ist auch der Kaufmann wegen Veränderung der in seinen Handelsbüchern gemachten Eintragungen strafbar (Lenz).

Sowohl bei der Nachmachung als bei der Verfälschung muß zufolge § 197 die Absicht darauf gerichtet sein, durch den von der Urkunde gemachten Gebrauch zu täuschen und an einem Rechte zu schädigen. Die Täuschung muß erfolgen durch Irreleitung der sinnlichen Wahrnehmung des zu Täuschenden durch die Urkunde selbst, weshalb ein Urkundendelikt nicht vorliegt, wenn jemand durch Vorlesung einer ihm nicht zur Einsicht verstatteten Urkunde oder durch Vorlegung einer als solche bezeichneten Kopie getäuscht wird (a. M. C.H. 1385). Eine Fälschung, die nicht in der Absicht zu schaden verübt wurde, ist selbst hinsichtlich öffentlicher Urkunden nur nach § 320 lit. f. als Übertretung strafbar (die entgegengesetzte Norm des Hfdr. 17. Mai 1819 Maucher, Nr. 498 ist ins St.G.B. nicht übergegangen); hinsichtlich privater Urkunden ist sie straflos. Es hat dies die höchst bedenkliche Konsequenz, daß eigenmächtige Anfertigung privater Urkunden über eine wahre Thatsache und eigenmächtige Korrektur unwahrer Privaturkunden mangels der Absicht zu schaden straflos bleiben (z. B. Anfertigung einer Quittung über eine getilgte Schuld), obwohl doch auch in diesen Fällen das öffentliche Zutrauen in die Echtheit und Unverfehrtheit der Urkunden und damit die für den Verkehr notwendige Institution selbst geschädigt wird.

Nach C.H. 429, 566, 844 sind die besprochenen Verbrechen erst mit dem von der falschen oder verfälschten Urkunde gemachten Gebrauche vollendet, was mit der Anschauung des C.H. von der Selbständigkeit der in §§ 199 und 201 behandelten Specialfälle des Betruges hinsichtlich ihres **objektiven** Thatbestandes (vgl. C.H. 125) nicht übereinstimmt, da unter dieser Voraussetzung zur Vollendung aller dieser Delikte nichts anderes notwendig wäre als die Vornahme der in §§ 199 und 201 bezeichneten Handlungen, nicht aber auch der Eintritt der von § 197 geforderten Irreführung. Allerdings aber führt die Ansicht des C.H. zu praktisch richtigerer Entscheidung der Fragen der Verjährung, des inländischen Gebrauches einer im Auslande von einem Ausländer gefälschten Urkunde (C.H. 564), des Gebrauches der von einem Andern gefälschten Urkunde (C.H. 429, 566, 844 aber auch 960), sowie des Rücktrittes vom Versuch.

III. Das St.G.B. stellt auch die Vernichtung, Beschädigung und Unterdrückung fremder oder solcher Urkunden, an welchen anderen Personen Rechte zustehen, in den Zusammenhang des specifischen Urkundendelikts, obwohl sie nicht das Rechtsgut der publica fides, das öffentliche Zutrauen in die Beweiskraft der Urkunden angreifen. Vernichtung einer Urkunde erfolgt nicht bloß durch Zerstörung ihres körperlichen Substrates, sondern auch z. B. durch Durchstreichen oder sonstige Unwirksammachung ihres Inhaltes; ebenso muß die Beschädigung einer Urkunde ihre Beweiskraft und nicht bloß den körperlichen Träger der urkundlichen Erklärung betreffen. Unbefugte Benutzung fremder Urkunden kann Betrug oder die Übertretung des § 320 lit. g. begründen; hinsichtlich eines Waffenpasses ist sie nach §§ 27 und 28 Waffenpatent strafbar (vgl. auch § 102, c St.G.B.).

IV. Den Urkundendelikten nahe verwandt sind die in Schadensabsicht (C.H. 2056) erfolgende Beseitigung oder Verrückung von Grenzzeichen (§ 199 e) und der in derselben Absicht erfolgende Gebrauch von falschem oder geringhältigem Maß oder Gewicht in einem öffentlichen Gewerbe (vgl. C.H. 322) (§. 199, c.).

§ 25. Bankbruch und Vollstreckungsvereitelung.

I. Während nach geltendem Rechte im Gegensatze zu älteren deutschrechtlichen Anschauungen der Vertragsbruch und die Nichterfüllung obligatorischer Verpflichtungen an sich nicht strafbar sind, wird der Schuldner unter gewissen Voraussetzungen dafür verantwortlich, daß er sich verschuldeterweise die Erfüllung seiner Verbindlichkeiten unmöglich gemacht hat oder dafür, daß er vorsätzlich oder fahrlässig die nachteiligen Folgen seiner Zahlungsunfähigkeit für seine Gläubiger noch verschärft. Bedingung für die Strafbarkeit wegen Bankbruches ist in allen Fällen eine Zahlungseinstellung des Angeklagten, in manchen Fällen außerdem der Eintritt der materiellen Voraussetzungen für die Eröffnung des Konkurses über sein Vermögen, wenn es auch aus formalen Gründen (§ 66 C.O.) zur wirklichen Konkurseröffnung nicht gekommen sein sollte (o. G.H. 1391, Krall, J.M.E. 26. April 1874). In den Fällen der Verschwendung und des übermäßigen Aufwandes sowie wohl auch in jenem der ränkevollen Kreditverlängerung genügt Schädigung Eines Gläubigers, während sonst Schädigung bzw. Gefährdung der „Gläubigerschaft" des Angeklagten oder eines Teiles derselben oder doch jedenfalls einer Mehrheit von Gläubigern vorausgesetzt ist. Zahlungseinstellung bzw. Konkurs brauchen nicht in allen Fällen die Wirkung des strafbaren Verhaltens zu sein, sie können demselben sogar auch vorangehen; auch brauchen sie nicht verschuldet zu sein. Ebenso ist Zahlungsunfähigkeit nicht überall notwendig; die „Verdrehung des Massestandes" erfolgt nicht selten von Seite eines Zahlungsfähigen.

Das Gesetz unterscheidet das Verbrechen des sogenannten „betrügerischen" Bankrottes § 199 und das Vergehen der sogenannten „fahrlässigen" Krida § 486. Zum Verbrechen ist zufolge § 197 die wenigstens eventuelle „Absicht zu schaden" erforderlich, während dieselbe in den Fällen des § 486 nicht vorliegen darf. Die Verbrechen des § 199 sind Verletzungsdelikte, die Vergehen des § 486 Gefährdungs- oder in einzelnen Fällen Ungehorsamsdelikte.

Das St.G.B. statuiert weder einen allgemeinen Thatbestand des Verbrechens, noch einen solchen des Vergehens, sondern löst beide in casuistisch behandelte Einzelfälle auf. Verbrechensfälle sind die folgenden; 1. Verschuldung der Zahlungsunfähigkeit durch Verschwendung. Von dem „übermäßigen Aufwande" des § 486 unterscheidet sich dieses Verbrechen subjektiv durch das Erfordernis der Schädigungsabsicht und objektiv dadurch, daß die Verschwendung alleinige Ursache der Zahlungsunfähigkeit sein muß, während § 486 auch anwendbar bleibt, wenn jemand durch übermäßigen Aufwand seine Zahlungsfähigkeit geschwächt hat und dann, zunächst infolge eines von ihm nicht verschuldeten Ereignisses, zur Zahlungseinstellung genötigt wird. In beiden Fällen jedoch muß das strafbare Verhalten in einem ursächlichen Verhältnisse zur Zahlungsunfähigkeit stehen, während dies in den beiden folgenden Fällen nicht nötig ist. 2. Ränkevolle Kreditverlängerung in der Absicht, die bisherigen Gläubiger durch Kontrahierung neuer Schulden zu schädigen. Würden diese Schulden in der Absicht kontrahiert worden sein, um durch erfolgversprechende Unternehmungen die Gläubiger befriedigen zu können, so wäre im Falle des Mißlingens nur § 486 anwendbar. 3. Verdrehung des wahren Massestandes entweder durch Verringerung der Aktiva (Vernichtung, Entwertung, Belastung, Verschenkung, Verschleuderung u. dgl., nicht aber Veräußerung gegen entsprechendes und zur Befriedigung des Gläubigers dienliches Entgelt, soweit pretium succedit in locum rei) oder durch (wenn auch anfechtbare) Aufstellung scheinbarer Passiven sowie durch Begünstigung (Gratifikation) einzelner Gläubiger vor anderen. Auch der eine Begünstigung annehmende Gläubiger ist nach § 5 mitschuldig (C.H. 67, 256). Von Selbsthilfe des Gläubigers kann in einem solchen Falle nicht die Rede sein, weil dieselbe zum Schaden Dritter nicht zulässig ist und weil der Gläubiger, sobald ihm die Unfähigkeit des Gemeinschuldners zur Befriedigung aller Mitgläubiger bekannt ist, auf volle Befriedigung oder auf besondere Sicherstellung keinen Anspruch mehr besitzt. Hingegen ist, da eine besondere Strafdrohung gegen die sogenannte

Bankrottunterstützung fehlt, nicht strafbar, wer, zwar im Interesse des Schuldners, aber ohne Zusammenwirken mit demselben, Vermögensstücke desselben verheimlicht. In den Fällen der Kreditverlängerung und der Verdrehung des Massestandes ist die Zahlungseinstellung nicht Thatbestandsmoment, sondern nur objektive Bedingung der Strafbarkeit. Sie braucht daher nicht verschuldet zu sein; wäre sie es, so läge Realkonkurrenz zweier verschiedener Bankrotthandlungen vor. Wie die Zahlungseinstellung nicht beabsichtigt zu sein braucht, so genügt es auch nicht, wenn sie beabsichtigt, aber nicht eingetreten wäre. Wer durch tolle Spekulation vorsätzlich die Realisierbarkeit der Forderungen seiner Gläubiger gefährdet, ist nicht strafbar, wenn die Spekulationen gelingen oder durch irgend einen Zufall die Solvenz aufrechterhalten bleibt. Der Versuch ist also nicht strafbar, wenn es zur Zahlungseinstellung überhaupt nicht kam, wohl aber ist er zu bestrafen, wenn er in Bezug auf eine wirklich eintretende Zahlungseinstellung erfolgte. Geht die den Thatbestand des Bankrotts konstituierende Handlung der Zahlungseinstellung voran, so ist die Frage ihrer Strafbarkeit solange in suspenso, als es unentschieden ist, ob die Zahlungseinstellung erfolgt oder nicht. Vor Einstellung der Zahlungen liegt nicht einmal Versuch vor.

Besondere Strafdrohungen gegen in Konkurs verfallene **Kaufleute** stellt § 486 Abs. 2 auf. Diese Standesvergehen der Kaufleute sind zum größten Teile reine Ungehorsamsdelikte, welche jedoch nur unter der Voraussetzung strafbar sind, daß der derselben Schuldige in Konkurs verfällt. Ein Verschulden des Kridatars an seiner Zahlungsunfähigkeit ist hiebei nicht vorausgesetzt. Ebensowenig ist es erforderlich, daß durch die betreffende Handlung (z. B. durch Beseitigung der Bücher) die Lage der Gläubiger thatsächlich verschlechtert worden ist. Entschuldbarer Irrtum über die nach Handelsrecht zu bestimmende Pflicht zur Buchführung exkulpiert, Mangel der zu ihr erforderlichen Kenntnisse entschuldigt jedoch nicht. Unfähigkeit oder Nachlässigkeit des Buchhalters macht den Chef aus dem Gesichtspunkt der culpa in eligendo oder der Vernachlässigung der Kontrolle verantwortlich.

Den Abschluß der einschlagenden Strafdrohungen bildet jene am Eingange des § 486, nach welcher jeder in Konkurs verfallene Schuldner zu bestrafen ist, „wenn er sich nicht ausweisen kann, daß er nur durch Unglücksfälle und unverschuldet in die Unmöglichkeit geraten sei, seine Gläubiger vollständig zu befriedigen" (treffend C.H. 1706). Insofern der Angeklagte nachzuweisen hat, daß ihn an seiner Insolvenz kein Verschulden trifft, liegt hierin eine Verschiebung der materiellen Beweislast.

II. Sehr häufig sucht der Schuldner nicht geradezu die Befriedigung seines Gläubigers überhaupt, sondern nur dessen Befriedigung aus bestimmten Exekutionsobjekten, durch eine bestimmte Exekutionsart zu vereiteln. Diese Gefährdung fremden Vermögens zu treffen, ist die Aufgabe des § 1 Ges. 25. Mai 1883 gegen die Vereitelung von Zwangsvollstreckungen. Sobald der Gläubiger zu seiner Befriedigung ein bestimmtes der Zwangsvollstreckung unterliegendes Objekt zur Exekution ausgewählt hat oder sobald es feststeht, daß der Gläubiger jedenfalls auf ein bestimmtes Exekutionsobjekt greifen werde, darf der von der Zwangsvollstreckung bedrohte Schuldner **dieses** Objekt (bewegliche oder unbewegliche, körperliche oder unkörperliche Sache, unter Umständen selbst eine einem Dritten gehörende Sache C.H. 1205) nicht mehr zerstören, beschädigen, entwerten, belasten, in unwirtschaftlicher Weise (C.H. 747) verbrauchen oder veräußern oder sonst zum Nachteile des Gläubigers über dasselbe verfügen, und zwar selbst dann nicht, wenn der Gläubiger noch aus anderen Vermögensgegenständen des Schuldners sich Befriedigung seines obligatorischen oder dinglichen Anspruches verschaffen könnte. Der Schaden für den Gläubiger besteht darin, daß eben jenes Objekt seinem Zugriffe entzogen wird, zu dessen Inanspruchnahme er befugt und gewillt ist, und daß dadurch seine Befriedigung gefährdet, erschwert oder verzögert wird. Wäre die Absicht des Schuldners darauf gerichtet, den Gläubiger ganz oder teilweise um seine Forderung zu bringen, so wäre § 199 lit. f. anwendbar (vgl. C.H. 620 und 704). Ob die Erfüllungspflicht des Schuldners auf einem Titel des Privatrechts oder des öffentlichen Rechts beruht, ist gleichgültig, ebenso, ob sie sich auf eine obligatorische oder dingliche Leistung bezieht, wohl aber muß der Anspruch des Gläubigers des rechtlichen Schutzes überhaupt teilhaft sein. Auch Ablehnung eines sicheren Erwerbes, Nichtantritt einer Erbschaft kann das Delikt begründen (C.H. 631). Gefährdung Eines

Gläubigers genügt. Ausnahmsweise kann das Delikt auch durch „Erdichtung von Schulden" begangen werden, sofern die in diesem Falle regelmäßig vorliegende Absicht, den Gläubiger geradezu zu schädigen, in concreto nicht nachweisbar wäre (C.H. 616, 704). Thäter kann nur der Schuldner selbst sein; andere Personen können nur als Mitschuldige in Betracht kommen (C.H. 1332 nimmt daher an, daß „Verwalter fremden Vermögens" sich in Bezug auf eine ihrem Machthaber bevorstehende Exekution dieses Deliktes nicht schuldig machen können; vgl. jedoch § 486 i. f.). Vollendet ist das Delikt durch die unstatthafte Verfügung über einen Gegenstand des eigenen Vermögens, mag auch ein Schaden des Gläubigers daraus nicht entstanden sein.

§ 26. Erpressung.

I. Wie der Betrug, so ist nach geltendem Recht, welches zwischen Erpressung und Nötigung nicht unterscheidet, auch die Erpressung ein formales Delikt, das bloß durch das Mittel seiner Verübung, nicht durch das verletzte Rechtsgut charakterisiert ist. Erpressung ist die durch Drohung oder Gewaltanwendung erfolgende Nötigung zu einer Leistung, Duldung oder Unterlassung (§ 98). Von einem Zwange zu einer Leistung kann nur dann die Rede sein, wenn jemand zu einem Verhalten genötigt wird, das abgesehen davon, daß es den Benötigten in seiner freien Selbstbestimmung beeinträchtigt (C.H. 202 und 282), auch noch in anderer Richtung von rechtlicher Bedeutung ist. Leistung ist sonach zwar nicht bloß eine Handlung von vermögensrechtlicher Bedeutung, aber auch nicht jede rechtlich ganz irrelevante Handlung (Glaser, C.H. 260, 938). Die rechtliche Bedeutung der erzwungenen Leistung braucht sich nicht gerade auf den Bedrohten oder eine ihm nahestehende Person zu beziehen, sondern sie kann auch den Staat betreffen (a. M. Glaser, der Erpressung leugnet im Falle der Nötigung zur Unterlassung der Anzeige eines Offizialdeliktes oder zur Herausgabe von Beweismitteln, durch deren Vernichtung die Verfolgung eines Offizialdeliktes gehindert werden soll). Erpressung liegt vor, wenn jemand genötigt wird, ein von ihm verübtes Verbrechen zu gestehen (C.H. 735), eine strafbare Handlung zu begehen, eine unsittliche Handlung zu begehen oder zu dulden (weil auch solche Handlungen rechtlich nicht irrelevant sind o. G.H. 1240), die Verteidigung eines rechtswidrig Angegriffenen zu unterlassen (ganz unrichtig C.H. 722), mit einer bestimmten Person einen Lohnvertrag abzuschließen (C.H. 1562), eine politische Gesinnung zu bethätigen, welche der eigenen widerspricht (C.H. 2141), zu einer anderen Konfession überzutreten. Ebenso ist erzwungener Tausch Erpressung (o. G.H. 439) und kann Zwang zum Selbstmord Erpressung begründen (a. M. Glaser G. Z. 1864). Hingegen liegt Erpressung nicht vor, wenn das abgenötigte Verhalten nur den Neigungen, dem Geschmacke, den Gewohnheiten des Benötigten widerstreitet, ohne daß dadurch dessen rechtlich in Betracht kommende Verhältnisse modifiziert würden (Glaser, C.H. 830, a. M. Janka und Finger). Abnötigung eines rechtlich irrelevanten aktiven oder passiven Verhaltens, zu welchem sich der Benötigte freiwillig gewiß nicht entschlossen hätte, ist nur nach Maßgabe des angewendeten Mittels als gefährliche Drohung, Körperverletzung, Freiheitsbeschränkung, nicht aber als Erpressung strafbar.

In keinem Falle darf die abgenötigte Leistung eine solche sein, auf welche der Nötigende ein Recht hatte (Glaser). (Vgl. C.H. 2093 Trinkgelder des Hotelportiers.) Drohung zur Selbsthilfe kann nur als Verbrechen der gefährlichen Drohung strafbar sein, ebenso kann eine zu demselben Zwecke verübte Körperletzung oder Freiheitsbeschränkung nur nach Beschaffenheit dieser Gewaltthat, nicht aber als Erpressung bestraft werden (o. G.H. 1241, C.H. 202, 282, unrichtig o. G. H. 1123). Denn die Erpressung ist ein zusammengesetztes Delikt, bei welchem eine an und für sich rechtswidrige Handlung durch den rechtswidrigen Zweck noch strafbarer wird (a. M. Janka). Vollends kann von Erpressung nicht die Rede sein, wenn Gewalt oder Drohungen angewendet werden, um jemanden von Verübung einer strafbaren oder doch wenigstens unrechtmäßigen Handlung abzuhalten (C.H. 780).

Im Falle der Erpressung einer Handlung entsteht der Schaden des Genötigten, wie beim Betruge jener des Betrogenen, aus seinem eigenen Verhalten, das er als das kleinere von zwei Übeln selbst gewählt hat; im Falle der Erpressung einer Duldung hingegen bewirkt der Erpressende diesen Schaden unmittelbar durch sein Verhalten und beschränkt sich die Mitwirkung des Geschädigten darauf, daß er genötigt wird, sich seiner Schädigung nicht zu widersetzen.

Mittel der Erpressung sind die Drohung mit einer Verletzung an Körper, Freiheit, Ehre oder Eigentum oder die wirkliche Zufügung eines Nachteils an einem dieser Rechtsgüter. Betäubung hingegen ist kein Mittel der Erpressung, weil durch dieselbe keine Beugung eines widerstrebenden Willens erfolgt (a. M. Finger). Die Drohung braucht keine imminente und nicht unwiderstehlich zu sein, ihre Eignung zur Beeinflussung des Bedrohten ist individuell zu beurteilen. C.H. 890 subsumiert unter die Drohung mit Ehrverletzungen auch die „chantage", die Androhung von Enthüllungen über nicht gerade ehrenrührige Privatverhältnisse (vgl. o. G.H. 1151 und Glaser). Androhung eines Nachteiles, welchen der Drohende je nach seinem Interesse und nach seiner Willkür dem Bedrohten zuzufügen befugt ist, begründet nicht Erpressung. Für die Unterlassung einer Handlung, welche vorzunehmen oder zu unterlassen jemandem vollkommen freisteht, kann der Betreffende im allgemeinen von jenem, für welchen die Handlung unangenehme Wirkungen haben mag, ein Äquivalent fordern, so für Unterlassung der Kündigung eines Kapitals oder einer Miete, des Abbruchs geschäftlicher Verbindung, der Eröffnung eines Konkurrenzgeschäftes. Anders, wenn die Ermächtigung zu der angedrohten Handlung dem Drohenden nur im öffentlichen Interesse zusteht, wie die Berechtigung zur Anzeige strafbarer Handlungen und wohl auch jene zur Privatanklage (a. M. Glaser). Forderung eines Schweiggeldes ist daher Erpressung. Aber auch derjenige begeht Erpressung, der als Preis für die Nichtbewirkung eines Übels, zu dessen Zufügung er berechtigt ist, eine an und für sich rechtswidrige Forderung aufstellt, wie wenn der Vermieter die Unterlassung einer Steigerung oder Kündigung davon abhängig macht, daß der Mieter in den Ehebruch seiner Frau, in die Verführung seiner Tochter einwillige.

Gewinnsüchtige Absicht ist zur Erpressung nicht notwendig. Das St.G.B. rechnet auch die Nötigung der modernen Theorie zur Erpressung. Infolge positiver Bestimmung des Gesetzes fällt die Abnötigung gewisser Leistungen unter den Thatbestand specieller Delikte und scheidet dadurch aus dem Begriff der Erpressung aus. So fällt Abnötigung der Vornahme oder Unterlassung einer Amtshandlung unter § 81 bezw. 68; Abnötigung der Übergabe oder der Duldung der Wegnahme einer fremden Sache durch Gewalt oder durch Bedrohung mit imminenter Gefahr unter den Begriff des Raubes; Überwältigung zum Zweck des Beischlafes oder anderer unzüchtiger Handlungen unter Notzucht oder Schändung. Doch wäre Erpressung anzunehmen, wenn die Frauensperson zwar nicht außer stande gesetzt war, Widerstand zu leisten, doch den weiteren Widerstand nur aus Furcht (nicht etwa auch infolge der Erregung ihrer eigenen Sinnlichkeit) unterließ (vgl. jedoch Glaser und o. G.H. 1214).

II. Zweifelhaft ist das Verhältnis der Erpressung zu der Arbeiter- und Unternehmernötigung des Koalitionsgesetzes vom 7. April 1870. Bis zu diesem Gesetze war nach § 481 das bloße „Eingehen einer Verabredung von Arbeitern, um sich durch gemeinschaftliche Weigerung zu arbeiten oder durch andere Mittel einen höheren Tage- oder Wochenlohn oder andere Bedingungen von ihren Arbeitgebern zu erzwingen", wegen der möglicherweise daraus entstehenden Zwangslage (nicht „Notlage", wie Finger annimmt) des Unternehmers an den Rädelsführern strafbar. Diese Strafdrohung gegen den Streik als solchen wurde 1870 aufgehoben und nur die Behinderung der „Arbeitnehmer" „an der Ausführung ihres freien Entschlusses, Arbeit zu nehmen, durch Mittel der Einschüchterung oder Gewalt" für strafbar erklärt, wenn dieselbe erfolgt, um dadurch einen „auf Erzwingung eines höheren Lohnes oder überhaupt günstigerer Arbeitsbedingungen" gerichteten Ausstand (Streik) zu fördern. Dieser Behinderung der Arbeitnehmer in der „freien" Bethätigung ihres Entschlusses, wurde die Behinderung der Arbeitgeber an der Aufnahme von Arbeitskräften als gegensätzliche Deliktsform gegenübergestellt. In Anerkennung des Grundsatzes, daß die Anwendung von Gewalt oder Drohung als Erpressung, bezw. als ein unter diesen Gattungsbegriff fallendes Specialdelikt nicht strafbar ist, wenn die Gewalt oder Drohung nur die Durchsetzung eines Rechtes bezweckt, beschränkt auch das Specialgesetz die Strafbarkeit auf die Anwendung von Gewalt oder Drohung im Interesse solcher Ausstände, welche die Erzwingung von solchen Gegenleistungen des Unternehmers anstreben, auf die die Arbeiter einen rechtlichen Anspruch nicht haben. Nicht strafbar sind sonach Drohungen, welche nur die Einhaltung der vertragsmäßig ober gesetzlich (durch die G.O.) fixierten Bedingungen von Seite des Unternehmers bezwecken. Hingegen ist die Strafdrohung nicht bloß auf solche Streiks anwendbar, welche eine Lohnerhöhung anstreben, sondern auch auf jene, welche erfolgen, um eine künftige Lohnreduktion zu verhindern (C.H. 2033). Gegenüber dem Thatbestande der Erpressung liegt in diesen Specialfällen eine Erweiterung in der Richtung vor, daß überhaupt alle „Einschüchterungen" schon für strafbar erklärt sind (vgl. sehr weitgehend C.H. 2033). Die Anwendung des Specialgesetzes cessiert, soweit die Handlung unter eine strengere Bestimmung des St.G. fällt (vgl. C.H. 1413 u. 2218).

§ 27. Wucher und andere Ausbeutungen.

I. In Ablehnung der angeblichen Axiome, daß jeder Mensch seinen eigenen Vorteil am besten selbst kenne, und daß die gleichmäßig rücksichtslose Verfolgung aller privaten Interessen das allgemeine Interesse fördere („Harmonie der Interessen"), bedroht die moderne Gesetzgebung die Ausbeutung bestimmter unwirtschaftlicher Qualitäten eines Anderen mit Strafe. So insbesondere den Kreditwucher, der in Österreich, nachdem er 1787—1803 und wiederum von 1868—1877 bezw. außerhalb Galiziens und der Bukowina bis 1881 straflos gewesen war, seit dem Ges. v. 28. Mai 1881 neuerlich mit Strafe bedroht ist, während der Sachwucher noch immer straflos verblieb (vgl. C.H. 649, 976, 1081). Kreditwucher ist Ausbeutung eines Kreditnehmers durch Ausbedingung eines maßlosen Äquivalentes für die Gewährung oder Verlängerung des Kredites. Derselbe kann bei jedem Kreditgeschäfte, d. h. bei jedem Geschäfte, welches Elemente eines Darlehens enthält, eintreten, so beim Verkaufe mit Stundung des Kaufpreises (C.H. 728, 886), beim Ankauf einer Sache des Schuldners unter Stipulation einer Rückkaufspflicht desselben gegen einen bestimmten Preis, bei Diskontierung eines Wechsels u. s. w. Die ausbedungenen Vorteile des Kreditnehmers brauchen nicht Zinsen im technischen Sinne des Wortes zu sein, sie können auch in dessen Verpflichtung zur Verrichtung unentgeltlicher oder unverhältnismäßig gering entlohnter Dienstleistungen oder in dessen Verzicht auf ein ihm zustehendes Recht (Servitut) bestehen. Sie müssen so maßlos sein, daß sie geeignet sind, das wirtschaftliche Verderben des Kreditnehmers herbeizuführen oder zu befördern. Daß dieses wirtschaftliche Verderben thatsächlich eingetreten sei, ist jedoch nicht notwendig (vgl. C.H. 1703). Andererseits wird die Strafbarkeit auch dadurch nicht ausgeschlossen, daß der Kreditnehmer zur Zeit des Geschäftsabschlusses bereits wirtschaftlich ruiniert war (C.H. 1077, 1456). Strafbar sind auch wucherische Darlehen von einem für den Kreditnehmer verhältnismäßig geringen Betrage, wenn dieselben nur in abstracto wegen der Maßlosigkeit des geforderten Äquivalentes geeignet sind, den ökonomischen Ruin herbeizuführen (C.H. 1308). In concreto zu prüfen ist hingegen die Gefahr, welche der Darleiher durch das Geschäft in betreff des von ihm geliehenen Kapitales auf sich nimmt (C.H. 1143). Ausbeutung des Schuldners bei Rückzahlung des von ihm empfangenen Darlehens durch Forderung eines unmäßigen Äquivalentes zur datio in solutum fällt, da weder eine Kreditgewährung noch eine Kreditverlängerung, sondern vielmehr die Tilgung eines Schuldverhältnisses vorliegt, nicht unter das Gesetz (C.H. 976, 1081). Auf jeden Fall muß, was das Gesetz überflüssigerweise besonders hervorhebt, die Ausbeutung des Schuldners durch Ausnützung seines Leichtsinns, oder der dem Kreditgeber bekannten Notlage, Verstandesschwäche, Unerfahrenheit oder Gemütsaufregung erfolgt sein. Thäter kann nicht bloß der formell als Gläubiger Auftretende, sondern auch dessen Geldgeber sein, für welchen jener das Geschäft abschließt. Zum Dolus gehört nach positiver Vorschrift des Gesetzes auch das Bewußtsein des Wucherers über ein factum internum in der Seele des Bewucherten(!), nämlich darüber, daß sich derselbe infolge der angeführten unwirtschaftlichen Qualitäten zur Eingehung des Geschäftes bestimmen ließ. Die Thätigkeit des Verbrechers besteht bei diesem Vergehen in der Ausbeutung des Schuldners; deshalb ist nicht bloß derjenige strafbar, der das fragliche Kreditgeschäft mit dem Schuldner abgeschlossen hat, sondern auch der Cessionar, der eine ihm als wucherisch bekannte Forderung erwirbt und sie weiter cediert oder (z. B. zur Kompensation) geltend macht und ebenso auch, wie C.H. 1071 und 1107 ganz richtig anerkennen, derjenige, der die Zinsen bezieht. Deshalb ist das Verbrechen, im

Falle der Wucher nicht im Kapitale, sondern in den Zinsen gelegen ist, ein fortgesetztes Delikt, dessen Verjährung erst mit dem letzten Zinsenbezug beginnt. Gewährung eines wucherischen Darlehens in anderer Absicht als der der Ausbeutung, z. B. zum Zwecke, den Entlehner wegen Verschwendung unter Kuratel stellen zu lassen, wäre hiernach nicht strafbar (C.H. 1107). Gegen den Grundsatz der Nichtrückwirkung von Strafgesetzen verstößt es nicht, wie C.H. 666, 683, 880, 2022 annehmen, den nach Wirksamkeit des Gesetzes fallenden Bezug wucherischer Zinsen eines vor dessen Wirksamkeit aufgenommenen Darlehens zu bestrafen. Keine Anwendung findet das Gesetz auf absolute Handelsgeschäfte (C.H. 1071), welche zwischen Kaufleuten abgeschlossen wurden (C.H. 1143). Thätige Reue ist Strafaufhebungsgrund (§ 7). Agenten des Kreditgebers können als Gehilfen strafbar sein.

II. Nur in einem äußerlichen Zusammenhange mit dem eigentlichen Wucher steht die Strafdrohung des § 15 Ges. 28 Mai 1881 gegen den sogenannten Beamten- und Kadettenwucher. Dieselbe betrifft Kreditgeber, die sich von Personen, für welche der Bruch ihres Ehrenwortes den Verlust einer amtlichen oder dienstlichen Stellung nach sich ziehen kann, die Erfüllung der Verbindlichkeit aus einem Kreditgeschäfte durch Ehrenwort, Eid oder ähnliche Bestärkungsmittel versprechen lassen. Übermäßige Zinsen sind hierbei nicht vorausgesetzt. Gleichgestellt ist die Annahme ähnlicher Bestärkung von Seite eines minderjährigen Schuldners. Der Cessionar ist strafbar nach § 15 Abs. 2.

III. Hazardspiel und ausdrücklich verbotene Spiele (§ 522). Hazardspiele sind nach den Hfbr. 16. Oktober 1840 und 26. August 1841, im Gegensatze zu Gesellschafts- oder Kommersspielen, jene Spiele, bei welchen Gewinn oder Verlust nicht von der Geschicklichkeit der Spieler, sondern vorzugsweise vom Zufall abhängt. Ein solches Spiel ist an und für sich strafbar, ohne daß es eines besonderen Verbotes bedürfte, sofern sich nicht aus der absoluten Unbedeutendheit der Einsätze die Ausschließung jedes Wagnisses, jeder Gefahr des „Hazardierens" ergiebt. Im Gegensatze dazu sind die namentlich verbotenen Spiele auch ohne Rücksicht auf eine solche Gefahr strafbar. Vom Spiele unterscheidet sich die Wette, bei welch' letzterer der Wettende durch den von ihm gemachten Einsatz seine Überzeugung von der Richtigkeit der von ihm aufgestellten Behauptung bekunden will. Sehr oft jedoch kleidet sich ins Gewand der Wette das bloße Spiel. Auch kann es, insbesondere bei Wettrennen (Totalisateur) vorkommen, daß das Geschäft für den einen Teil eine Wette, für den anderen hingegen ein Spiel ist; doch würde in diesen Fällen auch derjenige, der seinerseits wettet, wegen der Mitwirkung zum Spiele des Anderen strafbar sein.

§ 28. Eingriffe in das Marken- Autor- und Patentrecht.

I. Nach dem Ges. v. 6. Januar 1890 macht sich eines als Vergehen strafbaren Eingriffes in das Markenrecht schuldig, wer Waren, die mit einer Marke unbefugt bezeichnet sind, bezüglich deren einem Anderen das ausschließliche Gebrauchsrecht zusteht, wissentlich in Verkehr setzt oder feilhält. Derselben Strafe unterliegt, wer zu demselben Zwecke wissentlich eine fremde Marke nachmacht, mag auch die Ähnlichkeit keine vollständige sein (§ 25). Liegt betrügerische Absicht und Irreführung vor, so konkurriert mit dem Eingriffe in das Markenrecht Betrug (§ 23 Abs. 2). Mit Rücksicht darauf, daß nach österreichischem Recht zum Betrug Identität des Getäuschten und des Geschädigten nicht notwendig ist, wird diese Konkurrenz sehr häufig vorliegen und ist infolgedessen nach österreichischem Rechte die Pönalisierung des Eingriffes in das Markenrecht durch eine selbständige Strafdrohung von geringerer Bedeutung als etwa nach deutschem St.G.B. Von Wert ist sie aber trotzdem durch ihre Anwendbarkeit auf solche Fälle, in welchen betrügerische Absicht nicht nachweisbar ist, sowie durch die Kumulation von Geld- und Freiheitsstrafen, durch die Veröffentlichung des Strafurteiles, durch die Geldbuße und durch die Beschlagnahme nach § 28 Gesetz vom 6. Januar 1890 (Privatanklage). Nach C.H. 1454 würde dolus eventualis genügen.

II. Eingriffe in das Autorrecht werden nach dem Ges. v. 26. Dezember 1895 nicht nur als Vermögensdelikte aufgefaßt, sondern auch als Verletzungen des künstlerischen und litterarischen Namens ihres wirklichen oder vorgeblichen Urhebers. Delikte der ersteren Art nennt das Gesetz Eingriffe in das Urheberrecht, während für die der zweiten Art ein zusammenfassender Name fehlt. Nicht bloß das Urheberrecht an litterarischen Werken, Werken der Tonkunst und an Werken der bildenden Künste genießt strafrechtlichen Schutz, sondern, allerdings nur unter gewissen Einschränkungen (§ 40 Abs. 2), auch die Photographie, insbesondere das photographische Portrait. Eines Vergehens gegen das Autorrecht macht sich nach § 51 schuldig, wer wissentlich einen Eingriff in ein Urheberrecht begeht oder wissentlich Erzeugnisse eines solchen Eingriffes entgeltlich verbreitet. Die Voraussetzungen, unter welchen ein Eingriff angenommen wird, sind, je nachdem es sich um den Schutz eines litterarischen Werkes, eines Werkes der Tonkunst, eines solchen der bildenden Künste oder um eine Photographie handelt, nach dem Inhalte des an dem betreffenden Werke bestehenden Urheberrechtes verschieden. Nach § 24 Abs. 4 und 5 sind auch gewisse Verletzungen des Verlagsvertrages durch den Autor oder Verleger (das „Überdrucken" des Verlegers und der unbefugte Neudruck von Seite des Verlegers oder auch des Autors) strafbar.

Subjekt eines strafbaren Eingriffes kann auch ein Miturheber, ja auch der alleinige Urheber sein, sofern er sein Recht auf einen Anderen übertragen hatte. Als Schuldform ist im Gegensatze zu § 467 St.G.B. (C.H. 1601) Dolus, d. h. Wissentlichkeit der Verletzung von einem Anderen vorbehaltenen Befugnis, erfordert. Dolus eventualis genügt nicht (vgl. jedoch C.H. 2212). Nur in 3 Fällen fordert das Gesetz zum Deliktsbestand darüber hinaus noch Absicht des Vertriebes, bei der „Einzelvervielfältigung" eines litterarischen Werkes und einer Photographie und bei der Einzelkopie eines Werkes der bildenden Kunst.

Des Schutzes teilhaft sind grundsätzlich nur im Inland erschienene Werke und Werke von Inländern, unter Voraussetzung der Reciprocität (daher zweifelhaft für jenes Gebiet, welches nicht zum deutschen Bunde gehörte, Mitteis), auch im Deutschen Reiche erschienene Werke und nicht erschienene Werke deutscher Staatsangehöriger (§ 2); andere Werke nur nach Maßgabe der Staatsverträge. Ob die Verbreitung, Aufführung u. s. w. im Inlande oder Auslande erfolgen soll, ist gleichgültig. Außer dem Vergehen nach § 51 bedroht das Ges. noch in § 52 als Übertretungen 1. die Unterlassung der bei gewissen erlaubten Reproduktionen gesetzlich auferlegten Pflicht, die Quelle oder den Urheber anzugeben, aus welcher, bezw. von welchem die Entlehnung erfolgte. 2. Die Bezeichnung der Einzelkopie eines Werkes der bildenden Künste mit Namen oder Signatur des Künstlers, von dem das nach Urheberrecht geschützte Original herrührt. 3. Die Vornahme einer unter das Urheberrecht fallenden Verfügung über ein Photographieporträt ohne Zustimmung der dargestellten Person oder ihrer Erben. 4. Die Weiterverwendung der Bezeichnung, des Titels oder der äußeren Erscheinung eines Werkes, nachdem das gerichtliche Verbot erfolgt war. Während die Verfolgung jenes Vergehens und dieser Übertretungen der Privatanklage vorbehalten ist, macht sich nach § 53 des von Amtswegen zu verfolgenden Vergehens der Namensfälschung schuldig, wer in der Absicht zu täuschen ein fremdes Werk (ohne Einwilligung des Autors) mit seinem eigenen Namen oder ein eigenes Werk mit dem Namen eines — nicht einwilligenden — Anderen versieht, um dasselbe in Verkehr zu setzen und zwar auch dann, wenn kein Eingriff in ein Urheberrecht vorliegt, wenn es sich z. B. um Mißbrauch des Namens eines Malers des Cinquecento oder eines Dichters handelt, der einem Staate angehört, mit welchem Österreich keinen Vertrag hat. Ebenso strafbar ist, wer ein solches Werk in Verkehr setzt. Im Falle der Schadensabsicht liegt Betrug vor. Eines eben solchen Vergehens macht sich schuldig, wer in gleicher Absicht eine falsche Anmeldung zum öffentlichen Urheberregister vornimmt. Über Briefsammlungen vgl. oben S. 49, VI.

III. Nach § 97 Ges. v. 11. Januar 1897 ist jeder wissentliche Patenteingriff als Vergehen strafbar unter ausdrücklichem Vorbehalte gleichzeitiger Anwendbarkeit der strengeren Bestimmungen des allgemeinen St.G.B., insbesondere jener über Betrug. Einen Patenteingriff begeht nach § 95, wer ohne Zustimmung des Patentinhabers 1. betriebsmäßig den Gegenstand der geschützten Erfindung herstellt, in Verkehr bringt, feilhält oder gebraucht, 2. wer die geschützte Erfindung, welche er bereits zur Zeit ihrer Anmeldung im Inlande in gutem Glauben in Benutzung genommen, oder hinsichtlich welcher er die zu solcher Benutzung erforderlichen Veranstaltungen getroffen hat, nicht bloß für die Bedürfnisse des eigenen Betriebes in eigenen oder fremden Werkstätten ausnützt. Geldstrafen fallen dem Staatsschatze zu (vgl. oben S. 35) (Privatanklage).

Zweiter Abschnitt.

Strafthaten gegen Interessen der Gesamtheit.

§ 29. Religionsdelikte.

I. **Verbreitung von Unglauben (§ 122d).** „Unglauben" ist nicht schon das Nichtglauben an einzelne Dogmen einer bestimmten Konfession, sondern die grundsätzliche Negierung alles dessen, was, das auf Grund empirischer Erkenntnis gewonnene exakte Wissen überschreitend, Gegenstand des Glaubens Anderer ist, somit die Leugnung des Verhältnisses der Menschheit und der intelligiblen Welt zu einem empirischer Forschung nicht zugänglichen Wesen („das Verhältnis des Menschen zu Gott" wie Jenull, im Anschlusse an die Etymologie des Wortes religio es ausdrückt) (vgl. C.H. 1617). Von der Verbreitung von Unglauben ist zu unterscheiden die **Aufstellung von Hypothesen** auf dem Gebiet irgend einer Wissenschaft, mögen auch diese Hypothesen die Erscheinungen in rein mechanischer (materialistischer) Weise zu erklären suchen, sofern nur diese Hypothesen **als solche**, d. h. unter Bezugnahme auf für sie angeführte sachliche Argumente, und nicht als unumstößliche Wahrheiten entwickelt werden. Unter der eben angeführten Voraussetzung und Beschränkung scheidet die Aufstellung solcher Hypothesen zufolge Art. 17 St.G.G. über die allgemeinen Rechte der Staatsbürger („die **Wissenschaft und ihre Lehre ist frei**") aus der Strafdrohung des § 122d aus. Wer aber solche materialistische Theorien nicht als **wissenschaftliche** Lehre, sondern, ohne auch nur den Versuch ihrer methodischen Begründung zu unternehmen, als Dogmen, als Axiome vorträgt, wer dem Dogma des Glaubens entgegen jenes des Unglaubens lehrt, der versucht „Unglauben" zu verbreiten und ist nach § 122d strafbar.

II. **Gotteslästerung (§ 122a).** Die durch diese Strafdrohung gegen Verunehrung geschützte Gottesidee ist nicht, wie Wahlberg annimmt, der abstrakte, allen Religionen gemeinsame Gottesbegriff, sondern vielmehr der konkrete Gottesbegriff jeder monotheistischen Religion und auch jener des philosophischen Theismus. Dagegen entbehren die pantheistische und die polytheistische Gottesidee jener Bestimmtheit und Einheit, welche § 122a offenbar voraussetzt. Auf die Gottesidee der gesetzlich anerkannten Konfessionen ist die Strafdrohung nicht beschränkt (a. M. Finger). Selbstverständlich ist unter „Gott" jede der Hypostasen der Trinität zu verstehen. Leugnung Gottes ist nicht Lästerung desselben (schief C.H. 1336), sie kann nach § 122d strafbar sein (C.H. 1617), nicht aber nach 122a. Öffentlichkeit der lästernden Äußerung ist „nicht explicite gefordert" (C.H. 1336), wohl aber ist, mit Rücksicht darauf, daß das Delikt nur durch verbreitete und nicht schon durch mitgeteilte Schriften begangen werden kann, Zugänglichkeit der Äußerung für mehrere Personen vorausgesetzt. Wie bei jedem anderen „Verbrechen", muß auch bei diesem der Dolus festgestellt werden, was o. G.H. wiederholt verkannt hat, C.H. 264 jedoch ausdrücklich anerkennt. Lästerliches Fluchen ist daher an und für sich nicht Gotteslästerung. Die Absicht, Andere in ihren religiösen Gefühlen zu verletzen (Janka), ist nicht notwendig.

III. **Öffentliche Verachtungsbezeigung gegenüber der Religion und Störung einer im Staat bestehenden Religionsübung (§ 122b).** Auch diese beiden Strafdrohungen wollen nicht die Religion in abstracto, sondern die im Staat bestehenden Religionsformen gegen Herabwürdigung und Störungen schützen. Sie erstrecken sich auf alle im Staate thatsächlich bestehenden, nicht etwa nach Art. 16 St.G.G. über die allgemeinen Rechte verbotenen Bekenntnisse (a. M. Finger).

IV. **Öffentliche oder vor mehreren Leuten erfolgende Herabwürdigung oder Verspottung der Lehren, Gebräuche, Einrichtungen einer im Staat gesetzlich anerkannten Kirche oder Religionsgesellschaft (§ 303).** Das Angriffsobjekt dieses Vergehens ist nicht wie jenes des Verbrechens nach 122b die betreffende Religion im ganzen, sondern das Einzelne ihrer Lehren und Institutionen. Geschützt sind in dieser, weitergehenden Richtung nur die gesetzlich anerkannten

Konfessionen und Kirchen, d. i. die katholische Kirche, die evangelische Kirche A. u. H. C., die griechisch orientalische Kirche, die „altkatholische Kirche" die Brüdergemeinde der Herrenhuter, die der Lipowaner und die israelitische Religionsgesellschaft.

IV. Beleidigung eines Religionsdieners eines dieser Bekenntnisse bei Ausübung gottesdienstlicher Verrichtungen (§ 303), „Beleidigung" ist hierbei in demselben weiteren Sinne zu verstehen, wie in § 312 (vgl. unten S. 82, V) C.H. 1426, 1512.

V. Unanständiges und zum Ärgernis für Andere geeignetes Betragen während einer öffentlichen Religionsübung eines dieser Bekenntnisse (§ 303). Die Absicht, Ärgernis zu erregen, ist nicht vorausgesetzt (C.H. 977).

VI. Proselytenmacherei für eine auf Grund des Ges. 20. Mai 1874 über die gesetzliche Anerkennung der Religionsgesellschaften verbotene Sekte (§ 304).

VII. Störung der Grabesruhe, Beschädigung von Grabstätten und Mißhandlung von Leichen (§ 306). Daß § 306 eine Beschränkung des § 85a enthalte, wie Herbst annimmt, ist völlig unrichtig, er schließt vielmehr nur die Anwendbarkeit des § 468 aus.

§ 30. Sittlichkeitsdelikte.

I. Notzucht. Das St.G.B. unterscheidet drei Arten dieses Verbrechens. Erstens ist nach § 125 Notzucht der Mißbrauch einer durch den Thäter oder einen Mitschuldigen desselben überwältigten Frauensperson zum außerehelichen Beischlafe. Objekt dieses Verbrechens kann jede Frauensperson ohne weitere Unterscheidung sein, insbesondere kann das Verbrechen auch an einem noch ganz unentwickelten Kinde weiblichen Geschlechtes zum mindesten versucht werden (a. M. Finger). Nur an seiner eigenen Gattin kann der Ehemann, solange die Gemeinschaft rechtlich fortdauert, dieses Verbrechen nicht begehen. Doch kann Erzwingung des Beischlafes mit der eigenen Frau unter Umständen (während vorgeschrittener Schwangerschaft, Krankheit, der Periode oder sonst zur Unzeit) Erpressung begründen. Unmittelbarer Thäter kann nur eine Person männlichen Geschlechtes sein. Die Thätigkeit des Verbrechers besteht aus zwei, durch die Absicht des Thäters miteinander verbundenen Thataften. Der erste Akt besteht darin, daß der Thäter die Frauensperson durch Drohung, Gewalt oder arglistige Betäubung ihrer Sinne außer stand setzt, ihm Widerstand zu thun; der zweite in der Vollziehung des Beischlafes an dieser so überwältigten Person. Wer nur zu der Überwältigung mitwirkt, ist nur Gehilfe. Rücktritt vom Versuch wirkt, wie überall, so auch hier nur dann strafaufhebend, wenn er freiwillig erfolgt, z. B. weil der Versuchsthäter erkennt, daß er sich in der Person geirrt hat; keineswegs aber dann, wenn der Angreifer die Frauensperson nach längerem Ringen, nachdem er sie zu Boden geworfen und entblößt hatte, nur deshalb losläßt, weil er fürchtet, ihren Widerstand nicht überwinden zu können (ganz unrichtig C.H. 806, 1297, sehr zweifelhaft 447 und 814, richtig die Gründe in C.H. 2037, S. 152). Wenn das St.G.B. bei diesem Verbrechen (mit Anschluß an das den Thatbestand noch enger begrenzende josefinische St.G.B.) ein höheres Maß von Gewalt oder Drohung fordert als bei Raub oder Erpressung, so hat das nur die Bedeutung, daß im Falle des dem Thäter gelungenen Beischlafes zu untersuchen ist, ob dieses Gelingen auf der Überwältigung der angefallenen Frauensperson beruht oder darauf, daß sie, vielleicht infolge der durch den Ansturm in ihr selbst erregten sinnlichen Triebe, eine vis grata über sich ergehen ließ. Keineswegs hat diese Bestimmung die Bedeutung, daß in jenen Fällen, in welchen die Angegriffene den Angriff abgewehrt hat, nicht einmal Versuch zugerechnet werden könnte.

Der zweite Fall der Notzucht besteht in der Unternehmung des Beischlafes an einer Frauensperson, die das 14. Jahr noch nicht zurückgelegt hat. Beischlaf mit einem Knaben unter 14 Jahren kann nur nach § 516 strafbar sein (C.H. 1669). Vollendet ist das Verbrechen durch einen auf Vollziehung des (wenn auch noch unmöglichen) Beischlafes gerichteten Akt. Einwilligung schließt die Strafbarkeit nicht aus; wohl aber positiver Irrtum in betreff des Alters (nicht ganz klar C.H. 1377 und die auf Herbst beruhende Fragestellung a. a. O.; unrichtig die vom C.H. nicht richtiggestellte Auffassung des K.G. Korneuburg in C.H. 1662).

Als dritten Fall behandelt § 127 die „unfreiwillige Schwächung", den außerehelichen Beischlaf an einer im Zustand der Wehr- oder Bewußtlosigkeit befindlichen Frauensperson, mag sie zufällig in diesen Zustand geraten oder, ohne auf Beischlaf gerichtete Absicht, vom

Thäter oder einem Mitschuldigen desselben in diesen Zustand versetzt worden sein. Beischlaf mit einer zustimmenden Geisteskranken ist nur dann strafbar, wenn dieselbe bewußtlos ist; Beischlaf mit einer Betrunkenen ist straflos, wenn der Thäter auf Grund ihres vorhergehenden Verhaltens im Zustande der Nüchternheit ihre Einwilligung annehmen konnte.

II. Schändung unterscheidet sich von Notzucht dadurch, daß die Absicht des Thäters nicht auf den Beischlaf, sondern auf einen anderen, die Erregung oder Befriedigung seiner Lüste bezweckenden geschlechtlichen Mißbrauch gerichtet ist. Objekte dieses Verbrechens sind, ohne Rücksicht auf das Geschlecht, Kinder unter 14 Jahren sowie wehr- oder bewußtlose Personen, sei es, daß der Thäter sie selbst in diesen Zustand versetzt hat (C.H. 719) oder daß sie zufällig in denselben verfallen sind. Was die Thätigkeit des Verbrechers betrifft, so sind die Fälle der Schändung eines Kindes und eines wehr- oder bewußtlosen Erwachsenen zu unterscheiden. Im Falle des Kindes besteht nämlich der Erfolg des Verbrechens sowohl in den möglichen nachteiligen Folgen des Verbrechens für den Körper, als auch insbesondere in dem störenden Einflusse desselben auf die psychische Entwicklung (C.H. 50). Deshalb ist in diesem Falle eine körperliche Berührung zwischen dem Thäter und dem Objekte des Verbrechens gar nicht nötig, sondern kann das Verbrechen auch dadurch begangen werden, daß jemand ein Kind zur Befriedigung seiner Lust entblößt (unrichtig o. G.H. 1052). In Beziehung auf Erwachsene jedoch dürfte zum Thatbestande der Schändung eine Berührung der Sexualorgane des einen Teiles durch irgend einen Teil des Körpers des Anderen erforderlich sein, so daß eine gewaltsame Entblößung nicht nach § 128, sondern nach § 98 zu bestrafen wäre (o. G.H. 1031, vgl. auch C.H. 240). Ist die Thätigkeit des Verbrechers eine solche, daß sie, wenn in Bezug auf eine Person desselben Geschlechtes begangen, Unzucht wider die Natur nach § 129 b begründen würde, so kann als Subjekt der Schändung bloß eine Person des anderen, in den übrigen Fällen auch eine Person desselben Geschlechtes in Betracht kommen (C.H. 843). Kinder unter 14 Jahren, an welchen eine Schändung oder auch eine Notzucht verübt wird, sind vom Gesetze nur als Objekte, nicht auch als Subjekte des Verbrechens in Betracht gezogen, können daher auch im Falle ihrer Zustimmung nicht als Mitschuldige bestraft werden.

III. Widernatürliche Unzucht und zwar entweder mit einem Tiere (§ 129 lit a, Bestialität) oder mit einem Menschen desselben Geschlechtes (§ 129 lit b. Sodomie bzw. lesbische Liebe). Der Thatbestand ist seiner geschichtlichen Entwicklung nach wohl auf beischlafähnliche Handlungen beschränkt. Er umfaßt auch Unzucht inter feminas (C.H. 1028). „Konträre Sexualempfindung" ist als Strafausschließungsgrund nur insofern anzunehmen, als sie Teilphänomen eines pathologisch nachweisbaren Krankheitszustandes ist.

IV. Blutschande (§ 131) ist Beischlaf (C.H. 1694) zwischen Ascendenten und Descendenten, während die Übertretung der Unzucht zwischen Verwandten und Verschwägerten nach dem Wortlaute des § 501 auch durch sonstige Unzucht zwischen Geschwistern oder „mit den Ehegenossen (vgl. C.H. 526) der Eltern, Kinder und Geschwister" begangen werden könnte (so auch Finger), was jedoch der Einschränkung des Verbrechensthatbestandes widersprechen dürfte. Auf den Beischlaf zwischen Stiefgeschwistern, die aus den beiderseitigen früheren Ehen eines später sich miteinander verheiratenden Witwers und einer Witwe abstammen, erstreckt sich das dem § 501 zu Grunde liegende Verbot nicht. Versuch ist wie überall strafbar (C.H. 1694).

V. Verführung zur Unzucht wird nur in einzelnen Fällen bestraft. Zunächst ist sie nach § 132 III als Verbrechen strafbar, wenn der Verführer besondere hinsichtlich der verführten Person ihm obliegende Pflichten verletzt hat. Es ist dies der Fall, wenn die verführte Person „seiner Aufsicht oder Erziehung oder seinem Unterricht anvertraut" war. Eine volljährige Person, die einem Anderen das Zutrauen schenkt, mit ihm einen einsamen Weg zu gehen, ist nicht als eine diesem Anderen „anvertraute" Person anzusehen (a. M. Finger). Im Falle der Verübung durch Stiefeltern unterscheidet sich das Verbrechen von der Übertretung des § 501 durch das Moment der Verführung (C.H. 1717). Ob die Aufsicht im Interesse des zu Beaufsichtigenden besteht ist oder etwa im öffentlichen Interesse wie hinsichtlich einer in Untersuchungs- oder Strafhaft befindlichen Person, ist gleichgültig (a. M. Finger). Ebenso ist das Geschlecht der verführten Person irrelevant und ist

Unbescholtenheit derselben nicht vorausgesetzt. Dienstmädchen sind an und für sich der Aufsicht des Dienstgebers nicht anvertraut (o. G.H. 704, vgl. auch C.H. 904).

Als Übertretung behandelt § 506 die Verführung und Entehrung einer Person (weiblichen Geschlechtes) unter der nichterfüllten Zusage der Ehe. Vorausgesetzt ist, damit von Entehrung gesprochen werden könne, bisherige Unbescholtenheit, wenn auch nicht gerade Jungfräulichkeit der Entehrten (a. M. Finger). Das Delikt kann auch an einer Witwe begangen werden. Zum Thatbestande gehört 1. Kausalzusammenhang zwischen dem Eheversprechen und der Gestattung des Beischlafes und 2. Nichterfüllung des Eheversprechens, sofern der Grund derselben nicht ausschließlich in der Weigerung der Verführten selbst gelegen ist (C.H. 1457, 1735). Strafbarkeit tritt nicht bloß im Falle unbegründeter Weigerung der Eheschließung von Seite des Verführers ein, sondern auch im Falle der Unfähigkeit desselben zur Erfüllung des von ihm gegebenen Versprechens (nicht ganz klar C.H. 1641). Schwängerung der Verführten ist zum Thatbestande nicht notwendig. Vollendet ist das Delikt erst mit dem Zeitpunkte, in dem feststeht, daß der Verführer sein Versprechen nicht erfüllen wird. Erst von diesem Zeitpunkte beginnt die Verjährung. Einer Übertretung macht sich nach § 505 noch schuldig eine in der Familie dienende (nicht notwendigerweise zur Hausgenossenschaft gehörende) Frauensperson, welche einen minderjährigen Sohn oder im Hause lebenden minderjährigen Anverwandten zur Unzucht (mit ihr) verleitet. (Privatanklage).

VI. **Unzucht an und für sich und außerehelicher Beischlaf** an sich sind regelmäßig nicht mit Strafe bedroht. Nur ausnahmsweise stellt § 504 eine Strafdrohung gegen den „Hausgenossen" auf, der eine minderjährige Tochter oder eine zur Haushaltung gehörende minderjährige Anverwandte des Hausvaters oder der Hausfrau entehrt, d. h. mit ihr, obwohl sie noch Jungfrau war, den Beischlaf vollzieht. Verführung ist nicht Thatbestandsmoment (Privatanklage).

Die Bestrafung der **gewerbsmäßigen Unzucht von Frauenspersonen** ist seit G. 24. Mai 1885 dem Ermessen der Polizeibehörden überlassen, welche befugt sind, unter gewissen Beschränkungen die Prostitution zu dulden. Jedoch wird eine Prostituierte gerichtlich strafbar, wenn sie ihr Gewerbe betreibt, obwohl sie sich bewußt ist, mit einer venerischen Krankheit behaftet zu sein, wenn sie durch die Öffentlichkeit auffallendes Ärgernis veranlaßt oder wenn sie eine jugendliche (?) Person verführt hat (Ges. v. 24. Mai 1885 § 5). Außer diesen Fällen kann die Sicherheitsbehörde die gerichtliche Bestrafung veranlassen, wenn die Prostituierte ihr unzüchtiges Gewerbe ungeachtet vorhergegangener polizeilicher Bestrafung fortsetzt oder wenn sie den hinsichtlich desselben besonders erlassenen polizeilichen Anordnungen zuwiderhandelt.

VII. **Kuppelei und andere Ausnützungen fremder Unzucht.** Kuppelei ist die aus Gewinnsucht erfolgende (arg. § 5, Ges. v. 24. Mai 1885 a. E.) Beförderung fremder Unzucht, sofern diese Beförderung sich nicht als Mitschuld an einem schwereren Delikt darstellt (falsch L.G. Wien in C.H. 2036). Doch scheidet zufolge § 512 die Förderung eines einzelnen Unzuchtsaktes aus dem mit Strafe bedrohten Thatbestande aus und ist, wenn auch Gewerbsmäßigkeit des Betriebes nicht notwendig ist, doch ein länger dauerndes oder ein wiederholtes Verhalten zum Zweck der Förderung fremder Unzucht vorausgesetzt. Seit der durch Ges. v. 24. Mai 1885 begründeten relativen Duldung der Prostitution ist, wie übrigens schon vorher für Wien durch Beschluß des Wiener Landesgerichtes v. 22. Oktober 1882 und Dekret der Staatsanwaltschaft Wien v. 5. November 1882 auf Grund der Einführung der „Gesundheitsbücher" (1873) anerkannt worden war, der Thatbestand des § 512 a insofern eingeschränkt worden, als die Gewährung des Aufenthaltes an eine mit einem solchen Kontrollbuch versehene Frauensperson an und für sich nicht mehr strafbar ist (zweifelnd C.H. 1298). Weiter als § 512 geht jedoch die Strafdrohung des § 515 St.G.B. gegen Wirte und deren Bedienstete, die „zur Unzucht Gelegenheit verschaffen".

Als **Verbrechen** ist Kuppelei nach § 132, IV strafbar, sofern dadurch eine unschuldige Person verführt wurde. (Nach Finger und C.H. 2037 ist Versuch nicht strafbar, vgl. Generalprokurator zu C.H. 2037.) Nicht jede im somatischen Sinne jungfräuliche Person ist jedoch „unschuldig". Ferner liegt nach § 132 IV ein Verbrechen vor, wenn sich Eltern, Vormünder, Erzieher, Lehrer der Kuppelei in Bezug auf ihre Kinder und Mündel oder in

Bezug auf zur Erziehung bezw. zum Unterricht ihnen anvertraute Personen schuldig machen (vgl. C.H. 1298). Das Verbrechen liegt auch dann vor, wenn die durch eine solche Autoritätsperson verkuppelte Frauensperson als Prostituierte lebt (C.H. 2036).

Der Thatbestand dieser beiden Verbrechensfälle ist von jenem der Übertretung des § 512 mannigfach verschieden (a. M. C.H. 2037). Zunächst genügt für beide Fälle ein einzelner Akt der Förderung fremder Unzucht, ferner ist für den ersten Fall „Verführung" vorausgesetzt (a. M. C.H. 2037), während für § 512 und für den zweiten Fall von § 132 die bloße Vermittelung der Gelegenheit zur Unzucht ausreicht (richtig C.H. 2036). Ist die „zu verkuppelnde" Person noch nicht 14 Jahre alt, so liegt Mitschuld oder Versuch an Notzucht bzw. Schändung vor, was von den Staatsanwaltschaften und Gerichten meist übersehen wird. In solchen Fällen ist daher die Zuführung der jugendlichen Person an sich strafbar, ohne daß eine Verführung stattgefunden haben muß. Handelt es sich aber um ein mündiges Mädchen, so liegt der erste Fall des Verbrechens nur vor, wenn dasselbe zur Förderung fremder Unzucht verführt wurde. Daß die Verführung thatsächlich erfolgt sei, ist objektive Voraussetzung für die Anwendbarkeit der ersten Strafdrohung des § 132, so daß in Ermangelung derselben auch Versuch nicht zugerechnet werden kann. Sie kann aber erfolgt sein, obwohl demjenigen, in dessen Interesse die Kuppelei geschah, die Vollziehung des Beischlafes nicht gelungen ist. Entscheidend für die Strafbarkeit des Kupplers ist es nur, ob es ihm gelang, die verführte Person zu bestimmen, sich in eine solche Situation zu begeben, in der der Angriff auf ihre Züchtigkeit erfolgen sollte (a. M. C.H. 2037). Auf die zu verkuppelnde Person finden die Strafdrohungen gegen Mitschuld keine Anwendung; zweifelhaft ist dies hinsichtlich desjenigen, dem die zu verkuppelnde Person zugeführt werden soll. C.H. 2037 nimmt an, daß auch dieser wegen Anstiftung nicht verantwortlich sei, was für § 512 (wo die Thätigkeit des Kupplers im bloßen Zuführen besteht) ebenso richtig, als für § 132 falsch sein dürfte, da derjenige, der den Kuppler bewegt, seine Autorität zu mißbrauchen oder auf den Willen der zu Verführenden besonders einzuwirken, dafür strafbar sein muß.

Nach § 5 Ges. v. 24. Mai 1885 a. E. sind ferner auch diejenigen strafbar, die auf andere Weise als durch Kuppelei „aus der gewerbsmäßigen Unzucht Anderer ihren Unterhalt suchen", sofern sie nicht etwa gegenüber der Prostituierten alimentationsberechtigt sind.

VIII. Unzüchtige Handlungen (auch Reden, Lieder, Gesten u. s. w.) oder bildliche Darstellungen (auch Photographien nach der Natur), durch welche die Sittlichkeit oder Schamhaftigkeit gröblich und auf eine öffentliches Ärgernis erregende Art (C.H. 896, 1470) verletzt werden, sind nach § 516 strafbar. Die subsidiäre Heranziehung des § 525 auf außerhalb der Familie verübte Unsittlichkeiten (o. G.H. 361) ist verfehlt.

§ 31. Delikte in Bezug auf das Institut der Ehe.

I. Die sog. zweifache Ehe oder Bigamie (vgl. bosnisches St.G.B. § 289). Der Thatbestand liegt entweder darin, daß ein bereits in gültiger Ehe Lebender eine Scheinehe eingeht (§ 206) oder darin, daß ein Unverheirateter wissentlich mit einer in gültiger Ehe lebenden Person eine solche Scheinehe schließt (§ 207). Im ersteren Falle genügt dolus eventualis, im zweiten Falle ist Bewußtsein von der Ehe des anderen Teiles vorausgesetzt. Begeht jemand dieses Verbrechen mehrmals, so ist doch immer bloß das erste, allein gültige Eheband verletzt; wäre dieses aber rechtsgültig gelöst, so beginge er durch Eingehung einer weiteren Ehe trotz des Bestandes der während der ersten Ehe geschlossenen Scheinehe kein neues Delikt. Vollendet ist das Verbrechen durch die in vorgeschriebener Form (C.H. 897) erfolgende Konsenserklärung. Nach dem Wortlaute des § 206 ist das Verbrechen, entgegen C.H. 302 (vgl. oben S. 11) kein fortdauerndes, sondern ein fortwirkendes.

II. Ehebruch ist Beischlaf eines in gültiger, wenn auch geschiedener Ehe lebenden Gatten außerhalb der Ehe. Andere Verletzungen der ehelichen Treue während des Zusammenlebens der Gatten (C.H. 1815) können nach § 525 strafbar sein. Den nicht verheirateten Konkumbenten des Ehebrechers faßt § 503 nur als „Mitschuldigen" auf (Privatanklage).

III. Wer sich mit Verschweigung eines ihm bekannten, wenn auch dispensablen Ehehindernisses des bürgerlichen Rechtes trauen läßt, ist nach § 507 strafbar. Ebenso der Inländer (o. G.H. 1065, vgl. josef. St.G.B. II. Teil § 47 verb. „Eingeborner"), der sich in ein fremdes Land begiebt, um daselbst eine Ehe zu schließen, die nach den Landesgesetzen nicht stattfinden konnte. Ob das Ehehindernis in seiner oder in des anderen Nupturienten Person gelegen, ist irrelevant (vgl. § 35 Abs. 2 des durch Ges. 25. Mai 1868 aufgehobenen Patentes 8. Oktober 1856).

IV. Während Amtsanmaßung sonst an und für sich straflos ist, werden in § 130 a. b. G.B. „Rabbiner und Religionslehrer" oder auch andere Personen, welche ohne die ordentliche Bestellung eine Trauung unter Juden vornehmen, mit der Strafe des § 507 St.G.B. bedroht.

V. Eltern, welche durch Mißbrauch ihrer elterlichen Gewalt ihr Kind zu einer nach dem Gesetze nichtigen Ehe zwingen, sind nach § 508 strafällig. Der Grund der Nichtigkeit jener Ehe kann nach § 55 a. b. G.B. auch im Zwange selbst liegen. Über die Vorfrage, ob die Ehe wegen des Zwanges als nichtig anzusehen, entscheidet das Civilgericht § 5 St.P.O.

VI. Öffentliche Herabwürdigung der (abstrakten) Institutionen der Ehe und der Familie (§ 305 vgl. unten S. 86).

§ 32. Delikte gegen die Staatsgewalt.

I. Hochverrat. Das Angriffsobjekt dieses Verbrechens ist gemäß der Theorie von den drei staatsrechtlichen Grundverträgen (Zeiller) ein dreifaches: die Person des Monarchen, die Verfassung und das Staatsgebiet. Alle Angriffe auf die Person des Monarchen (§ 58 a), abgesehen von der bloßen Ehrfurchtsverletzung (§ 63), sind Hochverrat, auch die Herausforderung zum Duell, Realinjurien und alle Nötigungen in Bezug auf die Ausübung der verfassungsmäßig ihm zustehenden Regierungsrechte. Ferner ist Hochverrat nach Art. 1, Ges. v. 17. Dezember 1862 jedes Unternehmen, welches auf eine gewaltsame Änderung der Verfassung des Reiches (d. h. jetzt der Gesamtmonarchie oder Österreichs, nicht auch Ungarns) abzielt. Da das St.G.B. einen selbständigen Begriff des Staatsverrates nicht kennt, ist nach § 58 c als Hochverrat nicht nur jedes auf Empörung oder Bürgerkrieg im Innern gerichtete Unternehmen strafbar, sondern auch jedes Unternehmen, welches auf Losreißung eines Teiles von dem einheitlichen Staatsverbande der Monarchie oder auf Herbeiführung oder Vergrößerung einer Gefahr für dieselbe von Außen gerichtet ist. Das Streben nach gewaltsamer Vereinigung ungarischen Gebietes mit Österreich hingegen wäre de lege lata nicht Hochverrat. Eine Gefahr von Außen kann vergrößert werden durch Lieferung von Truppen, Waffen, Geld, Schiffen (Contrebande), Nachrichten u. dgl. für den Kriegsfeind. Während es zweifellos ist, daß Hochverrat nach § 58 a und b auch von Ausländern begangen werden kann, können wohl die auf Staatsverrat sich beziehenden Normen des § 58 c im allgemeinen nur auf Angehörige der österreichisch-ungarischen Monarchie sowie Bosniens und der Herzegowina (vgl. bosnisches St.G.B. § 111) und auf im Inland thätige Ausländer bezogen werden. Die Anwendbarkeit der Strafdrohungen gegen Staatsverrat entfällt übrigens auch in dem vom Feinde occupierten inländischen Staatsgebiete, soweit es sich um vom Feinde erzwungene Kriegsleistungen handelt (vgl. die Amnestieklausel der Friedensverträge). Obwohl als Hochverrat nach 58 b und c immer nur das Streben nach gewaltsamer Änderung bestehender Verhältnisse bestraft werden kann, braucht die zu jenem Zwecke unternommene Handlung selbst durchaus nicht eine gewaltthätige zu sein, sodaß Hochverrat auch durch gesprochene, geschriebene, gesungene Worte verübt werden kann, welche bestimmt sind, Andere zu gewaltsamen Akten der bezeichneten Art zu bewegen. Ausnahmsweise genügen zu diesem Verbrechen auch Schriften, welche nur (Einer Person) mitgeteilt und nicht verbreitet wurden und auch mündliche Äußerungen gegenüber einer einzelnen Person („öffentlich oder im Verborgenen" § 58 c im Gegensatze zu § 59 c). Vollendet ist der Hochverrat durch jedes einem der angeführten Zwecke dienende vorsätzliche Unternehmen. Im allgemeinen ist daher Versuch (und deshalb auch Rücktritt von demselben) des Hochverrates nicht möglich, da jedes Unternehmen bereits vollendetes Verbrechen begründet. Nur für den Fall, daß die Thätigkeit des Angeklagten sich darauf beschränkte, daß er Andere zu einem bestimmten (a. M. Finger) hochverräterischen Verhalten aufgefordert, angeeifert oder zu verleiten gesucht hat und seine Einwirkung ohne Zusammenhang mit einer anderen verbrecherischen Unternehmung und ohne Erfolg geblieben ist, dürfte wegen der Citierung des § 9 in § 59 c, mit Fierlinger gegen Hye anzunehmen sein, daß dieses Verhalten nur als Versuch anzusehen und daher die Möglichkeit eines freiwilligen Rücktrittes durch eine dem Zureden nachfolgende Aufhebung der verbrecherischen Einwirkung anzuerkennen sei. Als Schuldform ist Dolus erforderlich. Wer daher an einem objektiv hochverräterischen Unternehmen teilnimmt, ohne dessen Ziel zu kennen, ist nicht nach § 58 strafbar. In Bezug auf hochverräterische Unternehmungen (nicht auch in Bezug auf den bloßen Plan von solchen) stellt § 60 (vgl. § 213) für Inländer und für Ausländer im Inlande (vgl. § 38) die Pflicht auf, dieselben in ihrem weiteren Fortschreiten zu hindern, sofern dies demjenigen, der von ihnen Kenntnis erlangte, leicht und ohne Gefahr für sich, seine Angehörigen und die unter seinem gesetzlichen Schutze stehenden Personen möglich ist. Irrtümliche Annahme einer solchen Gefahr entschuldigt nach § 2. Unter den gleichen Voraussetzungen sanktioniert § 61 die Pflicht zur Anzeige hochverräterischer Unternehmungen und der an denselben beteiligten Personen, „wenn nicht aus den Umständen erhellt, daß der unterbleibenden Anzeige ungeachtet eine schädliche Folge nicht mehr zu besorgen ist". Ist das hochverräterische Unternehmen in jenem Momente, in welchem jemand von der Beteiligung eines anderen an demselben Kenntnis erlangt, nicht bloß im Sinne des Gesetzes ein vollendetes Verbrechen, sondern auch thatsächlich abgeschlossen, sodaß eine weitere schädliche Folge desselben nicht mehr zu besorgen ist, so entfällt daher auch die Anzeigepflicht. Ebenso entsteht dieselbe nicht, wenn der von dem Unternehmen Kenntnis Erlangende Gründe zu der Annahme hatte, daß schädliche Folgen überhaupt nicht eintreten werden. Beide Delikte der §§ 60 und 61 sind Dauerdelikte. Denunciation des der Obrigkeit noch unbekannten Unternehmers durch einen der Mitschuldigen begründet Straflosigkeit für diesen (§ 62), selbst wenn er es gewesen wäre, der die erste Anregung zu dem Unternehmen gegeben hätte (a. M. Herbst). Während unter den heutigen Verhältnissen nicht mehr davon die Rede sein kann, das Ansichbringen von Mazzinilosen und Kossuthdollarnoten nach der a. h. Entschließung vom 27. April 1854 als Mitschuld am Verbrechen des Hochverrates zu bestrafen, weil, wer jetzt solche Papiere an sich bringt, unmöglich dabei eine hochverräterische Absicht haben kann, ist der zweite Teil der cit. a. h. Entschließung, nach welcher die Unterlassung der Ablieferung solcher Papiere (nicht auch der in Ungarn ausgegebenen Kossuthguldennoten) als Vergehen behandelt wird, in Österreich noch in Kraft. (Über hochverratähnliche Angriffe gegen fremde Staaten vgl. oben S. 14.)

II. Nach § 67 ist wegen Ausspähung zu bestrafen, wer im Frieden Gegenstände und Vorkehrungen, welche auf die Kriegsmacht des österreichisch-ungarischen Staates und auf dessen militärische Verteidigung Bezug haben und die vom Staate nicht öffentlich behandelt bzw. getroffen werden, in der Absicht auskundschaftet, um einem fremden Staate davon Kenntnis zu geben. Im Kriege sind, sofern sie nicht in Hochverrat übergehen, als Ausspähung strafbar alle Einverständnisse mit dem Feinde und alle Unternehmungen, welche beabsichtigen, der k. u. k. Armee oder einem mit derselben verbündeten Heere einen Nachteil oder dem Feinde einen Vorteil zuzuwenden. Zur Ergänzung bedroht Art. 9 Ges. 17. Dezember 1862 die in Druckschriften veröffentlichten Mitteilungen über gewisse militärische Verhältnisse und Vorkehrungen, wenn aus der Beschaffenheit derselben oder aus den obwaltenden Umständen erkennbar war, daß dadurch die Interessen des Staates gefährdet werden könnten, oder wenn sie gegen ein besonderes Verbot erfolgen.

Andere Delikte gegen die Wehrfähigkeit des Staates bedrohen die §§ 92 (unbefugte Werbung für fremde Kriegsdienste), 220 (Begünstigung eines Deserteurs, d. h. jemandes, der sich der Desertion nach § 183 M.St.G.B., nicht bloß der eigenmächtigen Entfernung nach § 212 M.St.G.B. schuldig gemacht hat), 222 (Anstiftung und Beihilfe zu Militärverbrechen durch Civilpersonen), 45—49 Wehrgesetz 11. April 1889, sowie Ges. 28. Juni 1890 gegen Nichtbefolgung militärischer Einberufungsbefehle. Nach § 49 W.G. ist strafbar die Selbstbeschädigung, um sich zur Erfüllung der gesetzlichen Wehrpflicht untauglich oder minder tauglich zu machen, sowie die zu diesem Zwecke erfolgende Beschädigung eines Einwilligenden; C.H. 1738 dehnt diese Strafdrohung auch auf denjenigen aus, der es absichtlich unterläßt, eine zufällig erlittene Verletzung heilen zu lassen, um infolge derselben militäruntauglich zu bleiben. Nach § 45 W.G. wird (als fortdauerndes Delikt C.H. 1686) bestraft die Stellungsflucht ins Ausland und das im Auslandverbleiben eines Stellungspflichtigen zur Stellungszeit; die §§ 47 und 48 bedrohen listige Umtriebe, um sich oder einen Anderen der gesetzlichen Wehrpflicht zu entziehen oder um sich oder einem Anderen eine gesetzlich nicht begründete Begünstigung hinsichtlich der Erfüllung der Wehrpflicht zu verschaffen (nicht unbedenklich C.H. 1754). Selbstbeschädigung und Stellungsflucht sind auch an demjenigen strafbar, der, ohne es zu wissen, ohnedies untauglich ist. Die Bestimmungen des österreichischen W.G. finden nur auf Österreicher, nicht auch auf Ungarn Anwendung, deren diesbezügliche Delikte nur von den ungarischen Gerichten nach ungarischem Rechte bestraft werden können (C.H. 1460). Über Verjährung einzelner dieser Delikte bestehen besondere Normen. vgl. § 67 W.G. (C.H. 1750). Die schuldhafte Nicht= befolgung eines militärischen Einberufungsbefehles von Seite eines bereits durch den Soldateneid Verpflichteten, im Kriegs= oder Mobilisierungsfalle oder nach Aufbietung des Landsturmes auch eines nur allgemein kraft gesetzlicher Vorschrift zum Militärdienst Verpflichteten gehört nach Ges. 28. Juni 1890 zur Kompetenz der Militärgerichte. Ver= leitung zu solcher Nichtfolgeleistung von Seite einer Civilperson ist nach § 6 strafbar. Der § 92 St.G.B. enthält keine selbständige Strafdrohung, sondern eine Verweisung auf §§ 306 ff. M.St.G.B.., sodaß nach § 313 M.St.G.B. auch thätige Reue strafaufhebend wirken kann.

III. Zu den Verbrechen gegen die Staatsgewalt gehört auch die, unrichtig als Majestätsbeleidigung bezeichnete, Verletzung der dem Staatsoberhaupte schuldigen Ehr= furcht. Die gegenwärtige Definition derselben beruht auf den allmählichen Erweiterungen und Verschärfungen, welche die betreffenden Normen des St.G.B. 1803 durch die Preß= gesetzgebung vom 31. März und 10. Mai 1848 und 13. März 1849, sowie durch die St.G. Revision von 1852 erfahren hat. Strafbar ist jede Verletzung der Ehrfurcht gegen den Kaiser, welche entweder persönlich ihm selbst gegenüber oder öffentlich oder vor mehreren (gleichzeitig anwesenden, a. M. C.H. 1431) Leuten oder durch Druckwerke oder durch Mit= teilung von Schriften oder bildlichen Darstellungen erfolgt. Hinsichtlich der Art, in welcher, und der Mittel, durch welche die Ehrfurchtsverletzung geschehen sein muß, ist die Auf= zählung des § 63 als eine taxative anzusehen, während die Charakterisierung des Inhaltes derselben durch die Worte „Beleidigung, Schmähung, Lästerung, Verspottung" nur die Bedeutung von Beispielen besitzt (eine engere Auffassung vertreten Geyer, Janka, Finger; eine weitergehende J.M.E. 12. Dezember 1853 u. 18. Juni 1855 sowie C.H.). Ob die Äußerung die Regierungsthätigkeit oder das Privatleben betrifft, ist irrelevant, ebenso, ob sie sich auf das Verhalten nach der Thronbesteigung bezieht oder auf das derselben vorher= gehende, jedenfalls aber muß die Äußerung den zur Zeit regierenden Kaiser betreffen. Wahrheitsbeweis und Beweis objektiv begründeter bona fides sind ausgeschlossen. Hin= sichtlich des Dolus gelten, wie neuestens auch C.H. (1176, vgl. auch 1622) anerkennt, die allgemeinen Grundsätze. Zur Vollendung genügt bei Verbaldelikten die Äußerung, bei Preßdelikten die Drucklegung, bei Verübung durch Schriften und Bilder deren Mitteilung an eine Person (vgl. Generalprokuratur in C.H. 163 und C.H. 804). Soll durch die Äußerung zu Haß oder Verachtung gegen den Kaiser aufgereizt werden, so ist § 65 anwendbar.

IV. Vermöge der besonderen Bedeutung der Dynastie für den Staatsverband wird den Mitgliedern derselben ein erhöhter strafrechtlicher Schutz zu teil. Auch in Bezug auf sie bedroht daher § 64 die Ehrfurchtsverletzung und zwar wegen der staatsrechtlichen Be= deutung der Dynastie nicht als qualifizierte Ehrenbeleidigung (Finger), sondern als Delikt gegen die Staatsgewalt (Haufe). Außer der Ehrfurchtsverletzung sind nach § 64 auch Realinjurien zu bestrafen. Ob sich die Strafdrohung auch auf verstorbene Mitglieder des Kaiserhauses beziehe, wie o. G.H. 462 und C.H. 765 (in betreff Josef II. mehr als 90 Jahre nach seinem Tode) annimmt, ist höchst zweifelhaft. Wenn man auch von Be= leidigung eines Toten sprechen kann, so ist doch die Annahme einer einem Toten wegen seiner ehemaligen staatlichen Stellung gebührenden Ehrfurcht kaum haltbar. Hingegen findet selbstverständlicherweise auf eigentliche Beleidigungen verstorbener Mitglieder des Kaiser= hauses (im Sinne der §§ 487 ff.) die Bestimmung des § 495 Abs. 2 volle Anwendung. Zum Dolus gehört Bewußtsein des Thäters, daß der „Beleidigte" ein Mitglied des kaiser= lichen Hauses sei (vgl. o. G.H. 1023 und das G.Z. 1864 Nr. 27 mitgeteilte Gutachten des Ministeriums des Äußern und des kaiserlichen Hauses über das Verhältnis des „kaiser= lichen Hauses" und des „Erzhauses Österreich", sowie G.Z. 1863 Nr. 21). Bei vor längerer Zeit an ausländische Fürsten verheirateten Erzherzoginnen wird Mangel dieses Bewußtseins mitunter nicht unglaubwürdig sein.

V. Ebenfalls aus dem Zusammenhange der gemeinen Ehrenbeleidigung heraus= gehoben und als Delikt gegen das Ansehen der Staatsgewalt behandelt, ist die Übertretung der „Amtsehrenbeleidigung" oder Wachebeleidigung § 312, die wörtliche oder auch thätliche (C.H. 2157) Beleidigung einer obrigkeitlichen Person (§ 68) während der Ausübung ihres Amtes oder Dienstes oder während der Vollziehung eines obrigkeitlichen Auftrages. In Bezug auf solche Personen sind nicht bloß die in den §§ 487 ff. hervorgehobenen speciellen Arten der Beleidigung strafbar, sondern alle Äußerungen und Handlungen, welche als beleidigend angesehen werden können, daher auch symbolische Injurien (C.H. 1197, 1256). Auch in diesen Fällen aber muß ein ehrenrühriger Angriff vorliegen; bloße Unhöflichkeit, die Weigerung, dem obrigkeitlichen Organe Folge zu leisten oder die Bestreitung der Autorität desselben (C.H. 750) ist also hiernach nicht strafbar. Ebensowenig kann eine ohne jede beleidigende Absicht verübte Thätlichkeit unter diesen Begriff subsumiert werden (a. M. C.H. 823, wo der Begriff der thätlichen Beleidigung etwa in jenem weitesten Sinne verstanden wird, den § 331 ihm ausdrücklich eben nur für diesen Fall beimißt). Öffentlichkeit oder Anwesenheit anderer Personen außer dem Beleidigten ist nicht notwendig. Wahrheitsbeweis und Beweis der bona fides sind ausgeschlossen (vgl. jedoch C.H. 750, o. G.H. 41 verb. „grundlos" und Herbst). Politische Bestrafung nach der M.Vdg. 20. April 1854 § 12 schließt nachfolgende gerichtliche Verfolgung nicht aus (verb. „unvorgreiflich" § 11 der cit. Vdg.).

VI. Zum Schutze der Ausübung des staatsbürgerlichen Wahl- und Stimmrechtes dient Art. 6 Ges. 17. Dezember 1862, nach welchem in Bezug auf Wahlen zur Ausübung politischer (auch „socialpolitischer") Rechte strafbar ist das Kaufen und Verkaufen von Wahlstimmen und die auf listige Weise erfolgende Fälschung der Abstimmung oder ihrer Resultate. Unter „Kauf" und „Verkauf" ist jede ausdrückliche oder durch konkludente Handlungen (C.H. 1728) getroffene Vereinbarung über die Gewährung eines Vorteiles für die Ausübung oder Nichtausübung eines Wahlrechtes zu verstehen. Die Strafbarkeit solcher Vereinbarungen wird durch deren Nichteinhaltung oder durch deren Überflüssigkeit (Bestechung des alias facturus) nicht aufgehoben. Fälschung der Abstimmung oder ihrer Resultate liegt u. a. vor, wenn Unberechtigte nicht abgewiesen oder Berechtigte mehrmals zugelassen werden, wenn ein Stimmzettel für einen Analphabeten im Widerspruch mit dessen Auftrage ausgefüllt wird, wenn Stimmzettel vertauscht, wenn Stimmen falsch gezählt werden.

VII. Gewaltsame Störung von Versammlungen, welche von der Regierung zur Verhandlung öffentlicher Angelegenheiten berufen sind, und von Behörden (durch Nichtmitglieder derselben) oder der Versuch, auf deren Beschlüsse durch gefährliche Bedrohung einzuwirken, ist nach § 76, Verübung derselben Handlungen gegen gesetzlich anerkannte Körperschaften oder gegen Versammlungen, die unter Mitwirkung oder Aufsicht einer öffentlichen Behörde gehalten werden, nach § 78 strafbar.

VIII. Als Delikte gegen die vollziehende Gewalt stellen sich die verschiedenen Formen der Einmengung in Amtshandlungen und der Widersetzlichkeit gegen obrigkeitliche Organe dar. Nach dem St.G.B. strafbar ist aber nur die in der Absicht, eine obrigkeitliche Handlung zu hindern, erfolgende Einmengung (vgl. § 314), sowie das Unternehmen eines Widerstandes, somit bloß aktive Widersetzlichkeiten, nicht schon der passive Ungehorsam, der bloß zu Zwangsmaßregeln, unter Umständen auch zu Ordnungsstrafen auf Grund anderer Gesetze Anlaß giebt. Nur ausnahmsweise bedroht § 283 auch bloßen Ungehorsam. Als obrigkeitliche Organe erscheinen diejenigen, welche berufen sind, das imperium des Staates gegenüber den Unterthanen geltend zu machen; der Begriff des obrigkeitlichen Organes fällt mit dem Beamtenbegriff des § 101 Abs. 2 nicht zusammen. Militärpersonen sind im allgemeinen gegenüber den Civilpersonen nicht obrigkeitliche Organe; das Gegenteil gilt nur von den in § 68 angeführten Wachen und von der Besatzung von Kriegsschiffen auf hoher See.

Schutz gegen Störung genießt nur die rechtmäßige Amtsausübung eines obrigkeitlichen Organes, d. h. nur die Vornahme solcher Handlungen, welche als Amtshandlungen überhaupt zulässig sind, und zwar von Seite solcher Organe, die zu deren Vornahme ihrer amtlichen Stellung nach im allgemeinen berechtigt sind, sowie unter Einhaltung jener Formen und unter jenen Voraussetzungen, welche für Amtshandlungen der betreffenden Art allgemein erfordert werden (teilweise irreführend C.H. 769, 1165 und E. 16. Februar 1880 Note 27 ad § 81 der Manz'schen Ausgabe). Danach wäre nicht strafbar der Widerstand gegen die Folterung eines Untersuchungsgefangenen, gegen die Vornahme einer Hausdurchsuchung durch einen Rechnungsbeamten z. B., gegen die Vollstreckung eines noch nicht rechtskräftigen Urteils, soweit nicht eine Exekution zur Sicherstellung ausnahmsweise zulässig ist. Hingegen vermöchte die **materielle Ungerechtigkeit** einer Amtshandlung den Widerstand gegen dieselbe nicht zu rechtfertigen (vgl. o. G.H. 1). Ob Widersetzlichkeit gegen die von einem obrigkeitlichen Organe zu seiner Unterstützung herangezogenen **Privatpersonen** ebenfalls strafbar ist, ist zweifelhaft. C.H. 769 bejaht die Frage. Ebenso nehmen C.H. 42, 478, 645, 983, 1406 auch Strafbarkeit des Widerstandes gegen obrigkeitliche Organe des **Auslandes** an. Meines Erachtens mit Unrecht, außer in den Fällen des Ges. 30. März 1888 zum Schutze der Unterseekabel und soweit das betreffende ausländische Organ auf Grund eines Staatsvertrages (Zollkartell, Nacheilevertrag u. dgl.) berechtigt ist, auf österreichischem Gebiete Akte des Imperium vorzunehmen (richtig C.H. 1033, 1461).

IX. Die verschiedenen Formen der hier in Betracht kommenden Delikte sind:

1. **Einmengung** eines von einer Amtshandlung nicht Betroffenen (a. M. C.H. 1657) in dieselbe, um eine obrigkeitliche Person in der Ausübung ihres Amtes oder Dienstes oder in der Vollziehung eines obrigkeitlichen Befehles zu hindern (§ 314). Vorausgesetzt ist Absicht zu hindern, weshalb das Delikt durch bloßes Bitten nicht begangen wird, wohl aber schon durch Absprechen der Kompetenz, durch Ablenken der Aufmerksamkeit des behördlichen Organes, durch Aufforderung zum Ungehorsam gegen dasselbe.

2. **Verschuldete Nichtbefolgung** des bei einem Auflaufe von einem Beamten oder einer Wache ergehenden Befehles zum „Auseinandergehen", § 283.

3. **Zank oder Wortstreit** mit dem Beamten oder der Wache aus solchem Anlasse, § 284 (C.H. 2161).

4. **Aufforderung** mehrerer zur Mithilfe oder Widersetzung (nicht bloß zu passivem Ungehorsam, a. M. C.H. 2007) gegen ein in Vollziehung obrigkeitlichen Dienstes oder in Ausübung seines Amtes oder Dienstes begriffenes Organ (§ 279) und Befolgung einer solchen Aufforderung durch „Zugesellung in Mithilfe oder Widersetzung", § 280 (die Fälle der §§ 279—284 nennt das Gesetz Vergehen des **Auflaufes**).

5. **Nötigung der Obrigkeit.** Als Verbrechen nach § 81 ist strafbar die Widersetzung gegen ein obrigkeitliches Organ (§ 68) in Vollziehung eines obrigkeitlichen Auftrages oder seines Amtes oder Dienstes, um diese Vollziehung zu hindern oder eine Amtshandlung zu erzwingen, sofern dieser Widerstand mit Gewaltanwendung oder gefährlicher Drohung entweder durch einen Einzelnen allein (auch den von der Amtshandlung Betroffenen selbst) oder durch mehrere, (aber ohne Zusammenrottung derselben zu jenem gemeinsamen Unternehmen) erfolgt. Der Ausdruck „Handanlegung" ist, wie die folgende Erwähnung der „Waffen" (=gefährlichen Werkzeuge) beweist, nicht wörtlich zu verstehen, sondern bezeichnet jede Gewaltthätigkeit gegen die Person des obrigkeitlichen Organes, aber auch in Bezug auf Sachen, wenn durch dieselbe die Amtshandlung erzwungen oder vereitelt werden soll (Umwerfen des einzigen Lichtes). Er umfaßt wohl auch die Beschränkung des obrigkeitlichen Organes in der Freiheit der Bewegung, was C.H. 21. Mai 1883 (Note 17 ad § 81, Manz) unnötig bezweifelt. Passiver Widerstand jedoch ist, wie überall, so auch hier nicht strafbar.

6. **Aufstand** § 68, Zusammenrottung mehrerer, um der Obrigkeit mit Gewalt Widerstand zu thun. Aufstand ist ein Delikt der notwendigen Teilnahme, welches die Mitwirksamkeit mehrerer thätiger, wenn auch nicht verantwortlicher Personen voraussetzt. Als „mehrere" faßt C.H. bereits zwei auf, während selbst das Gefällsstrafgesetzbuch § 225 ff. und § 272 zum mindesten die Mitwirksamkeit von „drei" Personen erfordert (noch enger begrenzt den Thatbestand **Prix** durch die Forderung einer Menschenmenge). Strafbar ist nach § 69 „jeder, der sich der Rottierung, es sei gleich anfänglich oder erst in ihrem Fortgange, zugesellt", wenn er dies in der durch § 68 charakterisierten Absicht thut. Vollendet ist das Verbrechen bereits durch die in der bezeichneten Absicht erfolgte Zusammenrottung; trotz dieses frühen Vollendungsmomentes ist thätige Reue als strafaufhebend nicht anerkannt. Hinsichtlich der Absicht greift § 68 über den Thatbestand des § 81 hinaus; indem nicht bloß die Zusammenrottung, um ein obrigkeitliches Organ zur Vornahme oder Unterlassung einer Amtshandlung zu nötigen, als Aufstand strafbar ist, sondern jede Zusammenrottung,

welche den Zweck hat, durch einen Widerstand gegen die Obrigkeit „auf was immer für Art die öffentliche Ruhe zu stören". Letzterer Ausdruck ist seiner gemeinen Bedeutung nach und nicht im Sinne des § 65 St.G.B. zu verstehen.

7. **Aufruhr** § 73, in welches schwerere Verbrechen der Aufstand beim Zusammentreffen von drei Voraussetzungen übergeht, daß nämlich: 1. wirklich gewaltsame Mittel von der vereinigten Menschenmehrheit angewendet wurden, und zwar 2. daß dies geschah, trotz vorausgegangener, dem Beschuldigten zum Bewußtsein gekommener Abmahnung, und daß 3. „zur Herstellung der Ruhe und Ordnung eine außerordentliche Gewalt angewendet werden mußte".

X. In diesen Zusammenhang gehört auch § 248 Ges. über die direkten Personalsteuern, 25. Oktober 1896, wonach strafbar ist, wer den von einer Erwerbsteuer- oder Schätzungs- oder Berufungskommission beauftragten Personen den Eintritt in die Gewerberäume und die Besichtigung derselben oder der Betriebsanlagen und Vorräte verweigert, oder diese Amtshandlungen zu verhindern sucht. Eine ähnliche Bestimmung enthält § 9 des Lebensmittelgesetzes 1896.

XI. Zu den Delikten gegen die Staatsgewalt gehört auch die vorsätzliche Erregung gewisser, der Förderung der Staatszwecke abträglicher Stimmungen und Empfindungen in der Bevölkerung, die Erregung von **Haß** und **Verachtung** gegen Staatseinrichtungen und Staatsorgane, sowie die allgemein gehaltene Aufforderung zum Ungehorsam oder zur Auflehnung gegen Gesetze und öffentliche Anordnungen (§ 65 und § 300). Voraussetzung der Strafbarkeit aller dieser Äußerungen ist Öffentlichkeit derselben oder Verübung vor mehreren Leuten oder in Druckwerken bzw. in verbreiteten (nicht bloß mitgeteilten) Schriften und bildlichen Darstellungen. Die Aufreizung zu Haß oder Verachtung ist nach § 65a Verbrechen, wenn sie sich richtet gegen (die Person des Kaisers s. oben S. 82, III) den einheitlichen Staatsverband, die Staatsverwaltung oder die Regierungsform („Verfassung" Ges. 17. Dezember 1862; über die treffliche Gesetzgebung von 1803 vgl. Jenull, Wagners Ztschr. 1825, besonders hinsichtlich des „boshafterweise" S. 45). Vergehen nach § 300 ist die Aufreizung, wenn sie durch Schmähungen, Verspottungen, unwahre Angaben oder Entstellung von Thatsachen erfolgt und sich gegen Staats- und Gemeindebehörden, einzelne Regierungsorgane in Beziehung auf ihre Amtsführung (sehr bedenklich o. G.H. 1124, Angriff gegen einen ehemaligen Minister o. G.H. 1238, richtig o. G.H. 1269), Zeugen oder Sachverständige als solche richtet („**Aufwiegelung**"). Die Strafdrohung richtet sich auch gegen die Aufreizung zu grundlosen Beschwerdeführungen (vgl. § 301 mit § 300). Nach Art. 3 u. 4 Ges. 17. Dezember 1862 ist unter denselben Voraussetzungen auch die Aufwiegelung gegen eines der Häuser des Reichsrates, einen Landtag, die k. u. k. Armee oder eine selbständige Abteilung derselben als Vergehen strafbar. Am weitesten geht § 65 lit. b. mit der Strafdrohung gegen die Aufforderung zum Ungehorsam gegen Gesetze, Erkenntnisse, Verordnungen, Verfügungen überhaupt und zwar auch zu einem solchen Ungehorsam, welcher selbst nicht strafbar wäre. Die Strafdrohung des § 65b ist schwer in Einklang zu bringen mit jener des § 279, nach welcher die Aufforderung zum aktiven Widerstand bloß Vergehen sein soll, während jene zum passiven Ungehorsam hier als Verbrechen behandelt wird, und mit § 305, insofern derselbe die **öffentliche** Aufforderung zu unsittlichen oder durch die Gesetze verbotenen Handlungen ebenfalls nur als Vergehen bedroht. Die Aufforderung „zum Ungehorsam gegen Gesetze" (§ 65) kann sich von der Aufforderung zu „durch Gesetze verbotenen Handlungen" (§ 305) wohl nur dadurch unterscheiden, daß unter jener eine Aufforderung zum principiellen Ungehorsam gegen Gesetze überhaupt, unter dieser eine Aufforderung zum Ungehorsam gegen einzelne Gesetze zu verstehen ist. Dann wären auch die „Verordnungen" u. s. w. in § 65 nur im allgemeinen zu verstehen und nicht im einzelnen. Jedenfalls geht die Aufforderung, wenn sie sich an bestimmte Personen richtet und sich auf eine bestimmte strafbare Handlung bezieht, in Anstiftung zu diesem Delikte über und ist als solche auch dann zu bestrafen, wenn die Strafe darnach milder ausfiele, als nach § 65 oder § 305. Vgl. auch §§ 59c, 80 St.G.B und § 8 Sprengstoffgesetz. Besonders hervorgehoben ist in § 65 lit. b. die öffentliche Aufforderung zur Nichterfüllung der Steuer- und Abgabenpflicht. Komplott zu einem der Zwecke des § 65 ist strafbar.

XII. Als Delikte gegen die Staatsgewalt stellen sich schließlich noch dar der **Siegelbruch** § 316) und gewisse Fälle des Verstrickungsbruches (oben S. 58), die Übertretung des § 315 in

Bezug auf zur öffentlichen Bekanntmachung angeschlagene, von der Obrigkeit unterfertigte „Urkunden" (Kundmachungen), die Anmaßung des Ansehens „eines öffentlichen Beamten oder Militärs" (§ 333) und wohl auch die Teilnahme an geheimen Vereinen (§ 285 ff.) und die „gesetzwidrige Verlautbarung" nach § 309 a. E. Vgl. auch § 320 a—c und e—g.

XIII. Nach § 242 Ges. über die direkten Personalsteuern 25. Oktober 1896 endlich ist jede wissentlich unwahre Angabe eines Sachverständigen oder einer Auskunftsperson vor den Steuerbehörden, Steuerkommissionen oder deren Vorsitzenden oder in einem zum Gebrauche vor diesen Behörden oder Organen bestimmten Zeugnisse strafbar, selbst wenn die Absicht, eine Steuer- oder Strafbemessung (im Sinne jenes Gesetzes) zu vereiteln oder rechtswidrig herbeizuführen oder eine unrichtige Bemessung der Steuer oder Strafe zu veranlassen nicht nachweisbar sein sollte.

§ 33. Friedensstörungen.

I. **Landfriedensbruch**: Störung des ruhigen (d. h. entweder rechtlich anerkannten oder thatsächlich unbestrittenen, C.H. 1119) Besitzes von Grund und Boden (Haus und Hof, C.H. 2127) oder der sich darauf beziehenden (dinglichen oder obligatorischen) Rechte eines Anderen mit gesammelten mehreren Leuten durch gewaltsamen Einfall (§ 83 St.G.B.). Als Rechte „an Grund und Boden" können z. B. auch Fischereirechte aufgefaßt werden. Das Delikt ist ein solches der „notwendigen Teilnahme" von zum mindesten drei Personen, welche jedoch nicht vorher sich verabredet haben müssen. Das Verbrechen ist nicht gegen unbewegliche Sachen, sondern gegen den öffentlichen Frieden gerichtet; es genügt nicht, daß die Gewalt sich gegen das fremde unbewegliche Gut richtet, sondern sie muß sich gegen den Willen der Personen richten, welche dasselbe verteidigen oder zu verteidigen bereit sind.

II. **Landzwang**: Die gefährliche Drohung in der Absicht, nicht bloß Einzelne, sondern ganze Gemeinden oder Bezirke in Furcht und Unruhe zu versetzen (§ 100 St.G.B. a. E.).

III. Öffentliche Verbreitung falscher, für die öffentliche Sicherheit beunruhigender Gerüchte (oder Vorhersagungen) ohne zureichende Gründe, sie für wahr zu halten (§ 308 St.G.B.).

IV. **Aufreizung zu Feindseligkeiten** gegen Nationalitäten, Religionsgenossenschaften, einzelne Klassen oder Stände der bürgerlichen Gesellschaft („zum Klassenkampf") oder gegen gesetzlich anerkannte Körperschaften, sowie die Aufforderung der Einwohner des Staates zu feindseligen Parteiungen gegeneinander (§ 302). Unter „Feindseligkeit" ist nicht schon die bloße Stimmung des Hasses oder der Verachtung, sondern erst die Bethätigung derselben oder doch wenigstens die Neigung zu ihrer Bethätigung zu verstehen (a. M. o. G.H. 1012, Boykott? vgl. C.H. 1988, 1989). Der Vorsatz des Angeklagten muß auf die Erregung dieser Neigung gerichtet gewesen sein. Öffentlichkeit der Äußerung ist nicht erforderlich.

V. Öffentliche **Herabwürdigung** der Einrichtungen der Ehe, der Familie, der Rechtsbegriffe über das Eigentum, Aufforderung zu unsittlichen oder durch die Gesetze verbotenen Handlungen (s. oben S. 85), Anpreisung derselben, Versuch, sie zu rechtfertigen (C.H. 2199 u. 2200, § 305). Daß die Handlung, zu welcher aufgefordert wird, selbst strafbar sei, ist nicht notwendig, es genügt, daß sie unsittlich oder durch ein Gesetz verboten ist. Darnach ist z. B. auch strafbar die Aufforderung an die Pächter, ihren Pachtzins nicht zu zahlen; hingegen ist straflos die Aufforderung an Arbeiter, ohne Kündigung ihre Arbeit einzustellen, da die dagegen gerichtete specielle Strafdrohung des § 481 durch das Koalitionsgesetz aufgehoben wurde (oben S. 71). Aufforderung zu hochverräterischen Handlungen und zu Sprengstoffdelikten sind nicht nach § 305, sondern nach § 59 bzw. § 8 Sprengstoffgesetz strafbar. Über den Begriff des „Anpreisens" treffend C.H. 875.

VI. Übertretung der Vorschriften über das Vereins- und Versammlungsrecht, Ges. 15. November 1867. Vereinsgesetz § 36, Versammlungsgesetz § 19 sowie § 297 ff.

VII. Übertretung der Anordnungen über den Ausnahmszustand. G. 5. Mai 1869 § 9.

§ 34. Amtsdelikte und Verleitung zu denselben.

Gegenüber der Verletzung von wichtigen Pflichten öffentlicher Beamter kann die Reaktion durch die Disciplinarstrafgewalt des Staates nicht genügen und tritt daher zu derselben ergänzend die öffentliche Strafbarkeit hinzu. Eigentliche (reine) Amtsdelikte sind solche, deren Strafbarkeit **nur** durch die Verletzung oder Nichterfüllung der Pflichten des öffentlichen Amtes begründet wird; uneigentliche oder gemischte Amtsdelikte hingegen sind gemeine Verbrechen, welche durch die Beamtenqualität ihres Thäters im konkreten Falle eine schwerere Gestalt annehmen. Allgemeine Amtsdelikte sind diejenigen, welche von allen Beamten, besondere, welche bloß von Beamten bestimmter Dienstkategorieen begangen werden können.

I. Beamter ist nach § 101 Abs. 2 derjenige, der zufolge öffentlichen Auftrages (nicht zufolge privaten Vertrages) Geschäfte der Regierung (nicht Regierungsgeschäfte „affari del governo", nicht „affari di governo") zu besorgen verpflichtet ist. Daher sind auch die Beamten der vom Staate geführten industriellen Betriebe, seien es Monopolsbetriebe oder solche, in welchen der Staat mit Privaten konkurriert, „Beamte" (v. Ruber, Schreiber, Generalprofuratur in C.H. 1317, jetzt auch C.H. 1688). Als Beamte sind auch anzusehen Amtsdiener, Diurnisten, nichtständige Funktionäre, wie Geschworene, Beisitzer der Handels- und Konsulargerichte, Mitglieder der Schulbehörden oder eines Landesausschusses, Offiziere als Mitglieder der Assentierungskommissionen (C.H. 1693, vgl. auch die mehrfach nicht zweifellose C.H. 1693), Geistliche als Matrifelführer, Gemeindebeamte im eigenen (C.H. 856) wie im übertragenen Wirkungskreise der Gemeinde, Notare als Gerichtskommissäre und nach § 102 lit. b Vormünder, Sequester bei Ausführung eines bestimmten obrigkeitlichen Auftrages (C.H. 1688, a. M. Jenull), nach ausdrücklicher Anordnung des Gesetzes in einem ganz bestimmten Falle (§ 102 lit. d) sogar auch Advokaten. Hingegen sind Personen, die bloß in einem civilrechtlichen Vertragsverhältnisse mit dem Staate stehen und auf Grund desselben für den Staat Dienste zu leisten oder Gegenstände zu liefern haben, nicht Beamte.

II. Zunächst stellt § 101 einen umfassenden Begriff des **Mißbrauches der Amtsgewalt** auf, dem dann in den §§ 102 ff. und 311 Strafdrohungen gegen einzelne reine Amtsdelikte und im weiteren Verlaufe solche gegen gemischte Amtsdelikte ergänzend zur Seite treten. Mißbrauch der Amtsgewalt ist ein Mißbrauch jener rechtlichen Macht, welche einem Organe des Staates (oder der Gemeinde) über die Unterthanen eingeräumt ist, in der Absicht, um entweder dem Auftraggeber oder einem Privaten einen Schaden in irgend welchem Rechte zuzufügen. Eines solchen Mißbrauches kann sich bloß ein wirklicher „Beamter" schuldig machen. Anmaßung amtlicher Befugnisse von Seite eines Nichtbeamten ist nicht Mißbrauch der Amtsgewalt (vgl. §§ 333 und 199 lit. b St.G.B.). Der Mißbrauch muß darin bestehen, daß der Beamte von der ihm anvertrauten Gewalt Mißbrauch macht, d. h. daß er eine Zwangsgewalt ausübt, welche er unter den Umständen des vorliegenden Falles auszuüben nicht berechtigt war, oder Rechtsverhältnisse für die Unterthanen unter Umständen begründet, unter welchen er dieselben nicht begründen durfte (z. B. eine Ehe für geschlossen erklärt, obwohl es an den Voraussetzungen dazu fehlt). Da Mißbrauch der Amtsgewalt Mißbrauch eines imperium ist, können solche Beamte, welche ein imperium nicht besitzen, **dieses Amtsdelikt regelmäßig nicht begehen**. Dies trifft insbesondere in Betreff der Beamten in industriellen Staatsbetrieben zu, sofern denselben nicht ausnahmsweise, wie den **Eisenbahnbetriebsbeamten**, doch ein imperium zusteht. (Weiter in der Annahme eines Mißbrauches der Amtsgewalt geht Schreiber.) Mißbrauch der Amtsgewalt liegt auch vor, wenn der Beamte sich unberechtigt weigert, seine Amtspflicht zu erfüllen, sein imperium versagt („sich von Erfüllung seiner Amtspflicht abwenden läßt", § 102 a) und wohl auch, wenn er seine Amtsgewalt überschreitet, Akte des imperium vornimmt, zu welchen er seiner Stellung nach nicht befugt ist (a. M. C.H. 16. März 1894 3. 638). Als dolus genügt nicht die Absicht, den Staat in seinem Anspruche auf treue Verwaltung des Amtes zu schädigen, sondern ist die Absicht erforderlich, demjenigen, dessen Geschäft zu besorgen der Beamte berufen ist (Staat oder Gemeinde) oder einem Privaten einen Schaden an irgendwelchem Rechte zuzufügen (vgl. Zeiller, Jenull, Ruber, Finger, Zucker), z. B. zu bewirken, daß irgend eine Maßregel, welche im Interesse des öffentlichen Wohles getroffen werden sollte, unterbleibe (C.H. 1549). Einem Mißbrauch der Amtsgewalt werden durch § 102 folgende Fälle gleichgestellt, in welchen entweder ein Mißbrauch eines imperium oder sogar überhaupt ein Mißbrauch amtlicher Gewalt nicht vorliegt: Bezeugung einer Unwahrheit in Amtssachen (§ 102 b); Eröffnung eines anvertrauten Amtsgeheimnisses (nicht bloß eines Staatsgeheimnisses) unter solchen Umständen, daß daraus eine Gefahr entstehen kann; Vernichtung oder pflichtwidrige Mitteilung einer seiner Amtsaufsicht anvertrauten Urkunde (§ 102 c) und Prävarikation der Advokaten oder anderer beeideter Sachwalter (§ 102 d). Zur Strafbarkeit all dieser Fälle ist die in § 101 bezeichnete Schädigungsabsicht vorausgesetzt.

Vgl. noch § 287 g St.G.B., das Patent betr. Vergehen gegen die Pestanstalten § 7, die Tierseuchengesetze, sowie § 16 G. über die Bestellung von Gewerbeinspektoren v. 17. Juni 1883, nach welchem nicht bloß die Mitteilung und Veröffentlichung, sondern auch die Verwertung der ihnen in amtlicher Eigenschaft bekannt gewordenen Geheimnisse strafbar ist, und § 246 Abs. 1 G. über die direkten Personalsteuern 25. Oktober 1896, nach welchem die von Seite der bei Bemessung dieser Steuern beteiligten Beamten und sonstiger Funktionäre, sowie der Mitglieder der Steuerkommissionen erfolgende „unbefugte Offenbarung" über die zu ihrer Kenntnis gelangten Erwerbs-, Vermögens- und Einkommenverhältnisse eines Steuerpflichtigen als Vergehen bedroht ist.

III. Eine allgemeine Strafdrohung gegen passive Bestechung, d. h. gegen die Annahme von Geschenken oder anderen Vorteilen von Seite eines Beamten mit Beziehung auf sein nachfolgendes Verhalten fehlt leider in unserem Gesetze. Wegen Verbrechens der Geschenkannahme in Amtssachen ist nach § 104 nur derjenige Beamte strafbar, der sich durch die Gewährung oder das Versprechen von Geschenken oder Vorteilen (für sich oder eine in Beziehung zu ihm stehende Person) zu einer Parteilichkeit bei Führung seiner Amtsgeschäfte verleiten läßt. Dieselbe Strafdrohung trifft Justizbeamte und jene Verwaltungsbeamten, welche bei Dienstverleihungen oder bei Entscheidung öffentlicher Angelegenheiten (vgl. C.H. 1687) zwar ihr Amt pflichtmäßig ausüben, aber, um es auszuüben, ein Geschenk oder sonst einen Vorteil sich zuwenden oder versprechen lassen. Nur im letzteren Falle genügt die Annahme des Geschenkes bzw. des Schenkungsversprechens, wenn sie unter den bezeichneten Umständen erfolgt, zur Vollendung des Verbrechens. Im ersteren Falle hingegen liegt das Verbrechen erst vor, wenn der Beamte nicht bloß Geschenk oder Versprechen angenommen hat, sondern sich durch dasselbe wirklich zu einer Parteilichkeit verleiten ließ (a. M. Finger). Jede Parteilichkeit ist zwar eine Verletzung der Amtspflicht, aber noch kein Mißbrauch der Amtsgewalt. Parteilichkeit ist z. B. die Begünstigung eines von mehreren gleich qualifizierten Bewerbern aus äußerlichen Motiven oder raschere Erledigung einer konkreten Angelegenheit als anderer völlig gleichartiger. Würde der Beamte sich durch Bestechung zu einem Mißbrauche seiner Amtsgewalt verleiten lassen, so wäre seine That nicht nach § 104, sondern nach § 101 bzw. 102 zu bestrafen. Was die „aktive" Bestechung betrifft, d. h. das Gewähren oder Versprechen von Vorteilen an einen Beamten, um ihn in Bezug auf seine nachfolgende amtliche Thätigkeit zu bestimmen, so ist zunächst zu unterscheiden, zu welchem Zwecke die Bestechung erfolgen soll, ob sie ihn zur Erfüllung seiner Amtspflicht oder zu einer Parteilichkeit bzw. einer anderweitigen, nicht als Verbrechen strafbaren Verletzung seiner Amtspflicht oder aber zu einem verbrecherischen Mißbrauch seiner Amtsgewalt bestimmen soll. Im ersten Falle bleibt die aktive Bestechung straflos, im letzten Falle ist sie als Anstiftung zum Mißbrauch der Amtsgewalt nach § 5 bzw. 9 und § 101 bzw. 102 strafbar und zwar auch dann, wenn sie keine eigentliche Bestechung, sondern eine durch was immer für Mittel (Drohungen z. B.) verübte oder versuchte Verleitung zum Mißbrauche der Amtsgewalt war und gleichgültig in Bezug auf welche Kategorie von Beamten sie verübt wurde. Im zweiten Falle — dem der Verleitung zu einer Parteilichkeit oder einer sonstigen nicht verbrecherischen Verletzung der Amtspflicht — ist zunächst zu unterscheiden, auf welche Beamtenkategorie bzw. auf welche Angelegenheit die Bestechung sich bezieht. Bezieht sie sich auf Justizorgane oder auf Verwaltungsorgane in Bezug auf eine Dienstverleihung oder eine Entscheidung öffentlicher Angelegenheiten, so ist sie nach § 105 als Verbrechen, bezieht sie sich auf andere Beamte bzw. Angelegenheiten, so ist sie nach § 311 als Übertretung strafbar. Eine durch andere Mittel als durch Bestechung erfolgende Verleitung zu einer Parteilichkeit ist überhaupt nicht strafbar. Hätte sich der Beamte, statt wie der Bestechende wollte bloß zu einer Parteilichkeit, darüber hinaus zu einem Mißbrauche der Amtsgewalt bestimmen lassen, so fällt dieser excessus mandati dem Bestecher selbstverständlicherweise nicht zur Last.

IV. Als **uneigentliche Amtsdelikte** hebt das St.G.B. hervor die Amtsveruntreuung (§ 181), über deren Abgrenzung gegen den Mißbrauch der Amtsgewalt manche dadurch verschuldete Unklarheit besteht, daß hinsichtlich der Amtsveruntreuung thätige Reue strafaufhebend wirkt, während dies bei Mißbrauch der Amtsgewalt nicht der Fall ist, wodurch C.H. veranlaßt ist, den Begriff der Veruntreuung zum Nachteil des Mißbrauches der Amtsgewalt einzuschränken (Hayß, G3. 1863 Nr. 25 f.). Vgl. ferner §§ 210, 217, 331 St.G.B., Ges. zum Schutze der persönlichen Freiheit 1862 § 6, Ges. zum Schutze des Briefgeheimnisses 1870 § 1, Ges. zum Schutze des Hausrechtes 1862 § 4.

§ 35. Verbrechen gegen die Rechtspflege.

I. **Falsche Aussage vor Gericht** und **falscher Eid** sind in § 199 a allerdings als Arten des Betruges behandelt, aber doch auch in unserem Rechte als Delikte gegen die Rechtspflege charakterisiert, da sie nur als Gefährdungen der Richtigkeit richterlicher Entscheidungen mit Verbrechensstrafe bedroht sind. Als Verbrechen strafbar sind wissentlich falsche Aussagen sowohl in fremder als in eigener Sache, also Zeugen- und Sachverständigenaussagen, Parteieneide und eidliche Parteienaussagen (§ 377 C.P.O.) in civil- und strafgerichtlichen, civil- und militärgerichtlichen und gefällsgerichtlichen Verfahren; hingegen sind falsche Aussagen vor Verwaltungsbehörden nicht nach § 199 a, sondern nur unter Umständen nach § 461 als Übertretung des Betruges (C.H. 1264) oder nach § 320 als Irreführung von Behörden strafbar. Der durch C.P.O. § 588 verbotene Eid vor Schiedsrichtern fällt nicht unter die Sanktion des § 199, ebensowenig Aussagen, welche vor einem Gerichte, „nicht in seiner richterlichen Funktion" abgelegt werden (C.H. 1150, 1248, 1261). Reticenz des Zeugen kann, wenn infolge derselben der Gesamteindruck seiner Aussage ein beabsichtigt unrichtiger ist, nach § 199 strafbar sein, hingegen nicht falsche Beantwortung der Generalfragen, da dieselbe, wenn auch zur Aussage des Zeugen, so doch nicht zum „Zeugnis" gehört (a. M. C.H. 958). Auch Aussage über irrelevante Umstände kann nach § 199 strafbar sein. Die Zwangslage des irrtümlich als Zeuge vernommenen Thäters einer strafbaren Handlung entschuldigt die falsche Aussage nicht (C.H. 936, 957, 1114, 1621, a. M. Finger). Der dolus besteht in der vorsätzlichen Beteuerung solcher Thatsachen, von deren Wahrheit der Schwörende nicht überzeugt ist. Im Falle des Zweifels über dieselben liegt dolus eventualis vor. Außer der Absicht, das Gericht bei dieser feierlichsten Form der Wahrheitserforschung irrezuführen, wird eine weitergehende Absicht, den Staat oder Private zu schädigen, nicht erfordert (o. G.H. 57, 82, C.H. 125, 126).

Vollendet ist das Verbrechen des falschen Parteieneides durch die Beendigung des Eidessatzes, das Delikt der falschen Aussage durch Beendigung der Aussage, im Falle der Aussage mit Nacheid aber erst durch Abschwören des der Aussage nachfolgenden Eides. Thätige Reue ist nicht anerkannt, wohl aber Rücktritt vom Versuche möglich. Bewerbung um falsches Zeugnis und gerichtliches Anbieten eines falschen Zeugnisses oder falschen Eides sind ausdrücklich für strafbar erklärt. Auf die unbeeidete Parteienaussage nach § 376 C.P.O. ist diese Norm nicht zu beziehen.

II. Als Delikt gegen die Rechtspflege stellt sich auch dar das Vergehen der Art. 7 und 8 Ges. 17. Dezember 1862, betreffend vorzeitige (dolose oder auch nur kulpose, C.H. 2130) Mitteilung aus strafgerichtlichen Voruntersuchungen oder von Anklagen, vorzeitige Erörterungen über die Kraft der Beweismittel, Aufstellung von Vermutungen über den Ausgang eines Strafprozesses oder Entstellung der Ergebnisse desselben, sofern sie durch Druckschriften erfolgt (C.H. 2021 u. 2135). Nach § 309 ist strafbar die öffentliche Verlautbarung über die Abstimmung von Richtern (Geschworenen) oder öffentliche Mitteilungen aus Verhandlungen der Gerichte (oder anderer öffentlichen Behörden), soweit die Bekanntmachung untersagt ist; ebenso wird nach § 310 die durch öffentliche Verlautbarung erfolgende Einleitung von Sammlungen behufs Deckung oder Ersatzleistung für Geldstrafen oder für wegen strafbarer Handlungen auferlegte Entschädigungen bestraft.

III. **Befreiung von Gefangenen** (§§ 217 u. 307). Der Gefangene selbst kann sich wohl dieses Verbrechens nicht mitschuldig machen. In C.H. 1472 wäre versuchte Verleitung zum Mißbrauch der Amtsgewalt anzunehmen gewesen.

IV. **Verhehlung von Verbrechern und von Verbrechensindizien** vor der nachforschenden Obrigkeit (§ 214 und 307).

§ 36. Delikte gegen die wirtschaftliche Ordnung.

I. **Münz- und Kreditpapierfälschung.** Objekte derselben sind gemünztes und ungemünztes Geld (auch Scheidemünzen), sowie gewisse, dem Gelde gleichgestellte Kreditpapiere.

Für den Geldcharakter entscheidend ist, daß die betreffenden Münzen oder das betreffende Papiergeld „im Umlaufe gangbar sind" (§ 118a), daß sie „als Münzen gelten". Es kann das Delikt daher auch an „verrufenen", aber noch im Umlaufe befindlichen Münzen und an Noten solcher Kreditinstitute begangen werden, welche keinen Zwangskurs besitzen, in dem betreffenden Staate aber allgemein als Zahlungsmittel angenommen werden, also thatsächlich „als Münze gelten". Allen ausländischen Gesetzen voran bestimmt unser Recht seit 1803, daß Nachmachung und Verfälschung ausländischen Geldes ebenso strafbar ist, als die des inländischen (§ 118a und § 106). Dem Papiergelde stellt § 106 gleich:

1. von inländischen oder ausländischen öffentlichen Kassen ausgestellte Schuldverschreibungen und Rententitel;
2. die Aktien der österreichisch-ungarischen Bank;
3. die von inländischen öffentlichen Kreditinstituten ausgestellten Schuldverschreibungen und
4. die zu all diesen Papieren gehörenden Coupons und Talons.

Die Thätigkeit besteht im Nachmachen oder Verfälschen in Veräußerungsabsicht oder im Veräußern im Einverständnisse mit einem der Thäter, Gehilfen oder Teilnehmer. Nachmachung setzt hier wie bei der Urkundenfälschung nichts anderes als Herstellung durch einen zu derselben nicht Befugten voraus, während das hergestellte Objekt sich den Anschein rechtmäßiger Erzeugung giebt. Münzverfälschung liegt daher auch vor, wenn der Feingehalt der nachgemachten Münzen jenem des echten Geldes entspricht oder denselben sogar übersteigt (§ 118a). Nachahmung ist es auch, wenn jemand aus zusammengesetzten Streifchen echter Noten neue anfertigt (o. G.H. 619, 1221). Verfälschung ist jede Änderung, durch welche der Wert scheinbar erhöht, verrufenem Gelde der Schein von noch geltenden, amortisierten oder bereits gezogenen Papieren der Schein von noch im Umlauf befindlichen gegeben wird, in Bezug auf Münzen auch die in gewinnsüchtiger Absicht erfolgende Verringerung ihres Metallgehaltes (118c). Die Absicht muß darauf gerichtet sein, die Objekte in Verkehr zu bringen. Als Teilnahme bezeichnet das Gesetz die Ausgabe von nachgemachtem oder verfälschtem Gelde im Einverständnisse mit einem Thäter, Gehilfen oder „anderem Teilnehmer" (§§ 109 und 120), sowie das Ansichbringen des aus echten, in ihrem Feingehalt verringerten Münzen ausgesonderten Metalles (§ 120). Vorbereitungshandlungen sind strafbar (§ 118d, und den unrichtig auf „Mitschuldige" beschränkten § 107). Eingriffe in das Zettelmonopol der österreichisch-ungarischen Bank durch unbefugte Ausgabe von Banknoten oder anderer auf den Inhaber lautender, unverzinslicher Schuldverschreibungen, welche im Verkehr als Geldzeichen verwendet werden können, sind nach der Bankakte 1887, Art. 4 strafbar. Wissentliche Weiterverbreitung nachgemachten oder verfälschten Geldes oder demselben gleichstehender Kreditpapiere ohne Einverständnis mit dem Verfälscher oder Teilnehmer ist als Münzbetrug nach § 201a strafbar.

II. „Arbeiter- und Unternehmernötigung" s. oben S. 71.

III. Betteln. Seitdem an Stelle des die Pflichten des Staates und der Gemeinde berücksichtigenden § 517 St.G.B. der § 2 Ges. 24. Mai 1885 Nr. 89 R.G.B. getreten, ist strafbar:

1. wer an öffentlichen Orten oder von Haus zu Haus bettelt d. h. ihm fremde Personen um Gaben zum Lebensunterhalte für sich oder die Seinigen anspricht oder durch konkludentes Verhalten um solche angeht, worunter jedoch das Einsammeln der üblichen Spenden nicht zu verstehen ist,
2. wer aus Arbeitsscheu die öffentliche Mildthätigkeit in Anspruch nimmt, und
3. wer Unmündige (ein eigenes oder fremdes Kind unter 14 Jahren) zum Betteln verleitet, ausschickt oder Anderen überläßt.

Das Gesetz unterscheidet Betteln an einem öffentlichen Orte, hinsichtlich dessen schon ein Ansprechen eines Einzelnen strafbar macht, und Betteln von „Haus zu Haus", d. h. den Bettelgang zu verschiedenen Personen, auch zu verschiedenen Mietparteien desselben Hauses. Wirkliche Notlage eines unverschuldet Arbeitsunfähigen begründet „unwiderstehlichen Zwang".

IV. **Landstreicherei.** Als „Landstreicher" ist nach § 1 desselben Gesetzes zu bestrafen, „wer geschäfts= und arbeitslos umherzieht und nicht nachzuweisen vermag, daß er die Mittel zu seinem Unterhalte besitzt oder redlich zu erwerben sucht". Wer, um Arbeit zu suchen, umherzieht, wer umherzieht, weil dies zu seinem Geschäfte (Agent, Hausierer) gehört, wer umherzieht, ohne zu arbeiten, aber anderweitig beschäftigt ist, wer nicht umherzieht, sondern, nachdem er geschäfts= und arbeitslos geworden, nach einem bestimmten Ziele (seiner Heimat z. B.) wandert, ist nicht Vagabund. Der Umstand, daß der Betrieb des betreffenden Erwerbes überhaupt oder im Umherziehen verboten ist (Drahtbinder, Bärenführer, verbotener Hausierhandel), macht denselben noch nicht an und für sich zum „unredlichen". Verlassen des Wohnortes ist zum Thatbestande nicht notwendig, wenn dieser Wohnort so ausgedehnt ist, daß auch innerhalb desselben ein „Umherziehen" möglich ist (Änderung gegenüber dem Gesetze von 1873). Dem Angeklagten obliegt der Beweis, daß er die Mittel zu seinem Unterhalte besitzt oder redlich zu erwerben suche (a. M. Fürstl). Das Delikt ist Dauerdelikt, so daß jede Verurteilung die gesamte Strafbarkeit des Landstreichers bis zur Fällung des Urteiles konsumiert, auch wenn der Richter die Dauer derselben für kürzer annahm, als sie wirklich gewesen. Suppletorische Bedeutung haben die Strafdrohungen der §§ 3, 4 des cit. Gesetzes. Vgl. hiezu die Landesgesetze für Böhmen und Steiermark über Naturalverpflegsstationen.

V. In diesen Zusammenhang gehört auch ein Teil der von dem sogenannten **Lebensmittelgesetz 16. Januar 1896** bedrohten Strafthaten. Nach § 11 ist einer Übertretung schuldig; 1. wer Lebensmittel zum Zwecke der Täuschung im Handel und Verkehr nachmacht oder verfälscht; 2. wer wissentlich Nahrungsmittel, welche nachgemacht, verfälscht, verdorben, unreif sind oder an ihrem Nährwerte eingebüßt haben, unter einer zur Täuschung geeigneten Form oder Bezeichnung feilhält oder wer sie wissentlich verkauft, es wäre denn, daß der Käufer diesen ihren Zustand kannte oder offenbar erkennen mußte; 3. wer Lebensmittel zum Zweck der Täuschung unter einer falschen Bezeichnung feilhält oder verkauft. Nach § 12 ist auch strafbar, wer eine dieser unter 2. bezeichneten Handlungen aus **Fahrlässigkeit** begeht, oder wer fahrlässigerweise Lebensmittel feilhält oder verkauft, welche zum Zwecke der Täuschung mit einer falschen Bezeichnung versehen sind.

VI. **Tarüberschreitungen** § 478, fälschlich als „Betrug" bezeichnet und dazu Ges. 15. März 1883 § 51, nach welchem für den Detailhandel mit Bedürfnissen des täglichen Lebensunterhaltes und für gewisse Gewerbe Maximaltarife eingeführt werden können. Nach § 478 sind auch Überschreitungen der behördlich genehmigten Eisenbahnfrachttarife strafbar.

VII. **Verleitung zur Auswanderung** unter Vorspiegelung falscher Thatsachen oder durch andere auf Täuschung berechnete Mittel (nach § 2, Ges. 21. Januar 1897) und Betrieb oder Vermittelung von Auswanderungsgeschäften ohne behördliche Bewilligung oder Zuwiderhandlung bei dem gestatteten Betriebe solcher Geschäfte gegen die hiefür bestehenden Verordnungen (nach § 1 des angeführten Gesetzes).

VIII. **Verheimlichung der Vorräte** von Bedürfnissen des täglichen Unterhaltes durch Gewerbsleute oder Weigerung der Händler mit solchen Gegenständen, sie was immer für einen Käufer zu verabfolgen. „**Dardanariat**" § 482.

IX. **Kartellzwang.** Gewaltanwendung oder Einschüchterung, um Gewerbsleute zu Verabredungen zu bestimmen, welche eine Preiserhöhung von Waren zum Nachteil des Publikums bezwecken. G. 7. April 1870 § 4.

X. Übertretung der **gewerbepolizeilichen** Vorschriften der §§ 320d, 321 und 326—328 sowie der **münzpolizeilichen** Vorschriften der §§ 325 und 329.

Printed by Libri Plureos GmbH
in Hamburg, Germany